An End to Suffering
The Buddha in the World

苦厄的终结

[印] 潘卡吉·米什拉 著
睦联 译

Pankaj Mishra

文汇出版社

新经典文化股份有限公司
www.readinglife.com
出　品

目录

序曲 /1

"佛教"的发明 /21

佛陀的世界 /73

上帝已死 /97

通往中道的漫长之旅 /135

心的科学 /155

转动达摩之轮 /167

眼中的微尘 /191

寻找自我 /227

火诫 /241

精神的政治 /251

帝国与民族 /263

西方的佛法 /309

克服虚无主义 /333

圆寂之旅 /341

无常 /349

致谢 /363

注释 /365

序曲

1992年,我移居喜马拉雅山麓的一个小村庄——玛舒波拉❶。同年晚些时候,我便开始去内喜马拉雅山区旅行,寻访了佛教徒聚居的金瑙尔和斯皮提。这些地方与玛舒波拉距离遥远,但有长途汽车,旅途相对轻松,花费也不多。长途汽车从西姆拉附近的城区发车,摇摇晃晃行驶数百公里,穿过高山和深谷,最后抵达中印边境的一个小镇。我常常踏上这样漫长的旅途,起因往往是受了某种模糊预兆的吸引,它许诺我在旅程的终点收获意想不到的快乐。

我记得第一次旅行时雨季刚过,捱过数周的雾雨天,连续的晴朗天气骤然而至。那天清早,天气微凉,长途汽车姗姗来迟。那是一辆破旧的铁皮汽车,灰蒙蒙的车身遍布刮痕和污渍;车内挤满了紧张的藏地朝圣者、农民和小商贩。

在一番推搡腾挪后,我幸运地找到了一个靠窗的座位。凭借这小小的奢侈,整个行程中,无论是车内拥挤的乘客,还是糟糕

---

❶ 玛舒波拉(Mashobra),位于印度北部的喜马偕尔邦西姆拉县的一个小镇。——本书所有脚注均为编译者所加

的路况、飞扬的尘土,仿佛都与我无关了。窗外的景色不时映入眼帘:阳光在墨色的松林中跳跃穿行;一座座土房的石板屋顶上晾晒的玉米棒子隐没在巨壑深谷中;某个洒满阳光的狭小院落里,一堆花生壳堆在铺满牛粪的地面上。所有景物像是要带来一种令人振奋的启示。

白日从我的车窗前飞快掠过,夜幕小心翼翼地降临了。长途汽车在狭窄蜿蜒的山路上缓慢前行,进入桑格拉峡谷后,路况稍有改善,车速变快,颠簸也减轻了。车厢外,淡粉绵白的云朵掩映着皑雪覆顶的山峰,脚下山谷中的河流咆哮汹涌。汽车驶出峡谷,眼前豁然开朗:群峰高耸,沉静自若,山峰长长的投影缓缓移过陡峭的岩壁,落在长河岸边绿葱葱的稻田里。前方薄雾轻笼,有微光闪现不定。路上渐渐地显出一道绵长的弧线,接近了才看清楚:那是路边一溜两层的木楼,楼外的阳台边缘有精细的雕刻,阳台上悬挂着灯笼,绵长的弧线便是由点亮的灯笼串联而成。

汽车又开始爬升,房屋、田地、河岸都向后退去。车窗外,低洼荒凉的山坡上散落着大块的圆石,河中不时出现上游漂下的坚冰,冰块在消融后化入一条条羊肠泥径。我们行车的山路因为积雪而冻得硬邦邦。路的尽头是一座小山,山上隐约可见一片房屋。前方数公里便是藏区,越接近藏区,氧气越稀薄。

天色淡蓝,空气伴随着山寺的钟声微微战栗。钟声不知从哪座寺院传出,但绝非来自眼前我将探访的这一座。我气喘吁吁地走上一条鹅卵石铺就的斜坡小道,来到一株巨大橡树底下的寺院前。寺院挂满了许愿信众呈上的一条条细窄白幡,寺里只有一位老僧,兀自埋首在面前那册泥金装饰的手抄经卷中。从他的样貌和那卷经文来看，我推测他可能是藏族人。老僧身旁的案几上放着一盏灯，微弱的灯光将经稿页边映得通红。

  寺院很小，依然建了宝塔形的屋顶；山墙横梁的两端均饰有嘴巴大张的龙首木雕。雕花木门虚掩，使我得以一窥昏暗的内殿：馨香缭绕的烟雾后面，安详端坐着一尊镀金的佛像，佛像并非我之前经常见到的希腊人或高加索人的面容，而是稍显丰满的蒙古人的形象——但同样有着高高的额眉骨、狭长的半闭垂目、长而厚重的双耳，庄重高贵的神色中不见半点温柔热忱，反倒讲述着某种来之不易却又义无反顾的解脱之乐。

  我在院内站了一会儿，屋内念经的老僧才缓缓抬起头来，用他那几乎被浓密白眉遮住的狭长双目望向我，目光中既无好奇，也无讶异。

  谁也没有开口，仿佛无话可说。对他而言，我不过是个陌生人，至于来自哪里，他不想知道，也不关心，他有自己的世界，自成一体。

  老僧又回到案头经卷上去，并将肩上已磨损不堪的披巾裹紧了些。夜色渐深，蟋蟀声四起。飞蛾轻轻扑打着油污斑斑的灯罩，不知从何处飘来一丝新鲜干草的味道。

  我在原地站了好一会儿，直到感觉寒冷、疲惫和饥饿，才离开寺院，到附近村里找了处可供休息的地方，吃了点东西。在陌生的异乡，漫长且奇特的一天就这样平淡地结束了。动身前隐隐期待的愿望并没有实现。

  我在当地农户家中低矮的阁楼上度过了一个不眠之夜。阁楼很久没有住人，充斥着灰尘和蜘蛛尸体的气味，还伴着细碎的月光。第二天，不等公鸡报晓，我就起床了。

匆匆赶到寺庙，满院都是礼拜的信众（我分辨不清是佛教徒还是印度教徒），但就是没有那名老僧的身影。太阳刚从白雪覆顶的群山背后升起，迅即迸射出万丈光芒，毫不客气地吞没了峡谷。河水闪耀着刺目的波光，村落褪尽了黎明时分的神秘。一栋栋没有烟囱的木屋，从敞开的门窗中冒出股股浓重的白烟。长长的骡队驮着一袋袋土豆，沿着鹅卵石铺成的斜道下坡……新的一天开始了。我一直没休息好，这时才感到疲倦，想要离开。

记忆中，那次旅程与数年之后再访桑格拉峡谷的经历混杂在一起。尽管如此，在后来的许多时日中，我总会魂牵梦绕地回到那座寺庙，回到橡树荫下，回到我与那位流落异乡的藏族僧人默默相对的一刻：他沉默着，与身边巨大的虚空共处；我想象他曾如何长途跋涉，度过了多少茫然的日子。想到这里，我不由得战栗。

正是从那时起，我对佛陀产生了兴趣，开始四处搜罗相关书籍，还尝试冥想。每天清晨，我都会盘坐在小屋阳台落满灰尘的木地板上，面朝北方的青葱空谷和远处的山峰。我还记得第一次看到它们的光景：正值秋去冬来，山色转白，屋子四周的苹果树和樱桃树落了一地的叶子。

现在回想当初，觉得很不可思议：像我这样对世界了解甚少的人，有不少私心杂念，极度渴望爱情和名望，向往旅行与冒险，居然会念念不忘某个与这些欲望格格不入的人——一位出生于两千五百年前的历史人物，他教导人们世事无常、万法皆空，若要获得真正的幸福，唯有认识到自我的虚假性，这个"假我"并不圆融贯通，不过是种种苦厄与谬见的根源。

我从前很少关注印度哲学或灵修，即便关注，也认为那些纯属印度史上大量缺乏记载的无稽之谈。对于造就现代世界的知识（如科学和技术），以及理性探索和乐于求知等精神，我看不出它们有何增益。

每当想起从前如何醉心于尼采等西方哲学家和作家，我就越发觉得自己能对佛陀产生兴趣的确不同寻常。也许，那是因为我和其他许多潦倒孤独的年轻人一样，被同一种理念深深吸引：人，凭借纯粹的意志就能战胜绝望，赢得世界本不愿意给予他的认同和保证。

我不记得有过什么精神危机将我引向佛陀，但我原本就不太了解自己，也许我有过危机，只是不曾意识到。二十岁出头时，我每天都在为明天的生活焦虑，期待着某种连自己都无法认清的救赎。

那年年初，我从德里迁往玛舒波拉，只随身带了几本书和几件衣服。一个既无积蓄又前途未卜的印度青年移居喜马拉雅山麓的某个小村庄，也算是一种奇特的选择。我期盼自己能在群山环绕的静寂与隔绝中，践行某种由来已久且日益迫切的抱负。

自始至终，我只想成为一名作家，从来不觉得自己还能有点别的什么成就。不过，在德里念大学的三年中，除了几篇不成样的评论和随笔外，我几乎再没写出过什么。相比为了获得学位和工作而努力拼搏的大多数学生，我觉得自己当年浪费了不少时间。读书、工作，是获得稳定生活的特优门路，那意味着结婚生子、带薪休假、退休养老等，是物质匮乏的长辈敦促我们这一辈务必力争的生活。

那时我迫切希望离开德里，却不曾想过远离城市生活。实际上，我最终还是回到了城市。在我看来，对于一名胸怀抱负的作家而言，不能将自我与社会隔离，也就是不能脱离催生了一切书籍、艺术和音乐的人类文明。况且，我也很难抗拒英国人发明的"山间避暑地"式的浪漫：在山间独自静修，让苦于暑热的平原生活获得一些愉悦的补偿。这就是我第一次寻访喜马拉雅山麓马苏里小镇的原因。然而，等我去了才发现，当地早已是基督教传教士和德里游客的天下。我只好转道去了西姆拉——19世纪至20世纪初英属印度的夏都。

英国人曾以这个喜马拉雅山麓的小镇为据点，监管他们最值钱的帝国财产，同时不忘在当地尽情享乐：交谊舞、马球赛、业余剧院，乃至各种轶事丑闻，这定义了在印英国人自成一统的世界。凡此种种，都在鲁德亚德·吉卜林的《山中故事》(*Plain Tales from the Hills*) 里被首次披露。介绍英属印度的书籍，我都仔细读过，它们似乎都在试图唤起人们对这个极负盛名的山间避暑小镇的兴致。1992年春，我还在西姆拉四处寻找便宜的乡村小屋时，便期待在闻名遐迩的商城大道上漫步，在昏暗的咖啡屋度过灿烂雪景衬托下的清晨，在积灰的老书店消磨午后时光，在冷杉林间无人的泥土小路上打发寂静的夜晚。

现实很快打消了我的这些念头。从起点卡尔卡到西姆拉的铁路迂回蜿蜒，尽管沿途的每一处转弯都能看到青山映碧空的美景，却难掩沙袋垒就的简易站点的肃杀。在旁遮普的邻邦，锡克教分裂势力引发的暴动持续了十余年；穆斯林占多数的克什米尔地区刚刚又发生了一场暴乱。两地都有恐怖谋杀、爆炸、法外处决和酷刑之类的新闻报道。关于这些地方，我原先只在大学里的公共场所警示众人小心炸弹的海报中见过，如今我竟身处其中，感受着警察表情和话语中的真切威胁。他们舞弄着自动步枪，恐吓狭小拥挤的长途车里的乘客，命令他们打开行李接受检查，还频频冲着动作慢的人大喊大叫。

狭窄的山路上，这些检查站造成漫长的交通拥堵。我们的汽车艰难地穿过柴油车排放的阵阵黑烟和卡车、轿车嘈杂的鸣笛。几个小时后，我们总算捱到了西姆拉。从某个急转弯处远眺，整座城市仿佛由一大堆混凝土铸成的盒子堆砌而成，与其夸它是一处风景如画的避暑胜地，还不如坦白说它是一座依山翻建的印度小镇。即便走近些再看，人们也不会有太大的改观。

印度经济刚自四十多年的计划体制中苏醒，对于新兴的中产阶级而言，追求有线电视、哈根达斯冰激凌，乃至到新加坡休假购物之类的享受，尚不现实。目前来看，绝大多数雄心勃勃的人都是来自德里和昌迪加尔的城市青年，他们在商城大道仿都铎风格的商店和电子游戏厅里挥霍日渐增长的财富。他们肤色闪亮，穿着名牌牛仔裤和运动鞋，彰显着所属的阶层和种姓，为西姆拉增添了一抹亮色，恐怕英国人在权力巅峰怀有的自豪感也不过如此。但是，在商城大道之外的街区，衣衫褴褛、身形佝偻的苦力比比皆是，整个城市自此越来越黯淡：大街小巷挤满穷苦的身影，山脚下铁皮棚屋密密麻麻，死水洼似的露天排污沟散发恶臭，混乱肮脏的程度与贫民窟无异。

在此地，我从前住过的那种老式乡村木屋（窗户有平纹细布做的窗帘，后院还有玫瑰花坛）几乎绝迹——它们要么因为传言中的纵火案而遭焚毁，要么由于新建公寓楼需要腾出空间而被拆除，再难找到租金便宜的房屋。一个没精打采的房产经纪人领着我看过几处新公寓，那些楼里的水泥墙尚未干透，却显露出衰败和灰暗的迹象。后来那个经纪人干脆不再回我的电话。我又坚持了几天，在城中四处游逛，流连于商城大道的两家书店，在昂贵的餐厅吃饭，为钱而发愁。

我记得乘车去玛舒波拉的当天早晨，手中的旅行指南形容它是个"不错的野餐景点"。那时我只巴望着能在返回德里的无聊旅程开始前，找个地方消磨时光。

往返于喜马偕尔的汽车坐了一半的人，一路嘎吱嘎吱响，驶出拥挤憋闷的西姆拉。进入苍白日头照耀下安详沉睡的开阔谷地后，它还在呻吟不止。不久，我们便开进了潮湿的雪松林，一段时间内没能停车休息。严酷的冬季在这片土地上逡巡不去，残雪覆在布满车辙的山道两旁，看上去像脏泥，形似微缩的山脉。幽暗的林中空地上，有些供人喝茶歇脚的棚屋，几个身披毛料破衣的男人围在燃着松果的火堆旁，俯身取暖。

我们的汽车离开公路，颠簸而下，开进一条两旁挤满了摇摇欲坠的木板房和铁皮屋的小路，没多久便停了下来。司机熄掉饱受折磨的引擎，乘客都下了车。

我最后一个下车。从浊气刺鼻的暖和车厢里走出，寒意突然袭来，冻得我打了个激灵。我发现自己正站在一条长长的山脊上，面对着一个巨大的深谷，里面充满纯净清新的空气。向东远眺，壮观的美景尽收眼底：重峦叠嶂中，一排嶙峋的雪峰巍然耸立，俯瞰着我眼前这葱茏的深谷。

若能住在这里，岂不是十分美妙？我正琢磨着向谁打听哪里可以租房暂住，却发现车上早已空空如也，四周杳无人影——原来我是车上唯一的外地游客。我注意到附近有一座红色铁皮屋顶的大宅子，还有一条通往那里的迂回的泥土小路。

宅子大且美，有一种古朴的沉静。大宅分上下两层，每层阳台的周边都有几扇窗户。后来，我了解到这座宅邸的历史：它建于20世纪70年代初，那时，可供砍伐的雪松林还很繁茂，且价廉物美。大宅里有各种无法忽略的气息，如老旧床褥的陈腐味和熏入墙体的香火气——那是超越了四季更迭的气息，更是让人想要度过崇高、节制、虔诚的一生的气息。

那日晨间，它神态自若地伫立在开阔的山脊上，面向一径东去的群山。朝阳下，大宅的窗户显得幽暗不明。一个个插满芍药的花篮从房檐垂吊而下，宽阔的走廊洒满阳光，红艳艳的辣椒铺在一张明黄色的床单上，正待晒干。二楼开了一扇窗，宅子的正门也敞着，从外面可以望见一道通往楼上的木楼梯。

我敲了敲门，马上就听到有人光着脚在地板上咚咚地走。二楼窗边探出个瘦小的男孩。我尝试向他解释自己正在寻找住处。男孩走开了，片刻后，夏尔马先生走下楼来。

他个子挺高，头戴长款羊皮帽，身材也更显修长，浑身散发着一种沉郁的威严。我告诉夏尔马先生，我是个大学生，正在德里读书，眼下想在山里找个地方住几年，方便看书和写作。说这话时，夏尔马先生年轻的侄子正在一楼不远处打量我，令我倍感窘迫。

夏尔马先生望着我，犹豫了一会儿才说，可以带我去看看他家刚刚建好的一栋乡村小屋。

我们穿过一个果园（我当时还不知道那里种着苹果和樱桃，还有桃和杏），来到山脚下的一条小岔道旁。这里立着一栋乡村小屋,下层是一间牛棚和几个相连的貌似草料房的储藏间。

小屋很实用,共有三个房间,当初并没有按照特别的次序设计建造,只是彼此相连,浴室和厨房可能是后来加盖的。室内还充满刨花的木香,直到当年的10月,小屋下面的储藏间堆满了新摘的苹果,四溢的果香驱散了刨花的味道。

真正打动我的,是从小屋阳台望见的美景。下面是一小块贫瘠的玉米地,一个老农正弯腰驼背地侍弄着;一片松林从田垄斜向山谷深处,一直延伸到最底部的稻田和木屋,石板瓦的屋顶反射出亮光,那里仿佛是另一种节气。如果我站在阳台左侧,夏尔马先生的果园便一览无余。抬起头,则是我初到此地刚下汽车时看见的景致:山谷、雪峰,还有那令人心醉神迷的碧空。脑海里,我已经看见自己坐在阳台上,凝望渐渐转暗的世界,静守漫长的夜晚。

出乎我的意料,夏尔马先生只是象征性地要了一点租金:每月一千卢比。这比我的预算低太多,我当时甚至在盘算要怎么过活才能负担这座小屋。夏尔马先生说,多年之前他刚来玛舒波拉时,也像我一样计划着读书、写作。他父亲开办了西姆拉第一所梵语学院,他自己则经营着一份梵文月刊,发刊地就在这座小屋下面的某个储藏间。他告诉我,建造这座小屋本就不是为了赚钱,而是为了接待像我这样需要帮助的学者。

被称为"学者"令我顿感局促。我只是一个普通的学生,最初学的是商科,只希望学习的东西能有助于自己的未来,免得落入医生、工程师等传统身份的窠臼——那些职业正适合我这样非富人阶层的印度人实现阶层跨越。我的写作经验不多,对于选择何种题材更是没什么主意，但我并没有纠正夏尔马先生，也不想让他失望。此前我还在马苏里的山间避暑地待过一阵子，住在一个由基督教传教士经营的寄宿处，比现在窘迫多了：那里的教士认为我颇有皈依的潜质，往往在我晚间散步时主动攀谈，希望了解我灵魂的状况。但根据我对自己灵魂的了解，与其做一名基督徒，我还更适合当个学者。

在玛舒波拉安顿下来，度过了初来乍到的几天后，是否够格做"学者"也就变得无关紧要了——反正我有书本相伴，心无旁骛地埋首其间时，看上去也算是个学者了。

初入异乡，便赶上天寒地冻。我一生绝大部分时候都在期盼这种极寒天气。记得童年时，多少个夏日炎炎的午后，昏暗的门窗外，灼热的西南季风火辣辣地刮过，我们全家都在睡觉——要知道，当整个小镇都匍匐在高温之下，街头巷尾空无一人时，午睡便是首选——铁道旁自家的老平房里，我光着膀子，四仰八叉地躺在粗糙的石板地上，将古老的《摩诃婆罗多》（*Mahabharata*）一读再读，之后开始恍惚，好像进入了墙上媚俗的宗教日历画，穿梭于其中皑皑的雪峰之巅；想象着自己与般度族❶的兄弟一同流亡他乡，自我放逐，又与印度教的圣哲先知在冰川旁冥想——画中的那些男子无不美髯长垂，想必描绘他们的画家视之为智慧与自控力的象征吧。

现在，我已身在喜马拉雅山，但很多天来都说不上喜悦。淡蓝色的烟光弥漫山谷，巧妙地遮蔽了远处山间的空隙，这令我郁郁寡欢。沉默使我感到压抑，但它们是如此纤巧精致，以至于正

---

❶ 般度族（Pandava），出自印度教梵文史诗《摩诃婆罗多》。该史诗讲述了般度族与俱卢族争夺王位的斗争。

在果园某处劳作的驼背老农,都能用他满是歉意的咳嗽声将之一举打破。每当我穿行在潮湿荫蔽的松林中,总感到有种莫名的忧惧。从山谷飘来家中炉灶的烟火气息,也没让我怀念起童年的小镇上数个烟雾缭绕的晨间和日暮;事实上,这里似乎没有任何与我的过去有明确关联的迹象。

这里终年飞雪,银光笼罩着天地万物,将渺小如我,乃至城邑村落、田园河川,一并包罗收纳,定格为某种亘古不变的存在。这苦寒天气似乎逼得我生出了特别的能力,让我很快就适应了这里的气候。

夜晚尤其让我烦躁,难以安眠。果园里光秃秃的苹果树一副饱经风雨的模样,远处山坡上看不真切的上百户人家灯火初上,点点光芒闪烁,我脑海中便会浮现对安全和温暖的鲜活幻想。山顶的暴风雪带来阵阵刺骨的寒风,时常透过门窗缝隙,直钻入屋,几乎熄灭了我的煤油灯。我从村里的一家商店买了台本地产的取暖器,但电力供应不稳定,两根电热管通电后,往往来不及烧热泛红就停工了。我蜷缩在夏尔马先生拿来的被褥中瑟瑟发抖,像是在冰窖里熬夜。天冷得连自来水都冻住了,热水袋也没什么用。

夏尔马先生查看工人给奶牛挤奶或向驼背老农付工钱后,偶尔会顺道来访。他给我带来新鲜的牛奶或茶水,用不锈钢杯装着。由于天冷,牛奶的表面经常浮着厚厚一层油脂,我总是三两口就喝完了。我们在屋里各自裹着厚厚的大披巾,面对面坐在藤椅上,夏尔马先生的坐姿还是一贯的挺拔。

我们都不怎么说话,事实上,我俩经常良久无言。我因此颇感局促,总是第一个打破冷场,借故询问夏尔马先生供电能否保持稳定，浴室的下水道能否尽快改良，屋里屋外的巨型蜘蛛是否有毒，或者当年的雪量是否足够苹果树过冬——我知道，最后这个话题一般能引起夏尔马先生极大的谈兴。

夏尔马先生似乎并不在意我们之间的冷场，对我的提问也充耳不闻。他一旦开始慢条斯理地讲话，必定围绕现代文明对大自然的毁坏这类话题展开，比如喜马拉雅山顶上那些据传是永冻不化的积雪也在快速消融；发源于中国西藏并流经附近区域的萨特莱杰河已被污染；山上到处是人们乱丢的废弃塑料袋；滥伐山林不仅会造成地震，更会给平原地区带来滔天洪灾；人类早已忘记自己也是大自然的一部分，他们变得如此自大，自诩为天地的主宰，现在大自然终于开始对人类展开报复……

我觉得夏尔马先生和我谈论的，都是他内心反复思虑，却无法与家人分享的问题：他父亲潘迪特吉先生是位八旬老人，精力充沛，有着某种印度教先知的神态和强硬的自负，精于演示各种祭祀仪式和占星术；他的母亲与大多数同时代的女人一样，没受过多少正规教育；还有他的妹妹，一位孀居多年的美丽妇人，神情总似略带忧伤，目前在西姆拉的某个政府部门工作。

我与那时快六十岁的夏尔马先生可谓忘年之交，可能这让他认为我更适合做个聆听者，所以很少回答我关于他的好奇提问。但我想更深入地了解他在西姆拉的经历，他最早认识这座城市时，这里还是大英帝国统辖下最大一块版图的夏都。也许我在潜意识里希望他能够让我感知此地曾经的辉煌，那种令我这代人遗憾生不逢时的迷人魅力。

夏尔马先生却说自己不喜欢西姆拉。我们先后有过多次聊天，内容庞杂。回想起来，他好像说过，父亲开办的梵语学院对他没什么用处，在西姆拉，他还曾要为基督教会主办的科顿主教学校❶工作，为当地富庶店主的子女教授印地语，而他并没空应酬这些人。那时，我感觉夏尔马先生有很多无法实现的心愿，他那端正得近乎刻板的举止，其实是出于自卫的条件反射：当一个人觉得外部世界对他的自尊构成威胁时，就会本能地做出类似反应。

天气正稳步好转，清晨的地面会有一层薄霜，午后则很暖和。我常常躺在小屋外边的草地上，久久地晒着太阳。沉湎于这样的闲散，我连书都丢到一边，翻也懒得翻。看着天空的云朵，闻着身下青草和泥土的味道，熟悉的香气唤醒了童年的记忆：在杂草丛生的秘密花园，远离尘嚣的僻静去处，我观察过勤劳的蚂蚁和蜗牛，还自编自演过《摩诃婆罗多》的不同片段。

然而，当我走进夏尔马先生的小屋，总感觉房间中有一种清冷神秘的疏离感。不像我小时候住过的那些乡村小屋，这里还没有潜移默化地融入我的生命。我至今记得那些房间里的特殊细节：极其适合窝在里面大做白日梦的破藤椅，某个储物柜干爽的香气，石制地板裂纹的形状，等等——以至于每一次搬家都是一场痛苦的别离。

我开始步行到各处探访，沿着主路漫步，在途经的商店逗留，进一步了解玛舒波拉。村里约有两千多居民——农夫、基层公务员、小店主——大都是没什么储蓄的人。但这里也看不到印度平原区那种贫苦的惨状。村里的房屋都很高大，有些大胆地朝公路敞开大门，有些则藏身于山脚下由鹅卵石铺就的小巷里。街上的

---

❶ 科顿主教学校，亚洲最老的寄宿男校之一，成立于1858年，由英国教育家科顿主教在西姆拉创建。

衣衫褴褛之人，都是来自克什米尔和尼泊尔的失业搬运工，他们的脖子上搭绕着脏兮兮的绳子，个个郁郁寡欢、沉默不语。整个村子自成一体，每逢宁静的周日清早，就连古老的英式教堂传出的轻柔钟声也颇显刺耳。

一天，我走在小村上方的山林中，刚穿过一处直升机起落坪和几块修剪齐整的草坪，就陷入了武装卫兵的包围——我竟误打误撞闯进了以前英国总督的隐秘休养地。如今，这些官邸的命运与德里那些比它们更为宏大的公馆一样，全部出让给了印度总统，可惜总统大人很少用得上。从村子再往北走，沿途还可见到更大的空宅，都是些老式平房，有高大的藩篱遮护。庭院里，除了屠格涅夫小说中描写的那类凄美花园和凉亭之外，还有专供仆人使用的破旧棚屋，里面乌烟瘴气，很可能有一群宽脸妇人曾经围在那里的炭火旁取暖。

沿路继续前行，途中还有更多惊喜：先穿过一片松林，再经过一片牧场、一座古老的迦利女神庙，便可来到山顶的一间林中客栈，这里就是路的尽头。当地人称这间客栈为卡里尼亚诺（Carignano，其实应该叫作Craignano），它是一栋宏大的庄园式宅邸，19世纪末由意大利都灵的一个糖果商建造。

虽然夏尔马先生没能告诉我一个19世纪的意大利人当时究竟在喜马拉雅山区做什么，但有一点他很清楚：富裕的英国人经常从奢靡享乐之都西姆拉逃入玛舒波拉。不仅如此，他还听说过几位如今已坐拥独栋平房宅邸的印度人的故事：据说，某人的先祖是个好色的土邦主，曾遭英国颁令禁入西姆拉；某尼泊尔王子曾躲进一栋宅邸藏身；孟买来的一位著名女星在三十多年前买下了玛舒波拉最好的一处房产，却从未在村中现身；德里的某个工业巨头为逃避丧子之痛也曾来此置业——相较于这些置产却不住的业主,这名意大利商人可算是最忠实的一个。此外,这些府邸全靠大批仆人养护,他们都是外地民工,从遥远的山村雇来。

第一次听到这些消息时,我对玛舒波拉的印象略打折扣。每逢晴朗的日子,我便外出散步,爬上总统别墅所在的山顶,饱览远方地平线上起伏的雪峰,感受清新酷爽的微风拂面而过。这一景象让我不仅确信自己的生活已揭开崭新的一页,更坚信自己有资格在这个世界追求丰裕富足的人生。然而,那些宏大的宅邸却让我心怀恐惧,生怕玛舒波拉的日子也会变得像先前在德里的经历一样令人失望。

在德里,我常利用自己在乡野习得的才能引人注意,同时又渴望新奇的冒险,以及任何能够获得成长的机会。在城里守卫森严的飞地,不仅有各色图书馆和书店,还有各国的使馆文化区,常有电影节和读书会。还有十几家五星级酒店——只需足够的金钱和自信,便可随意享用。但是,除非拥有足够的财力和安全保障,可以确保你在观赏某部新上映的欧洲大片后坐上空调小轿车,回到高墙围栅的宽宅大院,让观影时激动不已的心弦继续震颤,否则,如此动人的享乐只会转瞬即逝。换言之,从英国文化协会❶凉爽的观影礼堂出来,就不得不进入潮湿闷热的夜晚,走过破破烂烂的人行道,穿过一群残疾的乞丐,肩肘并用地挤上一辆爆满的巴士,汗流浃背,忍受着脏乱嘈杂,再带着有些荒谬的优越感看着那些没能上车的人。如此折腾一番,几个小时前令人沉醉其中的新鲜感受,马上就瓦解一空。这些让人不由地想,这

---

❶ 英国文化协会,英国政府于 1934 年成立的非营利组织,致力于促进英国文化、教育、国际关系的拓展与交流。

座城市给予人的许诺实在空洞，而城中的人竟如此卑微。说到底，这座城市本非一个恣情欢愉的享乐之都，而是一片竞争求存的苦拼之地。

我稍感宽慰地发现，某种程度上，与夏尔马一家的交往令我在村中有了某种特殊的身份。走在路上，常有陌生人向我合掌问候；走进宽敞的店铺，闲坐在一排排装满芸豆、鹰嘴豆和大米的敞口麻袋后面的伙计总会殷勤地招呼我，热心聊起当地政事，主动分享各种八卦。

夏尔马一家的生活十分平静，除节日庆典、周年祭礼（shradh）或火祭（yagna）等特殊情况，否则少有例外。每逢这种节庆，夏尔马家散居各地的亲朋好友便纷纷赶来，欢聚一堂。到那时，丝巾、婴儿啼哭和嗞嗞作响的各种美食（其中有些着实很对我的胃口）形成欢乐的漩涡；夏尔马先生的妹妹大清早便从西姆拉的办公室赶来，之后又赶在黄昏前匆匆离去；有些中产家庭坐着新车登门，引来众多店主好奇的目光。唯有夏尔马先生总会陪着母亲，留在那座拥有许多窗户的大宅里。在午后漫长的时光里，这栋宅子更显空寂。夏尔马先生的父亲潘迪特吉老先生喜欢到处活动，每天大部分时候都拄着拐杖，不是在果园里走动，就是在查看奶牛。我发现，老先生是当地颇有名望的祭司和占星师，远在昌迪加尔的客人也会来拜访他，向老人家请教自己的今生来世，以及如何改善自己的生活。老人家还是拉姆普尔附近某位前任地方长官的私人祭司，曾在他家的草坪上主持程序繁复的火祭仪式，为他的仕途祈福。

每个月，夏尔马先生都会接连好几天不出门，在室内辛苦工作。他有一台古董印刷机，就存放在我楼下昏暗的储物间里，用来印制他的梵文杂志《圣光》(*Divyajyoti*)。他告诉我,这本杂志每期发行五百份,在梵语学院和研究机构都能见到它的踪影。他总会赶在上半个月亲自撰文,完成杂志的大部分文章。我没有了解过杂志的内容,但应该不会超出他平日与我探讨的社会和政治议题,有时他还可能对某本公元前5世纪的语法书发表评论——夏尔马先生常以此书为据,自豪地证明梵文的神圣起源及其引发的灵感。

夏尔马先生需要将杂志散页带到印刷机房制作,每当他在通往果园的小径上碰到我,就会冲我拘谨地笑笑。接下来就轮到快乐的排版小工德拉川姆上岗。小伙子身材高大,长着一张圆脸,总会不辞辛苦地按照夏尔马先生的手稿排版:在昏暗房间的一角,他独自忙碌,与一堆凌乱的木制手工排字盘和金属活字块为伍。有时,他会十指漆黑地跑来我的小屋,帮我换保险丝,或送上新摘的水果。新一期的杂志得赶在月中的前一周印好。德拉川姆一给印刷机通上电,那个老古董便嗡声大作,经过一番难以捉摸的卡壳和断奏,才能开始发出规律的敲击声,给人一种特有的宽慰感,仿佛乘坐火车在暗夜中穿行。每月15日,一大早便能看到德拉川姆意气风发的身影,巨大的手臂下夹着一小捆新鲜出炉的月刊,去山上的邮局寄件。

日子慢慢有了某种节奏,开始好过一些。我总是醒得特别早,即便隔着粗糙厚重的蓝色窗帘,清晨的阳光也能直射进来,而我毫无抵抗之力。之后不久,夏尔马先生的小侄子便会敲门而入,为我端来一盘抛饼和腌菜,那是夏尔马先生家的女主人——他母亲和妹妹——准备的早餐。可惜,此后的时光就变得漫长而空虚。

即便我像婴儿那样早早睡觉，也于事无补。每晚不过9点左右，整村人都已酣然入睡。

多年来，每当看到"整个上午我都在阅读"这句话，我都会怦然心动。简单的几个词，形容出了一桩最纯粹和令人满足的逸事。这就是我当时的日常生活：我每天都坐在阳台上晨读。待到正午稍过，我就漫步上山，穿过日影斑驳的松林，到蒙图小馆吃午饭。

蒙图是小饭馆的老板，富态的身材稍嫌笨拙，双眼总是因为饮酒而充血泛红。他和妻子一起经营着这家小店，店门正面对着马路，背面是两间阴暗低矮的棚屋，夫妻俩就住在里面，门口只有一块破旧的棉纱丽作为住处与饭馆间的隔断。午餐时间，店里常常就我一个人，我喜欢那个长木凳座位，上方挂着绘有湿婆神像的过期日历。我边吃饭边浏览《旁遮普狮报》(*Punjab Kesari*)，那是一份印地文的地方日报，内容五花八门，从手淫（损害视力）到蓝色牛仔裤（不利于血液循环）都有。此时，蒙图夫妇的小儿子尼拉杰会用小铝盘将热乎乎的印度烤饼盛给我，他是个有礼貌的年轻人。

不过，蒙图小馆的菜品实在普通，菜单更是一成不变。最常见的一道菜叫作"杂烧木豆"，按照蒙图的说法，在当时的后计划经济通货膨胀时期，他能用木豆做出来的"极品佳肴"就仅限于此了。然而，每次尼拉杰满怀期待地问我饭菜是否合口时，我都只能说谎。

回去的路上，我会在邮局逗留片刻。那是个灰尘四布的大屋子，里面还有一个废弃的电话亭和一个坏掉的老式时钟。我在那里总能碰见几位常客，大多是村里空宅大院的仆人，来邮局给他们远在喜马拉雅山村的家人汇钱。这些老熟人喜欢找我代笔，在他们汇款单的页边上见缝插针地写几句含糊的留言。常见的有："都挺好""这钱给你买药，稍后会再汇款"，或是"钱不多，抱歉。很久没联系了，挂念，祝好。盼复"。

我自己几乎没什么邮件，只有父母偶尔给我写信，还附上支票，为我先前言之凿凿的某项托词买单。不过，我倒是常替当地一位上了年纪的邮递员代劳，免得他上山下山为夏尔马先生家送信。我会把捎回的信件拿给夏尔马先生的母亲，她经常坐在二楼敞开的窗边做针线活。她习惯从上午晚些时候就去那里坐着，慢慢消磨掉一整个冗长慵懒的午后，直到夕阳西下，慢悠悠的山影悄然掠过果园和山谷，远方的群峰沉浸在熔金的落日余晖里，一时间，它们仿佛拥有了这世上所有的光芒，却又转瞬即逝。

数周就这样一晃而过，夏季火热而漫长。一些羽毛斑斓、充满异国风情的鸟儿终日闲散地盘旋于碧空。每当暮色降临，幽谷深处就有人家冒出缕缕稀薄的烟雾，不久便消散；入夜后，又不知哪里会突然传出犬吠。

7月初，雨季终于到来，厚厚一层纱幕将万物笼罩其中。起初，雨天还真是让人舒服，慢慢就变得令人厌烦，让我闷得发慌，我开始渴望晴朗的日子。如果没有记错，应该就是那年初秋，在一个流光溢彩的漫长午后，我第一次启程去往内喜马拉雅山。

"佛教"的发明

我从内喜马拉雅山区回到玛舒波拉时,已经临近冬天,白昼逐渐变短,只好等到春天来临,道路畅通时,我才启程前往斯皮提的琵茵峡谷(Pin Valley)。那里有冷寂的沙漠,随处散布着汇入溪流的融雪、长有豌豆的绿洲,还有大麦田。山顶上有几座土坯砖垒成的佛教寺院,供奉着形态各异的佛像。我去拜谒了塔波寺(Tabo),那是当地最古老的寺院,寺里住着很多喇嘛,他们身穿褐红色的僧袍,精神抖擞,有如电线杆上的祈愿幡,在寺院广场上迎风招展。

我到寺院参观是为了欣赏这里色彩缤纷的壁画,以及贴墙悬挂的垂幔上神秘的曼荼罗❶,了解其寓意。这些佛教寺院的外形十分独特,远远就能识别出来。尽管那时我对它们所昭示的信仰知之甚少,但寺院孤独而疏离的气质与日常迥然不同,吸引着我前来瞻仰。

僧侣也令我着迷,他们简单质朴如孩童,快活而平静。我原

---

❶ 曼荼罗(mandalas),圆形的彩色绘图,在佛教中被视为诸佛的汇聚,是修行的重要工具。

以为这是因为他们身处的环境平淡轻松,后来才了解到,有些僧人曾旅居欧美,其中一位还在拉萨附近的寺院修学近二十年。他所修的科目包括逻辑学、认识论、宇宙论、心理学和伦理学。更令我诧异的是,以上学科的知识早在公元 2 世纪的印度佛经中就有一定的论述。

于是,我开始写游记随笔,尝试记录在喜马拉雅山谷意外发现的各处佛教遗迹。我写到另一类印度佛教徒:"达利特人"(Dalit),低种姓的印度教教徒。为了逃脱种姓制度的压迫,数百万达利特人在 20 世纪 50 年代皈依了佛教。我试图说明的是,这些积极参与政治却对灵修事务兴致不高的佛教徒,不同于长居喜马拉雅山中寺院修行的僧众。

如同我所预料的,在西姆拉商城大道旁的一家小书店里,摆着许多有关佛教的英文书籍。店主告诉我:"读者大多是欧美游客,他们通常会从这里转道去达兰萨拉镇,大多找的是介绍宗教人物和相关主题的书。"

我在书店发现一本英译的《弥兰陀王问经》(*Milindapanha*)。阿根廷作家豪尔赫·路易斯·博尔赫斯曾在一篇文章中说它是一部佛教哲学入门的经典。弥兰陀王是古印度的一位希腊统治者,大概在公元前一二世纪统治着印度西北部(今巴基斯坦)。据说,他是当时信奉佛教或至少通晓佛教教义的统治者之一。这部经典在古锡兰保存了数个世纪,记录着这位君主与印度僧人那先比丘之间的一问一答。

在谈话的开头,弥兰陀王请教那先比丘的名字。之后两人关于"人的自我"问题的对话,明显融汇了佛教的理念,博尔赫斯因此触动颇深。那先比丘回应称,他的名字"不过是一个方便人们认识我、称呼我的假名,实际上,并没有一个使用这个名字的永恒的个体"。

弥兰陀王问:"如果没有任何永恒的个体,那么,是谁在为出家人提供衣服、饮食、住房和汤药,又是谁在享用这些供养?是谁在过着正义的生活,最终通过冥想达到极乐涅槃的境界?又是谁在杀生、偷盗、邪淫、妄语和饮酒?……如果其他僧侣称呼你为'那先','那先'又是什么?你会说自己的头发是'那先'吗?你会说自己的指甲、牙齿、皮肤或身体的其他部分,包括你的样貌、知觉感受、思维想象、精神状态、意识观念是'那先'吗?这其中的某个东西是'那先',还是所有东西综合在一起才是'那先',或是别的什么东西才是'那先'?"

那先比丘对弥兰陀王的提问,全部给予了否定的回答。

弥兰陀王问:"既然从我刚才说的所有事物中都找不到'那先',可见'那先'只不过是一种声音罢了!尊者所言是谬论!"

那先比丘这时才就此发问:"陛下,您是怎么到这里来的,步行还是乘车?"

弥兰陀王答:"乘车。"

那先比丘问:"那么请告诉我,什么是'车'?车轴就是'车'吗?"

弥兰陀王答:"不是。"

那先比丘问:"车杆、车轮、骨架,或者车上的缰绳、轭套、辐条、赶牲口的鞭子,是'车'吗?"

弥兰陀王答:"这些东西中没有一样是'车'。"

那先比丘问:"所有这些零部件的总和就是'车'吗?"

弥兰陀王再次否认。

那先比丘问:"除这些零部件之外,还有别的什么是'车'吗?"

弥兰陀王说:"没有别的,尊者。"

那先比丘问:"陛下,我从刚才说的所有事物中都找不到'车'。'车'只不过是一种声音罢了。那究竟什么是'车'?可见陛下所言是谬论!根本就没有'车'!"

弥兰陀王则反驳说自己没有错:"正是轴、杆、轮等所有部件组合在一起,才有了一辆完整的'车'。但它也不过是一个众所周知的术语、方便称呼它的假名罢了。"

那先比丘说:"陛下,说得好!您知道'车'字的含义!这就和我的情况完全一样。正是我自身的各种部件组合在一起,才有了众所周知、专属于我本人的名字,一个方便称呼我的假名——'那先'。"[1]

书中还有许多这类简洁明了的问答,它表达了佛教对个体同一性的观点,同一性是基于"色、受、想、行、识"❶五种条件聚合才存在的,并没有恒久不变的统一性或完整性。

笛卡尔说:"我思,故我在。"还是个在校大学生的我,在第一次听到这句名言时便感受到了对我而言近乎神圣的东西:个体意识和精神活动。我曾欣慰地相信,人类的头脑可以对被动的外部世界进行理性、自主而合乎逻辑的思考;我也曾醉心于当年在印度颇受欢迎的法国存在主义哲学家提出的"真我"概念。所有这些对"自我"的描述,即关于"一种必须通过理性的思维和行动才会形成的独立实体"的诠释,十分有助于消解当时困扰我的众多问题,如财务、情绪、性欲等方面的迷茫感。

---

❶ 即"五蕴",指人体及其身心现象的组成要素。

但希腊人国王与佛教僧人之间的这段对话，从思维认知上否定了笛卡尔所说的"我"。它暗示，我们不能说存在一个独立的自我或体内存在"我思"的思维活动，因为这种自我只不过是一系列念头的集合。他们的对话表明，"我"不是一个能够自主存在的固定实体，而是一个便签，我们借由它来指代"我"那些不断变化的物理和精神元素间临时构成的各种关系。这更符合我的亲身体验：原以为真有一个"自我"，后来却发现它缺乏内在连贯性，总会受到散乱的思绪、记忆和情绪的牵引，乃至让我认为，除了这种流动之外，一切都不存在。

我还读了其他书，很快了解到，在存在佛教的国家，佛教常常以一个正规宗教典型的外在特征示人：种种仪规和迷信。然而，佛教之所以有别于其他宗教，主要因为它是一种严格而缜密的治"苦"疗法。梵语中的"苦"，指的是痛苦、挫败和悲伤。佛陀，只是已经"觉悟的人"。他既不是上帝，也不是上帝在人间的使者，而是设法先让自己成功地解脱，随后又出于悲悯之心，与他人分享自我感悟的觉者。他并不看重对某位神明的祈祷或信奉，也不曾论及创世、原罪或最后的审判。

佛陀所讨论的，是人为造成、因此可以根除的苦厄。他把自己奉献给了那些每天生活在欲望、执着、傲慢、嫉妒和嗔恨中的人，剖析这些情感的运作方式，并宣称它们的产生是因为世人渴望并贪恋那个绝非真实存在的自我。他所发展的种种思辨技巧，不仅有力地证明了"无论人的自我，还是这个现象世界，都不是坚实、稳定、彼此无关的独立实体"，同时也让世人认识了"事物的本来面貌"，即一切都是相互关联并处在不断变化之中。

从广义上讲，佛陀是一位经验主义者，他否认现象之下存在任何固定不变的物质。无论是从一个人内在的自我感受或自我意识而言,还是相对于外部世界的自我而言,佛陀所说的都是正确的。他认为,获得智慧的关键在于人自身的经验,不在于思辨的形而上学,而一切人类经验的品质都取决于人的头脑,因此,他始终关注如何分析并改变人的思想。人并非自己头脑中漫无边际、不断滋生着欲望、焦虑、恐惧、愧疚的念头本身,也不受其限制。为此,人要意识到控制它们的可能性,并朝着一种新的心灵与智识的自由迈进。

很明显,佛陀不仅是一位宗教人物,更像是一位智慧犀利的思想家和心理学家。他与研究其思想的后世阐释者都详尽研究了人类的意识,他们在其中找到了一种意志品质,若以冥想的方式加以强化,这种品质可以成为有效抵御欲望和痛苦的屏障。

不过,在阅读往往非常抽象深奥的佛教思想论著时,我总有疑问:表面上,佛陀是一位宗教创始人,为何特别专注于对经验的内在世界进行如此严密而枯燥的解析,却不曾将他的分析拓展到外部世界,尝试建立一套清晰明确且独特的知识基础,或是像笛卡尔那样创立一种科学探究的传统?佛教以其理性世界观避免了宗教与科学之间的冲突,而正是这种冲突界定了现代西方哲学。

看来,佛陀那时的当务之急另有其事:他将注意力几乎全部倾注在了不可避免的人间疾苦上。但在这个问题上,他似乎与卢梭、霍布斯、马克思等现代世界的知识分子先驱截然不同,他为人类之苦提出的治疗方法,并不涉及国家和社会的大规模重组。

听说我对佛教兴趣日渐浓厚时,夏尔马先生并未多说什么,但他顺路来访的次数比从前频繁不少,整个人也更自在了。他向我讲述了更多自己的生活:他在西姆拉附近的一个小山村长大,村里有很多种着苹果树和梨树的果园。他没有在平原地区长住过，对此他的语气颇显自豪，因为到访平原屈指可数的经历都是痛苦的煎熬。当他谈到喜马拉雅山区是一处流亡和避难之地，并告诉我几千年前《摩诃婆罗多》中的般度兄弟造访过附近时，夏尔马先生谈的仿佛不是民族神话，而是自己的生活感受——只要想到印度平原无情的酷热和扬尘，他就觉得那儿是个大陷阱。

夏尔马先生一直单身。他说，婚姻生活及其相关的义务不适合他，但他似乎还不能完全坦然面对这一自愿承担的孤独。我不知道他是否会对自己的处境心生厌倦，是否也曾希望和他人一样，过更加积极且丰富的生活，远离这个独居至今且终将老死的小地方。

我对佛陀的兴趣似乎令夏尔马先生有些疑惑。他说，正是由于低种姓的达利特人相信佛教与印度教截然不同而皈依佛教，佛陀的名声才会如此蒙羞受辱。佛陀本是印度教大神毗湿奴的第十次转世轮回身，从梵天之口化现而生，因此，一直以来佛陀都是印度传统文化的一部分，绝非与之相对立。

我对夏尔马先生说，这一说法更多是神话而非历史。佛陀可能是从梵天之口化现而生的，但 19 世纪英国学者搜集的证据已经证明，他是一个活生生、有着血肉之躯的凡人，他的历史真实性绝不比耶稣和穆罕默德少。我还告诉夏尔马先生，佛陀当年生活和入灭的地方都离我们不远，我已去过佛陀在尼泊尔的诞生地，见过公元前 3 世纪由印度阿育王下令建造的石柱。

蓝毗尼是佛陀的诞生地，位于印度平原北部。次大陆的两条大河——恒河与亚穆纳河便横贯这片土地，川流不息。在传说中，蓝毗尼距喜马拉雅山麓很近，这就为当地平添了些浪漫色彩：高山、瀑布和松林，便是佛陀奢华童年的背景。

如果你自印度或尼泊尔境内长途跋涉，历尽艰险最终抵达这里，你会发现，所谓北方的高山根本就是谣传。它最多能让你在冬天体会到微风中夹杂的轻寒，或是在春天看到地平线上模糊不清的一丁点凸起。你始终暴露在广袤平坦的大地上，特别是夏季，持续数周的暴晒后，旋风裹着尘土和枯叶，扫过收割后的稻田，也扫过簇拥着泥巴稻草土坯房的村落，这种感觉无休无止。

你会时不时看见一片片杧果林和罗望子树丛，树林中散布着小水塘。在这一片阴凉的绿洲中，物质世界找回了原有的形态与色泽。待到6月末或7月初，夏天第一场季风雨过后，被炙烤得焦枯的大地旋即恢复绿意，在接下来两个月的雨季里愈发葱茏。但是，无尽的雨水着实让人厌烦，热辣辣的暑气也让人疲惫，还有那一条条暴涨的河流小溪，经常冲破堤岸，搞得泥浆遍地。唯有在10月到来年3月这段时间，天气才不再恼人。整日天空碧蓝，温暖的阳光笼罩着农忙的田野与村落；夜晚沁凉如水，转瞬即逝。

1985年探访蓝毗尼时，我十六岁。这是我第一次离家远游，当时我在阿拉哈巴德求学。佛陀时代的阿拉哈巴德是新兴的中心城市之一，如今辉煌不再，沦落为恒河平原上衰败的老城。旅行时，我尽量搭乘便宜的交通工具，当然，它们都走得很慢，如蒸汽火车、公共汽车，还坐过一次渡船，还记得那次正值河水暴涨，十分浑浊。沿途经过了曾让年轻的佛陀一直想要参访的地方，那时的佛陀仍叫"悉达多"。

我不太确定如今再去这里是否会更便捷，因为在北印度的穷困地区，情况很难发生什么变化。多年后，当我故地重游，穿行的还是那片空旷的土地，路过的还是那块金黄的芥菜田，看到的也还是那些依旧不为外人所知的镇子和村落。

蓝毗尼变化不大，新添的建筑物只有几处，主要是寺庙，由来自日本、韩国、泰国和缅甸的佛教徒住持。寺庙有着东南亚佛教建筑常见的外观，易于辨认。距其数里之外，有一家昂贵的酒店，主要面向日本游客；还有一家研究机构，拥有规模宏大的图书馆，但进馆看书的人不多。

蓝毗尼城内及周边地区常住的佛教徒极少，他们多是来自东南亚的僧侣。城内有一座寺院，供奉着一尊佛陀母亲摩耶夫人的浮雕石像。几个世纪以来，当地的印度教徒将她奉为本教的尊神之一。附近的村镇贫穷且脏乱，供奉印度教神猴哈奴曼的圣坛随处可见。深入乡村腹地，灰蒙蒙的平原上隐约可见几座清真寺的宣礼塔，青瓦覆顶，诉说着它们源自遥远阿拉伯的信仰。总体而言，佛教在我们这个时代已然复兴。这尤其集中反映在西方发达国家，然而，蓝毗尼似乎未曾受到任何影响。

也许，这就是为什么我初游蓝毗尼时，花了好一段时间才弄清楚自己身在何地。当时正值令人忧郁的春天，天色将晚，甘蔗地和稻田的上空仍有金色的余晖。

直到在阿拉哈巴德结识的大学校友维诺德和我聊起佛陀诞生地，我才意识到蓝毗尼其实是真实存在、可以抵达的地方。当时，维诺德正准备回老家探亲，那地方距离印度和尼泊尔接壤的边境不远。他去过蓝毗尼，但对那里印象不佳，深感无趣。

尼泊尔是维诺德和我当年唯一有可能出境旅游的国家，他和我一样期盼着这趟旅行。阿拉哈巴德还有不少学生去过尼泊尔南部观光，那架势更像是短途拉练：旅客在体验两天两夜乡村破旧公车的颠簸和蟑螂肆虐的"贵宾"服务之后，十有八九难以继续他们的出境游了。群山始终远在天边，大多数返程的游人难掩失望——他们发现，尼泊尔的景色同样平淡无奇，尘土飞扬，与自家在北印度的居住环境毫无区别。

尽管如此，尼泊尔之旅始终有其迷人之处。手头宽裕的学生会给自己买个中国制造的随身听；所有去了尼泊尔的学生，几乎都在边境的小商品店里至少买过一件花里胡哨的纪念品——比如棒球帽——并心满意足地穿戴一两年，想要借此改变自己一身涤纶衣裤的穷酸形象，但效果往往适得其反，欲盖弥彰。

维诺德对棒球帽没什么兴趣。平时，他总是一身传统的印度装，上身是贝拿勒斯产的丝绸制成的无领长袖衫，下身搭配一条上宽下紧的长裤。如此经典的民族装束，如果和棒球帽混搭在一起，只会给他原本温文尔雅的外表平添一抹不必要的轻浮。大学里有很多出身普通的学生来自印度大平原贫穷的农村或城市近郊。与他们相比，维诺德算是家境殷实。听说他是独子，父亲是地主。他住在校外的一套三居室里，我们则两三人合住一间宿舍。

为解决环城交通问题，大多数同学都租用每小时七十五派沙❶的自行车代步，维诺德却有一辆专属的人力三轮车接送，二十四小时待命。车夫是个低种姓的小伙，十几岁，精力旺盛，蹬起车来十分有劲，载着烟花女子向维诺德家狂奔。就算要穿过七拐八绕的胡同小巷，地面坑坑洼洼，他也会不管不顾地一路飞骑，让人分不清是车铃在叮当响，还是乘客佩戴的饰物碰撞得叮咛作响。

---

❶ 在印度，100 派沙为 1 卢比。

"佛教"的发明

维诺德年纪比我大很多,为人处世自有一套成熟做派——至少在我这样刚走出狭窄的家庭生活、胆怯又不谙世事的人看来,的确如此。记得那时候我专挑下午去他家拜访,只为瞧一眼去他家的美女。但在人力车里休息的小伙总是想方设法不让我上楼,我只能在肮脏的空巷子里闲逛,听着门户紧闭的人家传出印度新闻广播电台庄严的播报声,直到瞥见狭窄的楼梯上出现某个女子的身影,匆匆抹上的红唇在阳光下十分耀眼。

我上楼后,维诺德那幽暗的卧室里随处可见乐享禁果的痕迹:袅袅檀香混合着廉价唇膏的甜腻,床上被窝深陷,被丢弃在一旁的茉莉花串也蔫了。维诺德英俊的面容十分泰然自若。他穿着一件无袖背心,正俯身在一张小桌上将一个番石榴切成薄薄的小片。

"Aaiye-ji, aaiye-ji."(进来啊,进来啊。)末尾那个"啊"字是他的问候中从来不会省略的部分。"Paan layngay na, aap?"(你也来点儿帕安❶嚼嚼吧?)我没有嚼食帕安的习惯,也不喜欢蒌叶或烟草。认识维诺德后,最初有几次都是在大学附近的帕安摊上与他偶遇,他自此认定我是个"瘾君子"。他常走到窗边,打开窗,从容不迫地对楼下发话,根本用不着扬声,一切就已搞定——那楼下的小伙似乎从未将眼睛从窗户移开。关上窗户,光线暗淡的一瞬间,房间又恢复了神秘。维诺德会转向我,问道:"今天在读什么书?"

他是个不折不扣的书迷,与众多试图炫耀现代视野和成熟心智的学生一样,他也拥有萨特和加缪等哲学大家的印地语译作。不过,占据他家书架大部分空间的却是"奥修教"❷教主罗杰尼希

---

❶ 帕安,印度传统小吃,大多由槟榔叶包裹水果、坚果、肉和香料制成。
❷ 奥修教,主张开放式性行为,在诸多国家和地区被视为邪教。

的演讲录。这位 20 世纪七八十年代驰名国际的大师，曾极力推崇性欲和冥想，维诺德某次同我说起他，称其为大哲学家。此外，他还有克里希那穆提的著作，以及多本关于辨喜的小册子。后者是 19 世纪的僧人和思想家。1893 年，他在美国芝加哥世界宗教会议上向西方社会介绍和传播印度教。

维诺德家也有介绍印度不同哲学体系的藏书，不过这些与他的研究生课程有关。但他对这种事毫不在意，对学业和生计问题更是能逃则逃，避之不及，让我见识了他如何恣意享受人生：早起先读书，午后与女子幽会，随即再到健身房进行一长套的训练，夜晚常有日间幽会的女子折返，他那蹬车的小伙会竖起车篷，小心地载着她们来去。

他问我读什么书，不过是在应付我对他旺盛的好奇心，否则很少关心我的情况。他似乎颇为自得其乐，十足地沉醉于当下，丝毫不觉得我们这些穷学生的焦虑可能会影响他的大好未来。

地图上，尼泊尔距离阿拉哈巴德很近，位于一条笔直向北延伸的短线末端，仿佛也就几个小时的路程。实际上，维诺德和我天一亮便出发，先坐火车，后转汽车，在空旷的天穹下颠簸了大半天。我们经过的许多乡镇，到处是外墙裸露的砖坯房，路边的小店用脏玻璃瓶装满黏糊糊的糖果，楼房外墙上褪色的标语在大力宣传计划生育，在汽车修理行里忙碌着的多是年轻的修车工，他们的发型早已过时。

傍晚时分，我们到达尼泊尔边境。在检查站，尾随着长龙般等待入境的货车队一点一点地往前挪，耽搁了很久。边关哨卡设在移民局的一间昏暗小屋前，里面穿着制服的警官半躺在粗绳和带子编就的简易行军床上,床被压得深陷下去。每隔几分钟,屋里就会出来几个拿着过境材料的货车司机,得意扬扬地快步跑回自己的座驾。

等我们终于办完入境手续,越过边境线进入一个小镇时,奔波一整天积攒下来的失望情绪变得更加强烈:棚屋顶上出售廉价电子产品、尼龙T恤和棒球帽的招牌广告看上去十分别扭;人群中有一些人个子很矮,有蒙古人的特征;其余的景况,诸如路旁成堆的垃圾、四处放养的病牛、售卖油炸食品的小吃摊、斑驳破损的大巴车,则熟悉得像在挑衅我们。

我俩坐上一辆半空的巴士离开边境继续前行,风景又变得空旷起来,偶有几辆驴车压着道上的车辙蹒跚而行,路上几乎不见什么人。微弱的阳光在远方光秃的褐色山峦投下光斑,白蒙蒙的薄雾笼罩着泥泞的村落和大片稻田,路边卖啤酒的小铺全都门窗紧闭,屋前的场地上散落着白花花的废纸片和塑料袋,无人问津。

巴士在狭窄的乡村路上晃晃悠悠了老半天,途中几次被拦下来,或在常见的那种售卖廉价烟酒的棚屋前逗留片刻。维诺德坐在我的前排,他的脑袋随着颠簸的车子轻轻地碰撞着车窗的边框,睡了过去。绝大多数乘客是当地村民,一边打着盹,随着行进的车子摇晃脑袋,一边紧紧抱着胸前的布包袱或便宜的纸手提箱。我也受到感染,昏昏欲睡。直到车停了下来,司机跳下驾驶座,顺手重重地关上车门,我仍懒得起身,只管继续闭目养神。

再一睁眼,看到的是停车场:场内尘土飞扬,满地是柴油车留下的污渍,可能先前停过巴士和卡车。四周摊铺林立,全是路上见过的商品。维诺德依旧昏睡,几个男人下车去小解。他们晃悠着身子一边往路旁走,一边解开宽大阔腿裤的腰绳,然后叉开腿站得笔直。我也加入其中,大家站成一排,冲着一小丛灌木小便。我觉得有些尴尬,便直盯着前方,看到不远处有个僧人、几棵树,以及正在施工的几座建筑。

那个僧人可能来自韩国或日本(当时我也分辨不清),正走向几座宝塔形的建筑,他的背影和那些建筑一样难以揣度。无论是对我们,还是对大巴车轮冲着他的方向扬起的尘土,他都视若无睹。只有一团尘烟洒落在他的赭色长袍和头上。

忽然司机喊道:"五分钟后开车!"回头一看,维诺德正下车,睡眼惺忪,略显蹒跚地朝我走来,口中念叨着:"Dekhiye jo dekhna hi, yahi hai Lumbini."(看看吧,这就是蓝毗尼。)

他的声音里含着失望,那是他首次探访此地时就有的情绪。想想看,佛教作为全世界最伟大的宗教之一,而在其创始人的诞生地,满眼却只见飞扬的尘土和未完工的建筑,难免让人因为预期过高而倍感失落。

五分钟后车子就要发动了,我连忙追赶那僧人。眼见他穿过一个围着篱笆的院子,进入一座外形奇特的建筑中便消失了。那个院子里的小花园设计精巧,一条狭窄的水泥路从中穿过。沿路前行,两旁是低矮的灌木丛和仙人掌,几个小水池点缀其间,恍如碎镜倒映着天空。

突然,大地又一次放晴了,太阳低垂,朦胧地闪着金黄、静谧的光芒。绿色的稻田一直延伸到地平线,偶尔会有衣着鲜艳的农妇和毛皮闪亮的黑色水牛静悄悄地经过。

我发现左边有一座考古发掘时留下的土丘,正前方则是一个构造完美的长方形水池,旁边有棵高大粗壮的娑罗树,枝冠挂满手帕大小的祈愿幡,还有一座乍看上去十分低矮的寺庙,带着一条长长的柱廊。

空气中传来轻柔的吟诵，我回身细听，发现那声音出自我身后的一座古寺。再往前走，我看到了先前那位僧人，他正站在水池边长满绿色苔藓的台阶上，双手合十，默然俯首，面前是一湾浅绿色的池水，周边娑罗树繁复交错的枝丫映照其中。

在水池和娑罗树不远的地方，竖着一根白色立柱，我朝它走去。经过僧人身边，他纹丝未动。立柱的周围有一圈难看的铁栅栏，上面层层叠叠地装饰着各式经幡彩旗。栅栏外放着几只没有任何装饰的陶罐，里面是硬邦邦的干土，插着几炷香。立柱由石头雕成，粗大的柱体上有许多裂纹。靠近柱基处刻有一段铭文，用的是一种不常见的文字。立柱还附带一小块金属牌，上面用白漆写着铭文的翻译和其他信息，字迹略有褪色和斑驳。

根据铭文，石柱是阿育王下令建造的。这位公元前3世纪的印度帝王，是佛陀思想的拥护者，曾将非暴力主张定为国策。

铭文的全文如下：

> 阿育王在位二十年后，亲自来到释迦族圣人佛陀诞生之地朝拜，下令建造本柱，并围以石墙，以为纪念。同时，他还宣布减免蓝毗尼村的赋税，仅需上缴八分之一的收成作为国家出让土地的费用。[2]

阿育王！在我成年后的生活中，每天都会以某种形式偶遇这位帝王的大名或者与其相关的作品。阿育王石柱的顶部饰有雄狮和法轮，它们已成为印度的国徽图案。此外，这些图案也会出现在卢比纸币、公共告示牌、官方用纸和报纸广告上。然而，面前的这根石柱令我十分意外，它所表达的意味，无论是记载这位帝王曾千里迢迢来到佛陀的诞生地，还是见证他在这偏远之地慷慨的善举，都显得不可思议，我不得不将铭文看了一遍又一遍，确保没有会错意。

回想以往的学校教育，阿育王历来是一位备受尊崇的帝王。教科书曾将他描述为佛教的第一位皇家庇护者，传奇的一生充满宗教色彩。他一度是一个残忍的征服者，在种族灭绝式地入侵东印度诸国之后，阿育王选择皈依佛教，并倾其辖下庞大帝国之力，在印度全境广召僧众，举办了一次重大的佛教会议。这次会议修订了佛陀的教义，或者说，确立了未来的佛法形态；他还派遣僧团出使阿富汗和中亚各国弘扬佛法。教科书暗示，阿育王皈依佛教对亚洲文化的发展影响深远。

我读过关于戒日王的书，来自中国的朝圣者玄奘曾形容这位公元7世纪的印度帝王是佛教慷慨的支持者。当然，通过传记我还了解到玄奘西行印度的非凡之旅也发生在7世纪。[3] 历史课本中有一幅玄奘的速写，画像上的他背着类似背包和遮阳伞的物件；书中还浓墨重彩地提到玄奘在印度求学期间曾经待过的那烂陀寺，强调它作为一所佛教大学具有世界大同主义的包容性，当时很多年轻人在这里学习语言文法、医药、力学，以及伦理和哲学知识。

迈入公元纪年的第一个千年里，佛陀的思想开始远播海外，传入中国、朝鲜、日本和许多其他亚洲国家，并与当地文化相融再生，焕然一新。尤其是在中国，佛陀甚至可以与拥有强大影响力的本土圣贤——孔子和老子——一较高下。印度佛典《金刚经》在9世纪的一个汉译本，是迄今所知世界上最古老的印刷品。到公元 7 世纪玄奘带着珍贵的手抄经书从印度返回大唐时，佛教已获得官方支持。在彼时的日本和东南亚，佛教同样拥有强大的影响力。

显然，佛陀是印度史上的伟人，甚至是最伟大的那位。但是当年的我很难将他的思想与圣雄甘地、潘迪特·尼赫鲁[1]或拉宾德拉纳特·泰戈尔等人的思想区分开。

夏尔马先生曾说，佛陀是从梵天之口化现而生的，当时我马上纠正他，并且自信地向他讲述了自己的蓝毗尼之行，特别是阿育王石柱，那是我事前完全不曾预料的发现。我始终难以承认，在那段为时不短的日子里，我对佛陀的了解其实并不比夏尔马先生多。

身为 20 世纪七八十年代生长在印度北部的一员，我对佛陀的生平只是略知一二。佛陀生于印度北部一个边远小国，是掌权的释迦族年轻的王孙，生活富足。他在目睹衰老、疾病和死亡后，陷入怀疑和自我反省，继而离家，踏上寻求解脱智慧的孤独旅程。经过一段极端严苛的苦行，他逐渐对此感到幻灭，意识到这不能真正让人解脱，最后在一天夜里发现了禁欲苦行和感官生活之间存在的"中道"。佛陀在贝拿勒斯附近初次说法，在那里他还收获了首批弟子，由此建立了团体共修的僧团制度。后来，正是通过这一制度，佛法（*dharma*）得以在全世界传播。此后，佛陀穷尽漫长的余生，漫游于北印度，向世人阐释苦厄的起源与治疗方法，直至实现涅槃（*nirvana*）、跳出轮回。受他启发的对象上至君王，下至普通百姓。

---

[1] 潘迪特·尼赫鲁（1900—1990），独立印度第一任总理尼赫鲁的妹妹，联合国大会第一位女性主席。

这是一个老生常谈的故事，但由于缺少一切具体的细节，很长一段时间以来，我和夏尔马先生，乃至绝大多数来自印度的印度教徒，都认为佛陀只是印度教的众神之一，或者同罗摩和黑天神一样，不过是毗湿奴神的一个化身，而非历史上真实存在的人物。那时我还不知道，这种将佛教视作印度教分支的观点遭到了皈依佛教的达利特人的怒斥。他们期待着自身能够摆脱印度教，并在皈依仪式上公开宣称"不相信佛陀是毗湿奴的化身"。

达利特佛教徒的见解有一部分是对的。很大程度上，我们现在所了解的印度教，也就是《薄伽梵歌》（*Bhagavadagita*）中讲述的信徒对毗湿奴和湿婆等众神的崇拜，是在佛陀入灭后才逐步形成的，直到19世纪才被称为印度教。事实上，佛陀已经打破他那个时代印度正统宗教的很多信仰观念。当时，宗教信仰注重的祭典仪式，旨在取悦众神。僧侣阶层的"婆罗门"基于其世袭神职的精英身份，得以主持这类宗教事务，从而在印度享有最高阶层的社会地位，超越了其他三个种姓（梵语称"瓦尔纳"），即贵族武士阶层"刹帝利"、商人阶层"吠舍"、奴隶阶层"首陀罗"。佛陀当年行为的激进程度丝毫不逊于穆罕默德与耶稣，他们都在各自的时代摒弃了当时正统的宗教体系。然而，佛陀并未塑造一个新的独一神或提出一套创世论来取代既有的各方信仰。尽管他吸引了众多信徒，却从未以他们的领袖自居，且拒绝指定衣钵传人，也从未像许多其他宗教创始人那样要求信众效忠于他。

那时，婆罗门哲学家喜欢就现实和灵魂的本质问题展开抽象的思辨，佛陀拒绝仿效这类流行做法。相反，他讲述的是普通的人类经验：诸如世事总在不断变化，无论个体自身还是这个世界都是如此；原本就无常的欲望会如何恼害心神，令人饱受痛苦；

人类个体该如何通过从"贪嗔痴"的缠缚中获得解脱,达到"涅槃"的境界。他发现,人的苦厄根源在于对自我和物质世界有着顽固的执着。因而他宣称,个体能够意识到自我充满欲望、失意、恐惧和嗔恨,且这些念头无休无止,冥想修行可以深化这种意识,由此,人们便可避免受苦。

佛陀鼓励将脱离苦厄视作唯一值得追求的精神目标。佛教强调严格而规范的践行,摒除自以为是的信条,并以开放的姿态包容一切不同信仰、阶层和种姓的人。这将佛陀的教义与当时的婆罗门教、后来的印度教宗教信仰和思想体系明显地区别开来,后者迷信神明,热衷于祭祀活动,还推崇社会等级制度。[4]

佛陀没有直接抨击婆罗门教或其世界观,而是针对个人予以告诫——宗教仪式对人的解脱毫无用处——并劝说他们提升自我认知,完成自身的救度。佛陀认为所有社会阶层的人都可以积功累德,获得救度。一种学术观点认为,这就是不安的婆罗门教徒攻击并诋毁印度佛教的原因。实际上,这种情形在 12 世纪突厥人入侵印度之前已经存在,而入侵者摧毁当地所剩无几的佛教寺庙的行径远在这之后。

人需要在了解历史的基础上,才能做出合理的推测。可惜的是,在印度不仅佛教缺乏史料记录,其他宗教——包括我(因家庭信仰)自出生就信奉的印度教——似乎也同样无据可查。佛教不同于伊斯兰教和基督教,它既没有创世主,也没有类似教会的组织,亦不存在任何可以确凿表明其开宗立教的日期。在佛教悠久的历史中,连足以垂名史册的人物和组织机构都没有被记录下来。因而,童年时期,引导我认识佛教世界的向导,就只有那些神话传说。

我年少时生活的小镇既没有图书馆也没有书店,唯一可读的书籍,只有家里翻出来的印度古典文学。搜寻到的有关佛陀的史料,无非是各种神话传说。印度的考古文献也很少,尤其是公元前五六世纪的史料,这段时期据考证是佛陀生活的年代。人们对佛陀生平的了解程度甚至比不上对耶稣的了解。这不仅是因为记录佛陀的史料不像耶稣的史料那样清楚,也因为佛陀的弟子中没有类似门徒保罗那样的追随者,能够将其教义制度化并加以传播。

佛陀的观点是,人必须由内觉醒,才能亲证其所言的真理。这也就是佛陀为何既未指定衣钵传人,也不曾希求自己的教义制度化的原因。每到雨季,僧团结夏❶静修期间,佛陀就会为在家和出家的众弟子答疑解惑,讲经布道,并与弟子进行苏格拉底式的对话讨论。佛陀没有留下任何著作,我们甚至无法确认他是否识字。佛陀的追随者中,许多人被称为比丘。他们在佛陀入灭后不久,举行了第一次佛经大集结,复述佛陀在世时的教导,并集体证明集结的内容确实是佛陀说过的话。约一个世纪后,才有了第二次佛经大集结。但佛经得以以文字形式记录下来,形成贝叶经,则是在这之后又过了至少一个世纪。但贝叶经大多使用巴利文,属于梵文的一种变体,并非佛陀生前所用的文字。

这些巴利文的经典合称为"三藏"(Tripitika),包含了佛陀讲述的一切经、论和戒律。但是,其中关于佛陀的生平也只有一些支离破碎的记录。随着佛教在亚洲的传播,不同的宗派纷纷涌现,都宣称自己才是正统,了解佛陀生平及其教义的原貌。约公元2世纪,大乘佛教在印度西南部兴起,随后传入西藏、中亚、汉地、

---

❶ 结夏,指在印度三个月的雨季期间,僧人集结在一起修行、不允许随意外出的制度。

朝鲜、日本，产生了大量的本宗经典，并宣称己派的教理优于小乘佛教（传入斯里兰卡、泰国、缅甸和柬埔寨等南亚国家的南传佛教）。针对这些教派的比较研究尚不深入。令人困惑的是，藏传与汉传的大乘佛教颇为独特，即便是佛陀生平中的主要事件也存在不同版本。甚至在佛陀的释迦族人是否曾经称他为乔达摩·悉达多这个问题上，竟然也没有确切结论。但可以确定的是，这些史料阅读起来都十分困难。

已知最早的佛陀传记，类似于圣人言行录，据说产生于公元前2世纪。直到公元2世纪，精通梵文的古印度诗人马鸣写了一部更为详细的文学性作品《佛所行赞》(*Buddhacarita*)，它被公认为梵文诗的杰作。[5] 大约同一时期，还有一部名为《本生经》(*Jatakas*)的巴利文诗歌经典，主要讲述佛陀前生的故事。这些文采飞扬的传记故事，激发了众多画家和雕塑家的灵感，促使他们纷纷为佛陀塑身立像。其中最令人难忘的杰作是公元3至5世纪作于印度西部阿旃陀岩洞中的壁画和雕刻。在此之前，佛陀往往仅以足印、法轮、菩提树或金刚座为象征。印度中部的桑奇窣堵坡❶中，就有很多刻着此类形象的浮雕。

佛陀的生平对于佛教徒的重要性，从未达到基督徒重视耶稣传记、穆斯林重视穆罕默德传记的程度。对于最早期的佛教徒而言，本名为乔达摩·悉达多或者被尊称为释迦牟尼（释迦族的圣人）的那个人，不过是佛陀最新的化身而已，或者只是历经无数次转世轮回的菩萨（未来的佛陀）在彻悟前的俗世化身；他的教化和佛法远比生平经历或个人品性重要得多，后者无论如何已因

---

❶ 窣堵坡（stupa），又译卒塔婆，原意为"坟冢"，后专指供奉和安置佛祖及圣僧遗骨等的佛塔。

年代久远而难以考证了。

多年后，我在西姆拉生活的那段时间，仍能从书店里新出的佛教类书籍中读到，学者为是否能弄清佛陀的确切出生年份而烦恼和争执（传统说法是公元前566年），或者纠结于在佛陀入灭很久后才集结的佛经所记录的究竟出自佛陀本人还是他的弟子。书中还说，佛陀的知见，包括诸行无常和诸法无我，直到他离世两个世纪之后才为更多人接受；在那之前，人们只是将他看作公元前五六世纪印度北部涌现的众多思想家之一。

我在玛舒波拉接触到的关于佛陀的书籍几乎都出自欧美国家。19世纪，西方学者在开拓历史和语言学新领域时，发现了佛教。在西方社会自我进化期间，从约公元前6世纪希腊向小亚细亚大规模殖民，当地涌现出第一批西方哲学家开始，直到19世纪欧洲爆发两次工业革命和政治革命，彻底重塑世界格局为止，彼时的西方人对佛教几乎一无所知。从这个角度看，西方人发现佛教可以说是一项巨大的成就。

如果没有西方学者对佛教的阐释，我恐怕至今仍将佛陀混同于印度众多的古圣先贤，认为他的智慧即便有益于世人，也难免老生常谈，让人将信将疑。佛陀的形象依然停留于神话传说层面，这在我看来，是印度智识水平落后，以至于不能理性看待本国历史的表现之一，似乎与印度在政治、经济领域的不发达状况同样贻害无穷。也许，正是由于逐步了解了19世纪西方学者对佛陀的再发现，并且发现竟有那么多我仰慕的欧美作家都对佛陀赞美有加，我才想要不断深入地认识佛陀。

的确，在19世纪至20世纪初的欧美国家，特别是在艺术家和知识分子中，确实有过佛教热潮：晚年的叔本华经常满怀赞赏地谈论佛教，甚至声称他和他的仰慕者是欧洲第一批佛教徒；瓦格纳曾计划创作一部有关佛陀的歌剧；在美国，亨利·戴维·梭罗将法文版的《妙法莲华经》（*Lotus Sutra*）译成英文；德国作家赫尔曼·黑塞以小说《悉达多》（1922）讲述了年轻的佛陀弃位出家的故事，该作品大受欢迎，恰好迎合了20世纪60年代欧美青年厌倦西方社会过度拜金主义的情绪。

此外，尼采在他最后几部作品中通过对比基督教与佛教，重申了自己对基督教的批判，斥其为旧时代末路文明的一种暧昧产物；奥地利诗人莱纳·马利亚·里尔克则曾随身携带一小尊佛陀的半身像。

那时，赞美佛陀的不仅有诗人和哲学家，还有科学家和民族学家：爱因斯坦曾称佛教为未来宗教，因为其能与现代科学和谐共处；法国人类学家克洛德－列维－斯特劳斯在其游记体的回忆录《忧郁的热带》（1955）的最后赞许佛陀道："确实，从那些给予过我教导的大师们身上，从我读过的哲学著作和见识过的社会形态里，乃至从西方人引以为傲的科学领域中，除了零星的智慧外，还有其他更值得我领会的吗？所有这些智慧加在一起，不过恰巧印证了那位菩提树下禅修的圣者所言不假罢了。"[6]

并非所有人都通过佛陀寻求智慧或救赎，佛陀经常被视为与西方价值观标榜的个性与理性完全对立的典型人物。尼采赞美过佛陀，但他也认为，19世纪的欧洲人在否定上帝和传统道德后，不得不面对一个毫无意义的世界，而佛陀的教义对他们而言是一种危险的诱惑，令人轻易坠入佛陀的"消极虚无主义"中逃避现实。

1922年，三十一岁的俄罗斯诗人奥西普·曼德尔施塔姆发表了一篇杂文，激烈谴责了在他看来已广泛影响 19 世纪欧洲文化的佛教思想。他公开抨击"涅槃的温床"丝毫不"允许任何积极的认知"。[7] 同时，他还认为佛教正日渐成为 19 世纪"资产阶级进步宗教"中"形而上学的桤杆"。

曼德尔施塔姆认为，相比于呆板且反智的佛教，法国启蒙运动的哲学家有着与之相反的"图式化的理智"和"权变的精神"。他希望 20 世纪能够摆脱上个世纪的错乱失常，回归 18 世纪强健的理性主义，重树启蒙运动的价值观。

在 20 世纪 20 年代，可供曼德尔施塔姆了解佛教的信息来源非常受限且不可靠。这一时期，绝大多数欧洲人对东方宗教及其哲学体系的了解，远不如他们对资产阶级进步信仰（其表现形式就是俄国十月革命）来得熟悉。直到 19 世纪初，欧洲学者才开始根据欧洲游客的旅行见闻，整编关于中国、朝鲜、泰国、缅甸、斯里兰卡等亚洲国家宗教习俗的资料。1820 年前后，欧洲学者在研究中注意到一位广受推崇的人物——佛陀。为了便于归类整理，他们发明了"佛教"一词。1844 年，法兰西公学院的学者欧仁·比尔努夫发表了《印度佛教史导论》(*Introduction à l'histoire du bouddhisme indien*)，这是西方社会第一次全面解释佛教教义。

该书出版后在全世界迅速传播。同年，爱默生和梭罗在新英格兰创刊的杂志《日晷》(*The Dial*) 中刊发了该书的节选内容。很多读者深受启迪，其中就有叔本华。然而，叔本华对佛教的理解过于悲观，而且很有误导性，让人习惯性地将佛教与"虚无""空""灭"等含糊不清的词联系起来，尼采就受其影响。

这些词语似乎还影响了叔本华一位年轻的阿根廷读者——博尔赫斯。1922 年，博尔赫斯在早期的一篇文章《个性的虚无》中，就谈到了佛教。当时，年仅二十三岁的博尔赫斯抨击19世纪欧洲思潮中"浪漫的自我崇拜和夸夸其谈的个人主义"，并赞许地引用了一部谈论佛教的德语著作，以佐证他在这篇文章中反复论及的观点："自我本不存在。"[8]

后来，博尔赫斯对佛教有了更深入的了解，否定了自己早期那篇不成熟的文章。也许，年轻时的博尔赫斯与曼德尔施塔姆一样，都将佛教视作虚无且缺乏理性的宗教信仰，用以抵抗当时盛行于欧洲的理性与肯定生命价值的成见。

另外，在20世纪20年代的西欧和美洲，除了一些日本的禅宗弟子外，真正的佛教徒其实十分罕见。所以无论曼德尔施塔姆还是博尔赫斯，都不太可能在圣彼得堡和布宜诺斯艾利斯见到很多佛教徒。直到第二次世界大战结束之后，由于中国西藏僧众和美日两国禅宗学人的影响，人们对佛教的兴趣才重新受到激发并得以深化，佛教成为过度强调理性和个人主义价值观之外的第三种可行之道。

最初读到曼德尔施塔姆和博尔赫斯等人的著作时，他们的言论并没有让我感到佛陀或佛教有什么特别之处。很久之后，我才认识到，这些言论其实是19世纪西方社会成功获取巨大物质利益后的部分反思。西方赖以成功的手段——民族主义、帝国扩张、科技进步——被认为是造成第一次世界大战的祸因，基于此，这种反思变得愈加强烈。

令我着迷的地方还在于，一些来自西方的最伟大作家和学者不仅尽力去理解，还十分欣赏这位传说中在菩提树下修行的令人费解的印度圣者在两千五百多年前表述的观点。

就是在这个时期，我在某次闲极无聊的白日梦中，首次萌生了写一本书介绍佛陀的想法：一本历史小说。虽然因为畏惧困难而犹豫不决，但想到为了创作这样一部有关佛陀的作品可能展开的富有想象力的旅程激励了我：阅读古老的哲学著作，纪念曾经的帝国及其征服者，了解伟人在不为人知时的坚持和言行举止，等等。我当时乐观地想，为小说创作进行的一番调查研究，有助于填补自己对印度历史认识的空白，获得我缺乏的历史意识。

我在玛舒波拉悠闲地过了几年阅读写作的日子，但当时没想到的是，我不可能仅靠书本理解佛陀或他的教义，相反，我需要离开玛舒波拉，走向更为广阔的天地——去国情迥异的世界各地旅行，如美国和克什米尔，或英格兰和阿富汗，学会以不同的角度看待曾让我仰慕的西方作家和知识分子——才有可能逐步了解佛陀，理解佛教教义，进而理解它们对于如今这个让人忧虑又困惑的时代的现实意义，即便从表面上看，佛陀生活的年代距今已遥不可及。

我从未笃信过宗教，至少从来没有像父母或夏尔马先生那样虔诚，几乎将整个早晨花在参拜塑像或挂像上。我不认为自己在过着简朴的乡村生活的同时，还能够沿袭老一辈印度人关于宗教信仰及其仪式的习惯。尽管我不认为神秘的自我净化是探知客观历史真相的最佳途径，但我还是开始了冥想，希望这种方式可能有助于理解佛陀。

我做过各种尝试，仍然时常无法在冥想时维持入定。即使勉强集中精神，专注于呼吸，摒除一切杂念，最多也只能维持两分钟左右，而后，定力的大坝就会崩溃。我更喜欢那些从西姆拉搜罗来的书，包括信札、游记、回忆录、评论文章等。它们都是19

世纪欧洲人有关印度的著述的重印本，内容大都反映了那个时代的英国人在印度的发现之旅，作者一般是长期独自在边远地区工作的殖民地官员等，古老印度的艺术、宗教和哲学借他们的笔，首次被介绍给世界各地的读者。他们老派保守的字体、拘泥刻板的行文，仿佛让我看到英格兰或苏格兰某位业余的考古爱好者，头戴一顶老式遮阳草帽，在一片裸露的平原中间，监督着某项考古挖掘工作；或者站在爬满九重葛的屋外走廊上，借着渐暗的天色，仔细翻阅着一卷陌生的手抄本。

这些业余考古学家和学者迄今最大的功绩，就是发现了佛陀的印度血统。欧洲人对佛陀的误解或无知其实是可以理解的，更令人震惊的事实是，佛教已几乎完全从印度消失。9

人们并不清楚这是如何发生的。在9世纪的中国，部分儒家、道家人士对佛教心怀不满，并最终成功地让官方不再青睐佛教。有学者推测，印度的情况可能与此类似，婆罗门教曾强力打压影响力日渐强大的佛教，克什米尔和孟加拉都有记载当地统治者摧毁佛寺的可靠史料。游牧的匈人早在5世纪就洗劫过印度西北部的佛寺；12至13世纪，突厥入侵者把他们特有的反传统热情带到了印度。

在佛陀入灭后长达一千五百多年的时间里，佛教思想始终是影响古印度哲学、文学、艺术和建筑等领域的主要因素。然而，在19世纪早期，印度境内关于佛教文化的历史证据，包括成千上万的碑文、佛塔、寺庙、凿山开洞而建的大殿，以及无数的绘画、雕像和徽记等，仍有待发掘或考证。尽管在蒙古和西伯利亚地区都能找到佛教有关逻辑学的论述，却找不到以印度本土任何一种文字记载的只言片语。我这才渐渐意识到，如今在印度只有几处地方，佛教仍在跨越千年后延续至今，受到当地人的推崇。这样的地方全部位于靠近中国西藏的山区，也就是站在玛舒波拉的阳台上看到的那些地方。

真希望自己当时能够早些了解这一情况。不过，就算曾在这里生活，我仍然无法将过去真实存在的人物、事件与喜马拉雅山联系在一起。它们只属于《摩诃婆罗多》记载的带有神话色彩的故事。至于当地住满各路僧人的佛寺和庙宇，显然都由虔诚的信徒所建，也不过是喜马拉雅山在中印边境的一道自然风景罢了。我从未想过它们如何在这荒山野岭中拔地而起。即便知道某些史实及大概情况——塔波寺建于公元前996年——我也没能联想到更多。

那些旅行手册一类的书籍对喜马拉雅山佛教文化的介绍，让我真正意识到：那些我认为遥远甚至多半是幻想出来的地方，确实已经有人实地到访过；曾令世人备感疑惑的佛陀和佛教，大约两个世纪前就由欧洲人公之于众了。

19世纪，最早一批欧洲来访者中，有一个研究印度自然史的巴黎年轻人——植物学家维克托·雅克蒙。我在西姆拉时，偶然发现了他的两本书信集，其中收录的多是他从印度境内的喜马拉雅山区发往法国的家信。那时，我刚好结束了自己的首次中印边境佛教文化之旅，看到雅克蒙在信中提到他也到过这些地区，还在1820年去过刚建成不久的西姆拉，这瞬间让我产生了兴趣。

雅克蒙从印度寄出的家信与后来的其他游记大多如出一辙。文中充满对异域风情的描写，颇能吸引那些感觉自己身陷乏味生活的人，引发他们的欣羡。雅克蒙很可能夸大了在印度和巴黎两地生活时感受到的差距，在印度时，他主要混迹于土邦主和舞女间。他经常表现得十分势利，觉得印度这种地方不能满足他对于美、优雅和理性的需求。他似乎只和最显赫的印度人——土邦主和婆罗门阶层——交谈。好在他的聪明才智和好奇心弥补了他不时的任性，还让他在偏远地区遇到的一群喜怒不形于色的英国帝国主义者中颇受欢迎，甚至令旁遮普邦的锡克大君兰吉特·辛格印象深刻，后者还提议任命他为克什米尔总督。

早前，到访印度的欧洲人十分罕见。[10] 公元前4世纪初，希腊殖民者在中亚建立的巴克特里亚王国（今阿富汗地区）曾派使者麦加斯梯尼出访印度的华氏城（今巴特那）——佛陀曾在附近生活过。麦加斯梯尼在华氏城期间，编撰了第一部关于印度的西方论著，其中有些片段幸存至今，收录在阿里安、斯特拉博等罗马史学家和地理学家的著作中。

罗马与印度有过广泛的贸易往来，尤其是进入公元纪年之后的前三个世纪。各种思想通过丝绸之路等途径传入又传出：基督教和伊斯兰教传入东方，印度的科学和哲学则传向西方。佛陀也借助基督教圣徒巴拉姆和约萨法特的改编故事来到了西方。这类故事的来源很可能是马鸣为佛陀撰写的通俗的人物传记《佛所行赞》。

那时有一位基督教雄辩家，人称"亚历山大的革利免"。据说他在2世纪结识过一些印度商人，这些商人当时所遵循的宗教习俗很像佛教。始于3世纪的摩尼教的创始人是来自波斯的摩尼，他曾旅居印度，因此被认为受到了佛教的部分影响。摩尼教不仅影响了年轻的圣奥古斯丁，还在中世纪相当长的一段时期内，受到法国南部普罗旺斯的清洁派教徒虔诚的信奉。然而，在罗马帝国分崩离析后，阿拉伯人开始统治印度和部分欧洲地区，印度与西方在长达数个世纪内几乎毫无接触。

中世纪时期，特立独行的旅行家马可·波罗在游历亚洲期间，曾在忽必烈可汗的麾下任职。纵观历代蒙古帝王，忽必烈可谓最虔诚的佛教徒之一。直到16世纪，欧洲人发现了通往亚洲的海上航线，由此开创了他们伟大的冒险和征服的时代，欧洲与印度的交通才得以发展。先是商人和外交官在世界各地建起了贸易中心，后来又有反宗教改革运动的传教士尝试在印度和中国传教，以此补偿天主教因新教徒的脱离而受到的损失。17世纪，天主教耶稣会有几名会士，想方设法地去到了中国西藏，并在各自的著述中提及他们了解到的佛教关于"自我"的教义。

早在雅克蒙到访印度之前的几个世纪，就有一些法国人到过印度。1754年，伏尔泰在创作《风俗论》时，曾参考过两名英勇无畏的法国旅行家撰写的印度见闻录。这两位勇士就是让-巴蒂斯特·塔韦尼耶和弗朗索瓦·贝尼耶，二人都曾雄心勃勃地试图记录莫卧儿帝国的末路景象，贝尼耶还去过克什米尔，当时只有极少欧洲人听说过这个地方。他不仅向法国，也向欧洲展示了第一个权威的亚洲形象（即便只是部分准确）：作为一个东方专制主义历久不衰的地方，王国里的一切都属于它的统治者。

由于父亲是深受法国启蒙运动影响的新式哲学家，雅克蒙自然不同于贝尼耶等前辈。他计划游历的古老东方也许历来难有改变，发展迟缓，而他的出生地欧洲却经历过多次政治与工业领域的革命，而且正在经历比以往两千多年所发生的变迁都更加激进和迅猛的变革。

在不足百年的短暂时间里，法国历经了启蒙运动、资产阶级革命和拿破仑帝国等巨变，还见证了资产阶级的崛起：这个雄心勃勃的新兴阶级对社会和智识流动性的渴望突然间不再受制于宗教、出身或其他传统力量，其成员更是期待着早日摆脱神职人员、贵族和王族所形成的枷锁。一些伟大的思想家和理论家谈到了人权，坚定地宣称人性本善，人类远非像基督教所认为的那样天生有罪，也无需信仰或追求一种超然的秩序。秉承理性和科学的精神，人类有能力改变他们所生活的世界。

仰赖这一对理性和进步的新生信仰——相信人类有潜力创造过去唯有上帝才能够达成的奇迹——拿破仑·波拿巴的军队迅速横扫欧洲大陆，之后又占领了其他不少地方，使得法国资产阶级革命成为历史上第一个名副其实的全球性运动。早在雅克蒙抵达印度的三十年前，拿破仑曾侵入埃及，随军的一众科学家完成了一项庞大的研究计划，并将成果集结成长达二十四卷的《埃及记述》。19世纪初，许多科学家接受巴黎植物园的指派去往世界各地，采集对于当时的西方科学界而言尚属未知的动植物标本。雅克蒙就是其中一员。

欧洲人借助笛卡尔提供的知识体系，积极探索世界，结果不仅为欧洲人带来知识，更强化了欧洲的影响力，最终使得西欧在19世纪征服亚洲和非洲，构建起远比古罗马人设想的更为恢宏的帝国版图。马克思也曾为之震动：在预言欧洲资产阶级终将覆灭的同时，也对其成就进行了宛若叙事诗般的描述。雅克蒙则是以一种细微但重要的方式，体现了欧洲资产阶级迅速增长的信心——未来的世界必将属于他们。

雅克蒙似乎代表了法国文学圈里意志坚定的年轻人，在我看来颇有尼采的风格：总能排除万难，把握当下，成为自己命运的主人。雅克蒙二十多岁时，就曾与某知名歌剧演唱家交往，与其同游海地和北美。1828年初动身前往印度时,他还不满三十岁。当时,法国的老牌竞争对手英国已征服印度。雅克蒙抵达印度的主要城市加尔各答后,发现河畔不少优雅的豪宅里,住满了无所事事的英国殖民者。

他们中的大多数离乡背井来到印度,都是为了闯出一番事业,或是迅速积累财富。截至19世纪印度政府开始实施贸易管制,英国在印度的商业活动基本与抢劫无异。大多数殖民者巴不得一夜暴富,然后赶在患上热带疾病前回国,找一处舒适的乡间大宅安顿下来。雅克蒙发现,总体而言,有着"背信弃义的阿尔比恩"❶之称的英国人在印度的表现,比起他们在欧洲的所作所为竟然还算有所收敛。他曾告诉自己在文学圈的朋友普罗斯佩·梅里美说:"我当然明白,大多数英国人具备的优越条件比他们展现出来的更多。"[11]

在加尔各答时,雅克蒙曾向一位来自贝拿勒斯的婆罗门学习印度斯坦语,并结识了富有改革精神的印度总督威廉·本廷克勋爵。勋爵的虔诚和正直,让雅克蒙联想到美国宾夕法尼亚的贵格会教徒,与这位总督大人论及宗教信仰时,他仍保持着"怀疑主义"的一贯态度。1829年深秋,雅克蒙离开加尔各答,带着一队随从,还有一沓引荐他结识全印各地英国官员的介绍信。他穿过北印度平原,途经贝拿勒斯、阿格拉、德里和台拉登等城市,前往喜马拉雅山区。他在给父亲的信中写道:希望在这个"海拔九千至一万英尺的地方"停留四个月,"那里的夏天像匈牙利,冬

---

❶ 阿尔比恩(Albion)是大不列颠的古称,背信弃义的阿尔比恩是在近现代国际关系语境中针对英国耍弄外交手段的贬义俗语。

天则像拉普兰❶"。¹²

1830年6月,雅克蒙抵达西姆拉。他写信给父亲:"您在地图上能找到西姆拉吗?它就在北纬三十一度偏北和东经七十七度偏东一点的地方,距离萨特莱杰河只有几公里。这种地方居然有人穿着长筒丝袜进餐,每晚都要来上一瓶白葡萄酒外加一瓶香槟,另外,每天早晨还能伴着一杯香醇的摩卡咖啡,翻阅加尔各答送来的报刊,这一切难道不稀奇吗?"¹³

被雅克蒙称为"奢侈且富裕的欧洲文明"出现在海拔两千多米的喜马拉雅山区,的确不寻常。我来到西姆拉时,已经比雅克蒙晚了近两个世纪,距离英国人撤离印度也差不多有五十年,到处仍是欧洲的印迹。土生土长的印度人接管了城市,成为中产阶级。然而,无论是那些有着简陋的仿都铎式门面的商店、被称为"欢乐剧场"的剧院、名为"查普斯里"或"舍伍德"的小旅馆,还是商城大道旁禁止印度人在市内最干净的马路上乱吐槟榔汁、否则处以高额罚款的告示牌,都有着刺目的不协调感。

雅克蒙对西姆拉宛若仙境的印象,很大程度上归功于查尔斯·肯尼迪的招待。当时,这位炮兵上尉正驻守英属印度边陲,维护英国的战略利益。¹⁴按照雅克蒙向普罗斯佩·梅里美的描述,在广袤的土地上,肯尼迪享有不受限制的权力,"与其说他是阿伽门农,不如形容他是万王之王,他麾下山寨土邦的小酋长之中绝不会出现犯上作乱的阿喀琉斯"。

1814至1816年的英尼战争,英国人从尼泊尔的廓尔喀人手中夺取了西姆拉地区。此后不久,肯尼迪无意中发现此地,立刻意

---

❶ 拉普兰(Lapland),位于芬兰最北部,因其寒冷气候和寒带特有的植被,被视为圣诞老人的故乡。

识到它的潜力：这里风景如画，夏季宜人而秋日凉爽。1822 年，肯尼迪招募几百名苦力，指挥他们砍伐雪松和橡树，面朝白雪皑皑的宽阔山脊，建起一栋带围墙的小别墅，这是西姆拉的第一栋房子。其他英国军官纷纷效仿。1827 年，总督本廷克勋爵成为第一个来西姆拉避暑的英属印度统治者，跟风的英国官员纷至沓来。西姆拉小镇就这样拔地而起，借用雅克蒙在信中的说法，那就"如同被施了魔法一般"。

当年，雅克蒙在西姆拉可谓享乐之极。随同肯尼迪上尉的英国官员有不少单身汉，很高兴有友好的欧洲新面孔加入他们。在慷慨的东道主盛情款待下，雅克蒙一边忙着享受"优雅而精致的早餐"——法国佩里戈尔的黑松露、莱茵葡萄酒和香槟——一边不忘写信回法国，称他在短暂的放松后，就要投身于内喜马拉雅山区长达数月的孤独而艰苦的工作。

雅克蒙在信中告诉父亲，他在离开西姆拉时"已经恢复以往的活力"，计划北上，前往中国西藏的边境。与雅克蒙同行的有一名厨师、一名管家和几十名锡克士兵。路过撒拉罕时，趁着一场飓风稍停的间隙，雅克蒙受到布夏尔国王的接见，还得到一小袋钦赐的麝香。数日后，他渡过萨特莱杰河，计划先去金瑙尔，探访几个人烟稀少的佛教文化区，然后再去一处更加人迹罕至之地，在 19 世纪——欧洲的探险时代，类似的蛮荒之地着实很多。

到了金瑙尔，雅克蒙写信告诉父亲："在这里，佛陀开始偷窃原本由梵天独享的香火。"[15] 雅克蒙并没有说明他为何这样认为。在金瑙尔，世事变化微乎其微。雅克蒙当年见到的本地风貌和我在一百五十多年后所见并无二致：在一座看上去像印度教庙宇的佛寺中，一位老喇嘛正埋首阅览一册古老的手抄本。也许，雅克蒙也曾在某个光线昏暗的山顶寺庙滞留一晚，在第二天一早被一声声晨钟唤醒，沿路而下，步入低矮的大殿。那里已弥漫着香烟和僧人轻柔的诵经声。

雅克蒙不经意间提起的喜马拉雅佛教文化区，几乎掩盖了一个事实：1830 年，佛陀仍然是印度众多的神秘事物之一。19 世纪初，前伊斯兰时期的大量历史古迹，如阿育王下令建造的石柱和佛塔、今阿富汗境内的印度－希腊式雕塑、克久拉霍神庙❶，还都掩埋在深林厚土中。证明它们真实存在的线索少得可怜。雅克蒙告诉父亲："我毫不怀疑，婆罗门过去掌握了大量信息，但如今他们已经不了解这些历史。"因此，"在这一点上，印度的情况很像埃及"。

雅克蒙并不是唯一持这种看法的人。英国征服者也认为，印度是一个与自己的历史失去联系的国家。这些人自行其是地侵夺印度的宗教和文化，他们对于这方面成就的记载，可从我在西姆拉寻获的书中窥见一斑：1784 年，英国法官威廉·琼斯在加尔各答创立了孟加拉亚洲学会，他通晓二十八国语言，曾证实梵文与希腊文之间具有相似性；建筑师詹姆斯·普林塞普通过研究其同胞在南亚发现的石柱和岩壁，破译了刻录在它们表面的古印度婆罗米文——绝大多数印度文字的原型——首次提供了历史上第一位佛教"护法明王"阿育王的清晰线索；19 世纪晚期，陆军军官亚历山大·坎宁安在贝拿勒斯附近发掘出佛陀初次说法处的遗址。

---

❶ 克久拉霍神庙，位于中央邦的神庙建筑群，建于 950 年至 1050 年，以表现性交的雕塑闻名，在穆斯林统治印度期间被遗弃甚至破坏，于 1986 年被联合国教科文组织列入世界文化遗产。

绝大多数探险家都是英国政府雇来在印度工作的人，并非受过训练的学者，其中甚至混杂着缺乏文化修养、蓄意毁坏文物的市侩和破坏分子。他们对现存及新近出土文物造成的伤害，超过了数千年来因自然腐朽和无人护理造成的损毁。普林塞普和琼斯是这群人中最突出的几个，他们孜孜探寻这个受其统治的陌生国度是否存在某种媲美古希腊和罗马的杰出人类文明。

这些人对古代印度史一无所知，仅凭借不可靠的直觉和预设行事。即便天降好运，他们也无法将眼前的石碑和铭文与相应的知识、经验一一关联。1820 年，英国陆军上尉爱德华·费尔在印度中部的丛林中发现了桑奇窣堵坡。起初，他并不确定自己发现的古迹究竟属于哪个宗教——它看上去太过古老，不可能属于伊斯兰教。虽然费尔上尉怀疑此塔是佛教遗迹，但那时的印度没有佛教徒的踪影，答案自然无人知晓。当时的人甚至不清楚泰国、缅甸和锡兰等地的信仰是否源自同一宗教；加尔各答的亚洲学会的英国学者仍然认为佛陀是埃及人或埃塞俄比亚人，甚至可能是北欧神话中奥丁的化身。

有关佛陀出身印度的线索虽多，却令人晕头转向。18 世纪 90 年代，英国博物学家、探险家弗朗西斯·布坎南探访缅甸，当地佛教徒告诉他，佛陀是印度人。几年后，布坎南因工作来到印度东北部比哈尔邦的古城菩提伽耶，在这里找到了证据：佛教徒已不再生活在他所见到的遗迹中，佛陀成了印度教尊崇的众神之一，他的雕像受到印度教信徒的顶礼膜拜；在那座被布坎南视为佛教起源和灵感来源的金字塔形佛寺中，主持祈祷仪式的是婆罗门祭司。

当地人告诉布坎南，从遥远之地来这座古寺的陌生朝圣者崇拜的这尊神名为乔达摩。布坎南意识到，乔达摩就是佛陀，同时认出那些朝圣者来自缅甸。但他那时尚未得知菩提伽耶正是佛陀当年端坐在菩提树下开悟的地方。

布坎南那时可能没有用"觉悟"(enlightenment)一词来定义佛陀的启示。当年,这个词对于欧洲人而言,有着特殊的内涵:与其说它与宗教无关,不如说它正是通过"拒绝与宗教相关"来支持理性的唯物主义价值观。英国人对佛教日趋渐浓的兴趣,很少来自对宗教的情感,也不像古人那样因为不满现实、渴望救赎而开始哲学和精神的探索。英国官员布赖恩·霍顿·霍奇森为西方世界了解佛教做出的贡献可谓无人能及,这位爱好骑马打猎的绅士晚年回到英国乡间并在那里辞世。

1818年,霍奇森作为行政官员抵达印度时只有十八岁。因为身体欠佳,大部分时间他只能待在气候凉爽的喜马拉雅山区。在这个佛教徒众多的地方,作为英国驻尼泊尔的唯一代表,也许是闲极无聊,霍奇森开始搜集梵文和藏文的佛经手抄本,并着手翻译那些文献。其间,他在加德满都结识的一名尼泊尔佛教徒提供了不少帮助。他发现佛教不仅作为一种宗教信仰和文化现象依旧存在,而且,关于佛陀生平的文献中提及的地名全都位于印度,这让他十分震惊。可惜他未能深入研究,一方面,他没有得到任何英国学术机构的支持;另一方面,他对自己在文献中的发现颇感不屑,认为那些"纯粹是关于佛教信仰或哲学漫无边际的无稽之谈"。

正因此,霍奇森如今的重要性并非来自写于19世纪20年代的佛教教义文章,而是来自他搜集并动用卡车运回欧洲的佛经手抄本。这些是最早一批可供西方社会(特别是法国巴黎的法兰西公学院)了解佛教的学术资源。霍奇森将大部分文献慷慨赠予法兰西公学院的学者欧仁·比尔努夫，后者借此完成了《印度佛教史导论》一书。[16]

霍奇森的学究气，常带着一股置身事外的英式漠然，但他对自己的研究又十分自得。与佛教最初从印度向外域传播时表现出的博大胸怀形成了鲜明对照。公元1世纪，首批印度佛教学者抵达中国，很快便有了翻译团队。中国有历史悠久的文学和哲学传统，能够很好地吸收和传播佛教，同时，中国人宣扬佛经的热忱，成为造纸术和印刷术的催化剂。中国在与印度交往的基础上培育出的佛教，自然是具有本土特色的中式佛教。后来在4至6世纪，汉传佛教渐次传入了朝鲜和日本。

与霍奇森不同，最初的佛教学者绝非外行。其中，南印度的僧人龙树是一位思想家，他的许多梵文哲学著作引发了公元2世纪大乘佛教运动。无著和世亲两位智者也都是僧人，曾在如今巴基斯坦的白沙瓦城附近生活。此外，还有公认建立了印度佛教逻辑体系的陈那菩萨。佛陀拒绝"神启"或"圣言"的概念，因此，与直到16世纪才完全翻译成不同欧洲语言版本的《圣经》不同，梵文的佛经，特别是大乘典籍，从结集之初便有译者着手翻译。

公元4世纪，中亚地区的高僧鸠摩罗什受后秦皇帝姚兴邀请，将梵文佛经译成汉语。19世纪，他翻译的《妙法莲华经》被美国的梭罗译成英文。大约同一时代，印度学者觉音在旅居斯里兰卡期间，汇编了一份佛陀教义概要《清净道论》（*Vishuddhimagga*）。公元546年，印度西部的僧人真谛东渡前往中国，将余生奉献给了大乘佛教的译经事业。8世纪时，来自印度西北部的僧人寂护通过将佛经翻译为藏语，成为藏传佛教史上的重要人物。7至8世纪时，印度的佛教寺院和大学都有来自中国和朝鲜半岛的访学者，他们长年客居异乡，从事佛教典籍的研究和翻译。玄奘就是他们中的一员。[17]

霍奇森和雅克蒙一样，不相信传统宗教，推崇19世纪盛行的理性与科学之风。当时，这种态度相当正常。许多英国的实用主义思想家和理性主义哲学家都十分不屑印度的宗教和哲学，坚决要求英属印度的统治者强迫当地人接受欧洲模式。其中最著名的是英国历史学家托马斯·巴宾顿·麦考利，他在英国关于印度教育问题的一次重大辩论中断言：印度文明及其文化是野蛮蒙昧的，印度人最好的出路就是抛弃它们，接纳英国文明，因为其优越性不言自明。[18]

英国人曾试图学习古印度语，以增进对印度的了解，可惜这种尝试日渐式微。雅克蒙对此也日趋鄙薄。他在寄往法国的家信中不断重申："梵文不过就是梵文而已。除此之外，毫无用处。它纯粹就是为了神学、玄学，以及混杂了神学这类东西的历史而被创造出来的——对其制造者和消费者（尤其是外国消费者）而言，全都是胡说八道。"[19]

雅克蒙对东方哲学与文学的总体评价不高。在写给父亲的信中，他嘲笑波斯诗人哈菲兹和萨阿迪笔下曾使歌德深受鼓舞的诗文不过是些"平淡乏味之作"。当雅克蒙在印度忙着为自己的博物学研究采集标本时，德国哲学家、评论家奥古斯特·威廉·冯·施莱格尔正在波恩创办一家印刷厂，并印刷发行《薄伽梵歌》和《罗摩衍那》（*Ramayana*）的译本。雅克蒙断言这种努力只会是徒劳。施莱格尔在波恩的努力，极大地鼓舞了欧洲的梵文研究。他随同弟弟弗里德里希·施莱格尔和诺瓦利斯一起加入了德国浪漫主义者的行列,他们期待通过了解印度,找到精神上的慰藉,以此面对因信仰资产阶级的进步论而丧失灵魂的欧洲。[20] 他还希望借由对印度古典文献的研究,带来一场新的文艺复兴,最好能与先前那场复兴古希腊－罗马文明的运动相媲美——毕竟正是因为那场文艺复兴,大部分西欧国家才得以摆脱黑暗的中世纪。

但雅克蒙对此不以为意,还反问道:"贝拿勒斯的荒诞不经和德国的情况难道不是如出一辙吗?"他在写给一位巴黎朋友的信中说:

> 在欧洲,我们对印度这个民族真实的思维习惯存在根本的认知错误。大家通常以为他们过着某种禁欲苦行且擅长反思的生活;同时,基于毕达哥拉斯的观点,我们还相信他们都在为自己死后的灵魂如何转世而忙得不可开交。但我向您担保,先生,轮回这种事他们是最不在乎的!他们得耕作、播种、灌溉,还得收割庄稼,如此循环往复,还得工作、吃饭、抽烟、睡觉。所以他们根本就不愿意,更没什么兴致闲扯这种废话。轮回这个词,只会让他们更痛苦,而且大多数人也许连听都没听说过。[21]

这是一位自信不会被愚弄的旅行者直白且合乎情理的评论。雅克蒙至少有一部分说对了:无论当时的大多数印度人是否担忧今生或来世的解脱,他们对于被欧洲人视作印度文明精髓的四大《吠陀经》(Vedas)中的颂歌、祈祷文、祭祀仪式,或《奥义书》(Upanishads)中的哲学唯心主义,几乎全都一无所知。这些经典向来由少数的婆罗门精英垄断，他们严守着自己的梵文知识。虽然有的婆罗门曾为一些英国业余学者提供过指导，但后者只热衷于研究被他们视为古印度传统的正典，很少关注当地数量更为庞大但缺少文字记载的、融合性的宗教和哲学传统。例如，民间信仰团体、苏菲派圣殿，以及各种节庆活动、仪式和传说等，各地都不一样，但它们塑造了大多数印度人的世界观。

雅克蒙还声称，他清楚究竟什么构成了真正的知识：它当然不存在于遥远的过去，也不存在于古印度人沉溺其中的任何抽象思辨，它经由科学的观察和实验证实的事实构成。

旅程接近尾声时，雅克蒙在信中写道："我没能了解什么深奥的印度形而上学体系，怕是要让我的父亲失望了。不过，我正从德里乘船，沿恒河前往加尔各答。这船里装的，都是我在印度至今所到之地的记录，记载着当地的自然风貌和历史；那远比任何'实在本质'都更加货真价实。"[22]

雅克蒙从来不曾丧失自身和其代表的新欧洲的优越感。1832 年 3 月，他启程去孟买，计划从那里乘船回法国，途中与总督本廷克勋爵及其夫人不期而遇。他们在印度拉贾斯坦邦的沙漠深处相遇，却享受了诸多"来自欧洲的奢华与风雅"。雅克蒙与本廷克一边共进午餐，一边谈论英国及其未来的各种"可能命运"，他们还谈及欧洲，并感叹着结束了谈话——诚如雅克蒙在信中所言：

> 我们竟能在那种地方相遇，还有过那样的谈话，多么奇特。说到总督，一个英国人，在故乡不过是芸芸众生之一，在异乡却成了独霸亚洲一方的统治者；而我，身处荒野蛮夷之地，则安静地埋首于自己的哲学研究。当我们想到命运深

藏的众多机缘,那些偶然和必然,究竟在怎样的巧合之下,才能造就这般非凡的奇遇,也唯有一笑了之。这种政治际遇若发生在欧洲,该是多么让人不可理解。[23]

雅克蒙计划在内喜马拉雅山区住几个月,因此告别了肯尼迪上尉的西姆拉豪华度假地。随后不久,他来到金瑙尔与西藏接壤的中印边境一个名为坎努姆(Kanum)的小村,在那里,发生了他在印期间最不寻常的一次际遇。实际上,早在横渡萨特莱杰河进入金瑙尔的佛教文化区时,他已对日后的经历有大致预期。在给父亲的信中,他写道:"在坎努姆我应该很快就会见到那位不可思议的匈牙利人——亚历山大·乔莫·科罗什先生。他的大名您一定听说过吧,他曾有四年左右时间化名为'西坎德尔贝格'在此生活,该化名意为'亚历山大大帝',亚历山大穿上了东方风情的衣着。"

此前肯尼迪上尉已警告过雅克蒙,务必谨慎对待那个举止怪异的匈牙利人:据说他曾经从欧洲徒步至印度。三年前,科罗什在西姆拉出现,衣衫褴褛,看起来像个俄国间谍。肯尼迪上尉不得不将他暂时拘押,直到向远在加尔各答的上司逐一核实完他的身份。为此,科罗什滞留在西姆拉,和一群波西米亚光棍混在一起,愤愤不平地待了数月,才获释离去。

在西姆拉,科罗什曾同英国军医詹姆斯·杰勒德住在一起,后来他们在坎努姆村再次相遇。据这位军医汇报,科罗什当时正在研究藏文,活得"如同古代的圣人,除了自己的文学爱好外,对身边的一切毫无兴趣",并且还"满怀喜悦地憧憬着有朝一日能向世人展示那些丰富的文学宝藏"。然而,这种质朴的精神并没有打动雅克蒙，他对科罗什的态度带着一个精致的巴黎人对粗犷的东欧人惯有的鄙视。实际上，科罗什痴迷的事情对欧洲的重要程度，与雅克蒙所做的不相上下。

1784年，科罗什出生于匈牙利喀尔巴阡山脚下的一个小村庄。那里终年寒风肆虐，恐怕与内喜马拉雅山区的村庄无甚区别，他就在这些村庄度过了余生的许多岁月。传说，他的祖先是塞凯伊人，其血统可追溯到公元4世纪入侵欧洲的匈人，但有关这个游牧民族的历史迄今尚无定论。在科罗什生活的时代，匈牙利受哈布斯堡家庭统治，但直到他出生前后，这个家庭的知识阶层才迟迟意识到：充满反叛精神的民族主义不仅已经激发美法两国的革命，还将重塑整个欧洲。到科罗什开始上学时，匈牙利无论在文化上还是在语言上，都迥异于周边的欧洲国家，正吸引着匈牙利精英的关注。他们迫切想要弄清楚的问题是：哪些人可以被称为匈牙利人？

有些匈牙利人希望脱离奥地利帝国，并声称自己拥有独特的身份，更愿意相信他们的祖先来自中亚的某个地方。有一种观点认为，匈牙利人曾是中亚大草原上驰骋的骄傲骑士。这一观点同科罗什认为的祖先与匈人王阿提拉之间存在历史渊源的看法倒是不谋而合。5世纪时，阿提拉曾率军突袭重创已日趋衰落的罗马帝国。

身为一名禁欲苦行的年轻学者，科罗什誓愿奉献一生来探明"祖国模糊的起源"。他曾求学于哥廷根大学，在研究中亚各民族方面受到东方学家约翰·艾科恩的鼓励。大学时代，科罗什掌握了多达十七种语言，探访中亚各国的决心更加坚定，试图为匈牙利爱国主义找到思想黏合剂。

科罗什的亚洲之旅成行于1819年末。他当时三十三岁，目标远大，最终目的地是今天的"中亚五国"和中国最西部。他计划先去当时的奥斯曼帝国首都君士坦丁堡，研究中世纪阿拉伯地理学家的著作。但他听说当地暴发疫情，于是改道去埃及亚历山大港，再由此缓慢北行，前往今天叙利亚的阿勒颇。

在阿勒颇，科罗什彻底地改头换面，不仅换上了亚洲服装，还给自己取了一个新名字——西坎德尔贝格，在波斯语中意为亚历山大大帝，以亚美尼亚人自居。而后，他加入了一支穿越沙漠的旅行车队，前往巴格达。1820年秋，他来到德黑兰，用数月时间在当地学习波斯语。根据他对阿拉伯文献的研究，科罗什确信在布哈拉（位于今乌兹别克斯坦境内）或者莎车（位于今中国新疆境内青藏高原以北的塔里木盆地地区），将会找到他祖先曾经的家园。

可惜，当时谣传有多支俄军部队正向中亚地区快速行进，这令他的出行计划一再受挫。1822年，他在克什米尔多方游说当地人带他穿越中国西藏，去往新疆莎车。正当他屡遭拒绝时，遇到了威廉·莫尔克罗夫特——此次会面堪称19世纪印度又一场幸运的相遇。

莫尔克罗夫特是英国首位职业兽医。由于一次损失惨重的金融投机，他不得不出走印度，受聘于东印度公司，管理种马场，后来成为首位探访喜马拉雅山脉西段的知名探险家。在与科罗什结识前的两年多时间里，他多次往返于克什米尔山谷和拉达克北部的高原地区，尝试进入莎车和布哈拉。他表示非常担心印度马的品质正日渐衰退，希望在中亚找到类似的优良品种：匈人王阿提拉及其军队可能使用过的战马。同科罗什一样，当时中国禁止西方旅行者入藏的政策，也使莫尔克罗夫特的出行计划受阻。不过，克什米尔的贸易商可能也有理由拒绝向他提供帮助：莫尔克罗夫特是个阴谋家，他很早便参与了大英帝国、沙皇俄国和奥斯曼帝国这三大巨头展露野心、争霸中亚的"大博弈"。

俄国令莫尔克罗夫特十分不安，尤其是想到它在中亚地区的野心势必要削弱英国的势力时，他就愈发忧虑。当时，旁遮普邦的锡克大君兰吉特·辛格掌控着克什米尔地区。莫尔克罗夫特怀疑他与俄国人密谋勾结，反抗英国。于是他自作主张，力图促使拉达克停止向兰吉特·辛格进贡，转而投效英国。莫尔克罗夫特没有成功，而且他没有想到他的英国上司不想惹恼锡克大君，他一番努力只换来一通谴责。

但莫尔克罗夫特十分固执。一见到那个穿着破衣烂衫并自称亚美尼亚人的匈牙利人，他立刻从对方身上看到了机会，于是邀请科罗什一路同行。二人一起旅行了将近八个月，并曾在克什米尔和拉达克逗留。认识没多久，莫尔克罗夫特便将自己珍藏的《藏文字母》（*Alphabetum Tibetanum*）送给科罗什。那是当时唯一一本用欧洲语言介绍西藏的书，由一名天主教神父于1762年在罗马出版，是基于传教士的记录整理汇编的史实和寓言故事。书中绝大部分内容都不靠谱，例如：它认为西藏的宗教信仰应归为摩尼教，但实际上是佛教影响了这个已被世人遗忘的前伊斯兰时代波斯宗教。

在克什米尔期间，科罗什用了好几个月钻研《藏文字母》。一开始他需要在一名讲波斯语的拉达克人的帮助下学习基础藏语，后来他已能独自将莫尔克罗夫特设法拦截的俄语信件翻译为藏语。

莫尔克罗夫特力劝科罗什放弃中亚旅行计划，转而留在喜马拉雅山区印度与中国西藏接壤的边境地带，继续学习藏文，提高个人的学术水平。他告诉科罗什，若能编译出第一部准确的藏语词典和语法书，才是对欧洲的巨大助益。

毫无疑问，莫尔克罗夫特是在奉承科罗什，但他也可能意识到，英国若想阻止印度落入俄国人之手，第一步绝不能只是浅尝辄止地了解一点藏语知识。他不仅资助科罗什的学术研究，还为他写介绍信，将其引荐给拉达克及英方官员，同时还积极为孟加拉亚洲学会四处奔走筹款。

莫尔克罗夫特的游说技巧实在太过高明，以至于科罗什竟相信藏语典籍中可能有一些关于匈牙利民族起源的内容。1823年5月，科罗什离开斯利那加前往列城，徒步九天到达拉达克最为边远的小镇藏斯卡。那里终年寒冷，村民绝大部分时间只能待在家里。科罗什抵达后住在一座寺院里，具体地说，是住在一个毫无供暖条件的小房间中，一待就是十六个月。陪伴他的是当地一位满腹经纶的藏传佛教喇嘛，名叫彭措。两人蜷缩在羊皮斗篷下阅读藏文的手抄卷，轮流伸出手翻页。[24]

科罗什浏览了百余卷经文，绝大部分是藏译的梵文佛经，它们的原始典籍在印度本土早已失传。他当时可能还未意识到，相较于浩瀚的佛教文献，他的阅读之旅不过刚刚开启。直到7世纪，佛教才由印度传入西藏，比佛教传入东亚的时间晚了很多。彼时，金刚乘在印度兴起，很多入藏弘法的印度僧众修习金刚乘教法。因而，自立教伊始，藏传佛教的表现形式便与众不同。

金刚乘教法有许多高深莫测的规范仪式，不仅富于象征意义，而且带有魔幻色彩，甚至用人的性欲作为开悟的手段。在这一教法的灵修实践中，上师或导师的角色至关重要，而且它不认为比丘（出家僧侣）比优婆塞（upasak，在家居士）更高一等。西藏人尊崇不同类型的佛，也供奉形象各异的菩萨，比如文殊和观音。他们布设坛场，持诵咒语，希望以此帮助自己的禅修。正是这种独特怪异的教法，使得西藏逐渐成为外来者眼中的奇幻与神秘之地。

1824年10月，科罗什无法忍受再留在藏斯卡度过一个严冬，决定迁往南边的古卢山谷（Kullu Valley）。他希望彭措喇嘛与他一起，继续教他藏语。但遗憾的是，彭措喇嘛没有露面。大雪封闭了藏斯卡通往外界的所有道路时，无所事事的科罗什正在前往西姆拉一处英军前哨基地的途中，希望凭借莫尔克罗夫特的引荐谋条出路。

正是这样，在1824年年末的一天，在西姆拉招待过雅克蒙的肯尼迪上尉又接待了这位来自匈牙利的奇怪的独行旅者。科罗什本指望对方将他看作一名已经浪子回头的欧洲学者，致力于推进蛮夷部落的文明教化，因而受到欢迎，以当初莫尔克罗夫特为他量身设计的身份得到认同。他本人作为一名匈牙利学者，到中亚寻找自己的民族起源，还在努力学习一门外行人闻所未闻的语言——藏语。对于自己这个故事究竟会使当地的英国人感到多么不可置信，科罗什可以说是毫无概念。再加上莫尔克罗夫特已经离开印度多年，在那些英国人看来，此人资助科罗什的行为，与他当初在拉达克意图反俄的阴谋一样，都不妥当。好在肯尼迪上尉将科罗什非正式软禁后，只用五个月就同远在加尔各答的相关部门完成了对这名匈牙利人的多项身份认证，随即将他释放。

此时，科罗什已经厌倦西姆拉那些总是兴致勃勃的单身汉，热切地希望回归对藏语和藏语文学的研究。他再次启程前往拉达克，不同的是，这回他有了一笔小小的收入，由英国皇家亚洲学会提供的津贴。可惜在接下来的一年里他还是步履维艰，没能见到彭措，发现对方不太配合自己。与此同时，加尔各答的英国官员听说浸信会有位传教士编纂并出版了一部藏语词典，于是认定科罗什所做的工作毫无必要，取消了他的津贴。科罗什回到西姆拉后，对此提出抗议，认为已出版的词典毫无价值，因而自己的努力仍有必要。出人意料的是，竟然有加尔各答的学者附和发声，支持科罗什。1827年，负责的英国官员才重新为科罗什拨发津贴。

1825年，科罗什到访坎努姆，希望在萨特莱杰河畔这个在中印边界靠近西藏的村庄继续学习藏语。当地有一座名为甘珠尔的佛寺，始建于11世纪，藏有大量的佛经手抄卷。让科罗什遗憾的是，寺中的喇嘛看起来都是印度教徒，对藏语知之甚少。但他在1827年重新获得津贴后，还是回到了坎努姆，一住就是三年。这一次，科罗什与彭措喇嘛重聚，工作环境也比藏斯卡的条件改善不少：他不仅能独居一座小农舍，就连四周的景色也不再那么严酷，还有松林和杏树染上的些许绿意可供欣赏。

1993年秋天的一个下午，我徒步前往坎努姆。从水流湍急的萨特莱杰河岸边远眺，山上灰突突的泥坯房似乎叠在一起。走近细看，成群的低矮房屋拥挤逼仄，墙上窄小的窗口洞开，强风呼啸而过。室内如预想般家徒四壁，脸颊冻得通红的孩子正向外张望着。走近屋顶形似宝塔的寺院，可以闻到阵阵奶油变质的味道，还能看到一些戴着太阳镜的藏民，看上去异常快乐。

1830年夏天,正是在这里,雅克蒙结识了科罗什。雅克蒙还在西姆拉时,就从肯尼迪上尉等人那里了解到科罗什为人尖刻,因此他提前致函科罗什,说明自己的来意并请求会面。那些日子科罗什可能十分孤独,据雅克蒙形容,科罗什几乎是立刻就出现了,看起来像个"暴躁的鞑靼牧羊人"。此外,科罗什还表现出由于长期独处而形成的怪癖,就是决不肯与雅克蒙相对而坐,据他说是因为他认为自己低法国人一等。雅克蒙虽然力劝,最终也没能让他作罢。雅克蒙第二天又登门拜访科罗什的小屋,发现他正埋头在一张低矮的木桌上誊写藏文,身边摊满了书和纸。科罗什依旧坚持不坐,身材高大的雅克蒙不得不一直弓着身子,避免抬头撞到低垂的天花板,最后实在坚持不住,只好径自坐了下去,任由那名匈牙利人站着。

随后,科罗什带领雅克蒙参观了甘珠尔寺。寺中藏的佛经手抄卷,属于大量藏传佛典的一部分。在描述卷中内容时,雅克蒙的措辞颇显不恭。信中他对父亲说:"那简直能让你站着就睡着了。其中大约有二十章的内容专门描述喇嘛所穿僧鞋的款式……还有各式旁征博引的论文,专讲狮鹫、龙、独角兽的属性特征,以及飞马犄角的美好寓意。"

不过,科罗什在喜马拉雅佛寺的九年隐居生活倒也并非徒劳无功。多年来,人们还未能最终认定佛陀与印度之间存在确凿关联,而科罗什在那时已能证明:藏传佛教与散布世界各地的其他佛教分支一样,均起源于印度;同时,很多藏传佛教的典籍(藏语称"甘珠尔")都是由梵文佛典翻译而来。在那个年代,西藏还是一个与佛陀一样神秘的存在,科罗什的发现可谓意义重大。

与科罗什相识两年后,雅克蒙前往孟买,以便乘船回法国。

他选择步行穿越印度平原，那个经常被他形容为荒凉凄清得令人忧郁的地方。雅克蒙出行时正值盛夏，疾病肆虐，不知何故他也突然发烧。病情逐步恶化，肝脏出现脓肿，令他接连几天都无法入眠。于是，他去往印度西部城市浦那，希望能在那里恢复健康。疗养期间，他写信说："像我这种旅行者，有多种方式体验被意大利人称为'惨败'的情景，而最为彻底的惨败，莫过于死在半途。"

雅克蒙那时就知道，自己不可能再回到法国了。但陷入悲伤、恐慌，实在不是他的作风。在最后的日子里，他写信给亲友，措辞优雅，满篇都在得体地告别。他试图告慰家人：自己正受到英国友人体贴周到的照顾。在给兄长的最后一封信中，他写道："对于我们所爱的人而言，最残酷的痛苦莫过于想到我们身处遥远的异乡，奄奄一息时，却宛若被抛弃一般，无人陪伴。"

无论生前还是身后，雅克蒙都算是幸运的。莫尔克罗夫特的命运更为多舛。1824年，他启程经阿富汗前往布哈拉。此前不久，他才送别了准备前往喜马拉雅佛教文化区的科罗什。在阿富汗的昆都士，莫尔克罗夫特遭到当地酋长的逮捕，煎熬地度过了六个月的牢狱之灾，随后不得不贿赂酋长，才得以摆脱一场可能历时更久的监禁。他最终还是抵达了布哈拉，成为两百年来到访当地的首位欧洲游客。据说，他甚至购得了优质种马——那是他踏上这段旅程的初衷。同年晚些时候，动身返回印度的途中，他失踪了。有传言说他因发烧和中毒而亡。后来的旅行者踏上他所开辟的路线后，会听闻不少关于这位杰出的喜马拉雅先锋探险家的故事，版本各异。事实上，后来没有人再见过莫尔克罗夫特。他那些颇具预见性的计划，包括新辟一条途经拉达克的贸易路线并挫败俄国人的想法，全部半途而废，几十年间无人问津。

相比之下，受莫尔克罗夫特资助的科罗什，活得更为长久。雅克蒙在坎努姆初见他时，科罗什在喜马拉雅山区长期赎罪般的艰苦生活已经接近尾声。数月之后，他便离开坎努姆，带走了成箱的藏经手稿及刻印本。他直接去了加尔各答，在那里定居十一年，其间监制了一部新的藏语语法字典，又学习了多门外语，还将后来收到的藏文和梵文佛典分类归档——这些文献都由驻尼泊尔加德满都的英方代表霍奇森提供。

科罗什在加尔各答的生活方式，与他先前住在喜马拉雅时相比毫无二致：仅靠茶水和米饭维系生存，活得像个隐士。1842年，五十八岁的他终于再次启程前往拉萨，追寻自己最初的目标——那个二十多年前因莫尔克罗夫特中途干预而一直未完成的心愿。他相信，所有关于匈牙利民族起源的疑问，都将在拉萨找到明确答案。然而，才离开加尔各答几百公里，他就不幸感染疟疾，最后在大吉岭一处度假村辞世。

在拉萨或莎车，科罗什不太可能发现多少关于匈牙利的线索。他还在世时，就已经有欧洲学者提出，无论从语言学的角度分析，还是从人种学的观点来看，匈牙利人都更接近芬兰人，而不是中亚人（后来被证明是对的）。他也并非最先学习藏语或游历喜马拉雅山藏区的欧洲人。早在1628年，天主教耶稣会就在西藏设立过一个布道所；1904年，意大利托斯卡纳一名耶稣会会士伊波利托·德西代里的回忆录在意大利出版。书中清楚表明他在1716年去过拉萨，比科罗什历尽艰辛抵达金瑙尔和拉达克的年代早了一个多世纪。德西代里在西藏待了五年，学习藏典，还研究被他称为"蕃"（Bod）的"虚假宗教"，尤其关心佛教关于空的主要教义。

大约在同一时间，彼得大帝派往东方寻找黄金的特使无意间在西伯利亚的一座佛寺中发现了佛陀的铜像和手写藏文的活页经。这些藏文活页经被辗转带到圣彼得堡，毫无头绪的彼得大帝只得将其中一篇转寄给一位德国学者进行翻译。这些书页最终转交给了巴黎的一位学者，此人当时正忙于为耶稣会会士寄来的中文典籍分类。在一部藏语-拉丁语字典的辅助下，那篇经文最终被译成拉丁语。字典的编纂者是方济各会派到西藏的一位传教士。1724年，翻译为拉丁语的经文被送回彼得大帝手中。随后，那篇活页经又传到了西伯利亚，在当地被译成了蒙古语。它再次回到圣彼得堡后被译成俄语，继而又被译回了拉丁语。1767年，罗马的一位天主教神父重译了这篇活页经，将其收录在由他主编的《藏文字母》一书中。莫尔克罗夫特在认识科罗什之初，随身携带的正是此书，科罗什正是在这本书的指引之下决定前往西藏。

以上是我在玛舒波拉生活的第一个秋天里，通过阅读编织的广阔而复杂的知识网络。这些书的著就，无一不是出于欧洲人对知识与征服前所未有的渴望。这些学术成果不仅令我感动，而且足以颠覆我原本的认知。一个为了自己所希求的民族主义四处寻找思想基础的匈牙利人；一名在搜寻优质种马的同时努力推进大英帝国主义目标的英国兽医；一位受欧洲最具声望的机构委托，不远万里收集标本的法国植物学家——几位罕有共同点的异国人，都谈不上有佛教信仰，却因不同动机，一度有所交集。在我从小屋阳台举目可见的群山之中，他们先后登场，协助创造出西方世界关于佛陀的最初印象。

佛陀的世界

西方的历史观如此迷人主要有两个原因：一方面，它承诺为我们有限的生命增添一层额外的情感和精神维度；另一方面，它具备照亮未来和过去的能力。当你也以这样的视角审视自我，将自己看作历史进程中的前行者，就如同雅克蒙、莫尔克罗夫特和科罗什做过的那样，这种观念就会变得尤为吸引人。人如果对自己的过往保持信心，就如同在毫无生气的风景中注入希望，又仿佛在最为严苛的绝境里存在一线胜利的曙光。

阅读这些欧洲旅行者的故事时，我羡慕他们投身于个人情感无法左右的历史中的能力。许多年后，我来到饱受内战蹂躏的阿富汗，站在一座山丘上，今天塔利班的激进主义者曾在这里疯狂地向佛像发泄政治怒火。我试着想象，就在这片被古希腊殖民者称作巴克特里亚的土地上，佛教僧侣一度建起寺庙，创办佛学院，佛陀超然和慈悲的思想由此一路西传。

我当时认为，一个人只要掌握正确的历史信息，就有能力回溯过往，展望未来。但是，有些地方的历史车轮已经运转太久，无论从废墟里还是从虚无中，过去和未来都难辨面目。

傍晚从蓝毗尼归来的途中，我们乘坐的大巴车抛锚了。这是我第一次短暂且偶然地造访了佛陀的出生地，在这期间，这辆车一直让人担心，果真还是出了状况。当时，再往前几公里就是个小镇，可以买到从中国走私来的棒球帽等小商品。维诺德和其他几名乘客下了车，聚在大巴车发动机旁，围观正在引擎盖下鼓捣的司机；另有几个男人大概是路上太无聊，一起冲进路边的地里偷起了甘蔗；其余人则目标明确地朝北边的稻田走去，再远一点的榕树林冒出缕缕烟雾，那里似乎有个小村庄。

　　一辆牛车缓慢地从我们身旁经过。一位戴白色头巾的老者赶车，车后坐着几个女人，脸上戴着半掩的面纱，蹲坐成一个半圆，沉默不语。他们经过后，再没有别的路人出现。太阳在晴朗的天空中静静落下，转眼间夜幕便降临在这片平地之上。

　　我们只得在路边等待，几个小时后，终于有一辆卡车经过，将我们送到了下一个乡镇。对于这一连串的遭遇，我全不在意，反倒是一直惦记着远在蓝毗尼的阿育王石柱、寺庙和那棵大树，还总有个声音萦绕于心：佛陀就诞生在这里，阿育王也曾到访。然而，无论是这些闻名遐迩的人物，还是那些村庄与田野，似乎都已悄无声息地没入这片空旷幽暗的大地中。

　　难以想象，过去丛林茂密的地方，如今稻田成片，其间只立着零星几棵树；那些丛林曾经护卫在发源于喜马拉雅冰川的小河两岸，这些小河穿过印度平原，最终汇入恒河或亚穆纳河。

　　古印度历史表明，印度河-恒河平原大部分地区曾被季雨林所覆盖，但这里更容易让人联想到亚马孙的热带雨林。谁都不清楚这些密林中住着些什么人。那时的印度有许多种族，语言涉及多种语系：达罗毗荼语系、汉藏语系和南亚语系等。密林中的居民可能以狩猎和采集为生，既没有能力迁徙，也没有能力谋求发展。直至公元前1000年，他们遇到了从西部进入印度河－恒河平原定居的游牧民族雅利安人，情况才有所改变。

这些游牧民族应该来自里海北部和东部的大草原，他们中的一部分人也分散到了波斯，甚至更西的地方。他们说的是早期的梵语，经鉴定属于印度、伊朗和欧洲使用的印度－雅利安语支。"雅利安"（Aryan）源于梵语的"高贵"（Arya）一词，后来就被用来称呼他们。

公元前2000年，他们开始大量迁入现今归属巴基斯坦和阿富汗的部分地区，那时，新移民原有的生活方式已经有所变化，从简单的采集食物和驯养牲畜，逐步发展为学习使用铁器和青铜用具。他们可能在印度河沿岸地区遇到了文明的遗迹。那是印度河文明，在公元前3千纪一度繁盛，而后在公元前第二个千年开始，便因不知名的原因走向消亡。

印度河文明遗存的建筑、艺术等古迹显示，其精妙复杂程度，几乎与同时代的古埃及文明和美索不达米亚文明不相上下。据推测，雅利安人迁入后，也许曾与印度河平原的土著居民有过互动，凭借着战马、战车和弓箭等武器，他们甚至可能占领了当地人精心建设的城市，并迫使对方沦为奴隶。然而，无论是何种情况，雅利安人自己独特的文明——城市、政治和经济体系、文学和艺术——直到他们东侵印度河－恒河平原很久之后，才逐渐出现。看来，雅利安人无疑与印度次大陆的原住民发生了冲突。

这些雅利安人移民的情况，大多来自印度最古老的典籍《吠陀经》的记载。它由各种宗教赞歌、符咒方术、祭祀仪轨和神学辩论构成，公元前 1500 年左右开始汇编，历时大约一千年，也就是在佛陀诞生前后，吠陀最终编纂完成。¹

梵语的"吠陀"意为神圣的知识，即关于终极实相的认知：它没有形体，因而无以现相——不像在伊斯兰教和基督教中得到揭示——但它始终存在。据说，它是永恒的，而且早已为古代先贤所闻。这些哲人大多数都是婆罗门，他们最初只是特权阶层中致力于记忆并口传《吠陀经》的那部分人，后来逐步成为精神和宗教事务的最高权威。

《吠陀经》中最早出现的是《梨俱吠陀》(Rigveda)。它显示，雅利安人最早选定的定居区域位于阿富汗东部至印度河 - 恒河平原的分水岭之间。他们可能既是牧民又是农民，所敬奉的神都是已人格化的自然现象，如火神阿耆尼、水神伐楼拿、风神伐由、太阳神苏里拿和死神阎摩。还有被尊奉为主神的英雄武将因陀罗，其暴躁嗜欲的性情与希腊神宙斯不相上下。传说中，因陀罗惯用雷电，斩杀恶魔，并释放出被他们禁锢的水源——也许这是在影射雅利安人曾与印度西北部干旱地区的居民发生过冲突。因陀罗可能还领导吠陀时代❶的雅利安人，摧毁了他们在印度河文明遗址上遇到的有高墙厚壁的城市和堡垒。《梨俱吠陀》晚期的赞美诗记载，雅利安人不仅战胜过肤色较深的当地土著达萨人，还与之交往融合。

这些早期的印度人宰杀牲畜，既供人食用，也用于《吠陀经》所载的繁复的祭祀仪式。特殊情况下，他们也食用牛肉。现代印

---

❶ 吠陀时代，约公元前 1500 年至公元前 500 年，是《吠陀经》记载和反映的历史时期。

度社会视母牛为圣物，而游牧时代的牧民不可能给予它们同等待遇。直到游牧民族定居下来并安于农耕生活之后，母牛因为既能为他们提供牛奶、酥油、酸奶和粪肥，又能用于犁田耕作、负重运输，才使得他们赋予了母牛略高一点的价值。

此外，吠陀晚期的赞美诗还强调了金属用具和农业生产（尤其是水稻的栽培）如何变得日趋重要。在《夜柔吠陀》（*Yajur-veda*）的祈祷词中，雅利安人向诸神祈求植物的浆液、牛奶、黄油、蜂蜜、稻米、大麦、芝麻、菜豆、野豌豆、小麦、扁豆，还有铜、铁、铅、锡和青铜。总之，他们祈求免于饥馑的自由。

吠陀教的大部分内容跟献祭和巫术有关，建立在简单的安抚理念之上：通过仪式性供奉祭品（大多为食物），向神祈求更为丰盛的恩赐。同时，它也基于一种相互依存的深刻假设——在宇宙中，生命的形态会常变常新，循环再生。吠陀教称之为"梨多"（*rta*），即自然的进程，这也是一切生命与这个世界所依托的基础。

雅利安人相信，无论是河水在大地上奔流，还是日月星辰依循轨迹运行，都是出于"梨多"的法则——这个概念类似于毕达哥拉斯用"宇宙"一词称呼世界时所暗含的意味❶；祭神的活动也表明他们赞同宇宙秩序的统一性和一致性。

大多数雅利安人都会在自家住宅内搭建一个壁炉或小型祭坛，方便在家做祷告和礼拜。此外，他们也参加大型公共活动。婆罗门则是中间人，把持着向神明请愿以获得更多牲畜、食物和繁荣昌盛的正确口诀——早期的印度人面临的是实际的存活问题，只能成为唯物主义者。特有的专业知识赋予了婆罗门作为不可或缺

---

❶ 古希腊语 *kosmos* 原意为"秩序"。毕达哥拉斯不仅用该词指代宇宙，还指保证和谐与秩序的确定法则。

的祭司阶层所拥有的权力——这一权力将延续数个世纪,并催生印度社会最具影响力且存在时间最久的阶层与意识形态。

在祭祀仪式中,火,与准确诵念咒语一样关键。火是祈愿者与被祈愿对象间的媒介,能将祭品传送给天界的诸神。[2] 此外,对火的崇拜还象征着雅利安人摧毁丛林并定居于此的能力,以及他们脱离中亚故土的原始生存状态后发生的进化。

公元前850年前后,吠陀时代的雅利安人开始向东迁徙,去往雨量丰沛的印度河-恒河平原,途中充满未知的挑战。森林可以被焚毁,栖息林中的动物也可以被屠杀——人类的需求不断战胜生态的事迹在史诗《摩诃婆罗多》中传颂。尽管如此,当时的部落民族还没有形成一种社会组织,在毁林开荒后的土地上发展定居生活。

种姓制度就诞生在这一时期。[3] 它起源于一种简单的劳动分工:部落民族从游牧和畜牧逐渐转向定居,人们的生活需求变得复杂,有必要进行分工合作。但是,婆罗门阶层不仅想要永久享有较高的社会地位,同时还试图建立严格的社会等级制度,甚至利用他们掌控的圣典,为这套制度精心创造了神圣的来源。《梨俱吠陀》中就谈到了印度社会的四重分工:据说,四个种姓产生于最原始的神的四肢。

婆罗门认为,在一个理想的社会,人的出身决定其社会地位——这是强权者自私自利的观点。几个世纪以来,这一观点不仅在印度种姓制度下的现实社会中部分地得以实现,甚至还可能在佛陀时代得到强化。在这种社会中,最低等的种姓是首陀罗,一群肤色较深的土著人或混血儿,即便属于部落体系,地位也不比奴隶高多少，完全没有另外三个更高等种姓享有的成员权力。那三个高种姓分别是：由贵族与军人阶层组成的刹帝利，由神职人员、思想家和立法者组成的婆罗门，以及由地主、商人、放债人组成的吠舍。后来，吠舍种姓为社会提供了食物盈余，使雅利安人社会开始脱离原始部落，获得发展。

种姓制度自然有利于保护三个高种姓，尤其是对自己的专业知识严防死守的婆罗门。在长达几个世纪的时间里，他们坚持向其他婆罗门口口相传，从来不肯写下赞美诗中的只言片语，目的是谨防其他种姓的人学习它们。同时，他们主持的宗教仪式日趋繁复，方便其借此发财揽势，富贵兼得。

对游牧民族而言，在一个地方定居越久，就越需要更新和稳固彼此间的关系。开始定居的雅利安人为了实现自治和自我保护，采取了很多新措施，从中可窥见印度最早的一种政治体系。同一宗族的统治家族或统治家族联盟，在特定地区长期定居后，往往会寻求新的方式，稳固自己的统治地位，并明确自己的统治者身份：他们会以家族的名义命名所居地域，使自己对领土的占有正式化；建立税收和社会福利等基本管理体系等。这就是小型的部落共和国和北印度最初的大王国的形成方式。

尽管这还算不上是一个特别复杂或层级分明的社会，但它能维持这种状态长达数百年，直到前6世纪左右，新的城镇模式才开始发展。不同于主要叙述乡村社会的《吠陀经》，佛经揭示的是孕育了佛陀的城市文明。公元前6世纪，佛陀诞生之际，许多曾经覆盖平原的森林都已被清除干净，取而代之的是农场和牧场。一些人类的定居地也都发展成了大城镇或城市。对于那里的居民而言，他们雅利安人祖先的游牧生活势必已成为神话传说。

这是印度北部继印度河文明之后的第二波城市化浪潮，主要局限于印度河流域以东，靠近恒河和亚穆纳河及其支流。究其成因，无非是剩余农产品的增多，与任何世界其他地方产生城市文明的起因并无二致。

在某个时间点，由于恒河与亚穆纳河的灌溉，肥沃平原的农作物产量开始逐渐超过当地居民的实际需要，而且远远超出了以往的原始生活所需。那时，印度河－恒河平原的东部可能已经发现铁矿，借助铁犁铧和灌溉技术等创新发明，剩余农产品可用于投资商贸活动。

大型城市中心的最初形式是集镇。在印度北部，货币首次作为一种交换单位开始在当地流通。一些地方因为是圣地，规模和重要性与日俱增。像贝拿勒斯这样的城市之所以崛起，可能是得益于它们处于横贯北印度的河道之畔。还有许多城市，如古城哈斯蒂纳普尔（今德里所在地），最初只是个村落，在成为政治或行政中心后才逐步扩张。

这些城镇里的居民背景各异，从事的职业也丰富多样。根据《吠陀经》中晚期的记载，他们之中有珠宝商、金匠、金属制造工、制篮工、织工、染色工、木工和陶工等。佛经中所记载的手工艺多达二十五种。这些文献都是关于印度河－恒河平原城市化的主要信息来源。

在这类城镇中，婆罗门强力实行的种姓制度已丧失权威，但印度社会长久以来一直受其禁锢。在农耕时代，种姓制度提出了一套完整的说辞，不仅用以诠释人们的所作所为，还揭示出他们的本性。例如，一名婆罗门之所以是婆罗门，不仅是因为他主掌各式祭祀仪典，还因为他天生具备美德、学问和智慧；而一名奴仆之所以是奴仆，不仅由于他身份卑微，还因为他命该如此。

但在城镇，金钱已成为新的价值衡量标准，商人富贾可以史无前例地享有特权，士兵也可以成为雇佣兵。据一部佛经记载，国王应当依据犯人罪行的性质下判决，而无论其出身于何等种姓；出身高贵的婆罗门可以受雇于出身低微的商人。城市经济的兴起带来了巨大变化，揭示出旧社会等级制度纯属人为的产物，从而迫使人类重新界定自我。这也使得佛陀后来在讲法时，能够面向各界信众，不必局限于某个种姓或等级，也使得佛陀能够谈论一种与社会或宗教角色分离开来的基本的人性，并强调，只要通过正当的努力，人人都可收获智慧和善良。

随着人类聚居地的规模不断扩大、结构日益复杂，人类的活动范围也更加宽广。在佛经中被称为"中国"（Middle Country）的印度中央恒河平原，其政治环境和社会条件在佛陀出生前就经过了一段时期的迅猛发展。[4] 当时，平原上主要有四个王国，它们中间还分布着各自为政的小城邦及部落共和国，统治者通常都是刹帝利成员，他们形成某种寡头或长老会，并以他们的名字为其命名。

这些王国里还有很多颇具世界主义气质的中心城市，集聚了四面八方的来客，事实证明，那里是佛教发展的沃土。拘萨罗国的首都是舍卫城，佛陀曾在当地富商供奉给他的一处杧果林中度过了许多个雨季。国中其他的重要城市是萨基特和贝拿勒斯，该国东邻铁矿丰富且实力媲美拘萨罗国的摩揭陀国。佛陀在世时，摩揭陀成为印度第一个大帝国，佛陀也曾多年驻留于其首都王舍城之中。其他版图较小的王国包括跋磋国（Vamsa），境内有名城侨赏弥和钵罗耶伽（今阿拉哈巴德）；往东还有阿槃提国

（Avanti），但佛陀的足迹似乎并未涉及此处。

佛陀成年时，权力开始从部落共和国、独立城邦向中央集权的君主制国家转移。古希腊也曾盛行城邦制，但是印度并无相同的地缘条件。佛陀在世时，恒河沿岸最大的两个王国吞并了绝大多数小城邦和部落共和国。就在佛陀离世前不久，恒河东北部的拘萨罗国最终征服了佛陀自己的人民——释迦族。

随着小型政治单位的灭亡，人类日益臣服于官僚国家遥远的威权：这些变化对于印度影响深重，其程度不亚于城邦解体对古希腊的影响。虽然佛陀承认庞大的君主制国家和中央集权国家不可避免，并树立了"普世型道德统治者"的理想，但对于直接民主的典范，佛陀从未停止维护与其出生地类似的小型共和政体，甚至效仿此模式建立了一套修道制度——佛教僧团。

佛陀的出生地是古印度众多的部落共和国之一。他出生时的本名是乔达摩·悉达多，意为"一切义成就者"。他的部族名为"释迦"，属刹帝利种姓，管控着今印度与尼泊尔接壤的边境地区，是一片大约两千平方公里的疆土。释迦族的聚落就处于恒河沿岸快速发展的文明世界的最北端。佛陀降生时，族人的生活已不复从前那般自给自足、独立自主，他们不仅要向拘萨罗国进贡，还依赖与南方城市的贸易。

释迦国的首都是迦毗罗卫城，但它的具体位置至今还不确定。据中国晋僧法显和唐僧玄奘的记录，他们先后在5世纪和7世纪到访此城，可惜那时只是一处荒颓之地，只有寥落几个僧人和几处遗迹；其中一处还被二人热切地认为是佛陀父王宫殿的遗址。欧洲的探险家和考古学家追踪中国朝圣者当年的路线，最终在两处不同的地方——印度和尼泊尔进行了考古发掘，而且都发掘出了令人信服的证据。因而，印度和尼泊尔的考古学家至今仍在为迦毗罗卫城的确切位置争辩不休。

如果迦毗罗卫城的布局同公元前6世纪的印度其他城市相似，那么它的形状很可能是长方形的，外围有护城河和土城墙。王宫有两至三层，位于市中心，四周街巷网布如织。王宫对面就是议事厅，聚集着城中的优仕名流。城镇的围墙上还辟出了一块场地，专用于祭祀和供婆罗门居住。城中的商铺和作坊彼此独立，散落在各处。不同的行当都有自己专属的街道：一条街售卖大米，另一条则卖象牙雕刻的工艺品。佛经记载，各城都有拥有权势的高等妓女。她们不仅有艺术天赋，且对众多青年富家子弟的情感和文化教育尽心尽责。远离城镇中心，在竹子和黏土垒就的棚屋区，住着泥瓦匠、木工、屠夫、洗衣工等工人和仆从。最穷的人住在城外的露天公园，在那里，游荡着流浪汉、各类修士，以及其他云游四方的苦行僧。

这座都城和北部的喜马拉雅山麓，被充满老虎和大象的野生丛林分隔开来。年轻的佛陀可能也曾远眺雄伟的喜马拉雅山，在格外晴朗的日子里看见其模糊的轮廓。西方坐落着舍卫城，强大的拘萨罗王国的首都。有一条道路通向舍卫城，佛经中称之为北线（Uttarpatha），常年都有满载货物的牛篷车队在拘萨罗王的兵士护卫下经过。

这些车队并不总在迦毗罗卫这样较小规模的城镇逗留，而会继续往东前行，越过恒河抵达王舍城。年轻的佛陀住在迦毗罗卫时，每每听说有船只沿着恒河航行至贝拿勒斯和钵罗耶伽时，便梦想着远行游历，去往在他当时看来遥不可及的地方。

佛陀的父亲是净饭王。后世传说他是一代伟大的君主或国王，但实际上，他可能只是通过轮替或选举成为有权统领释迦族的一名刹帝利成员，地位类似于族长或酋长，辖地不大，权限不多，并非一国君主。

儿子的远游白日梦逗乐了父亲，他告诉悉达多：像他这样负责统领族人的刹帝利成员，绝不能仿效弃位出家的隐士，或如同牧牛人、商人那般满世界游荡。他期望儿子学会经营家族农场，熟练地掌兵习武，将来子承父业，当选族长。每次这样说教时，悉达多的父亲常指着迦毗罗卫城中土坯竹墙的棚屋群，还有向四方绵延的大片稻田。

净饭王娶了一对姐妹——摩耶和摩诃波阇波提，对儿子呵护备至。佛陀晚年时，曾对弟子如此形容自己的成长经历：

> 我那时很娇贵，可以说是极其娇贵，实在是娇贵得过分了。父王在宫里专为我修建了三个莲花池：一个蓝色莲花池，一个红色莲花池，还有一个白色莲花池。我用的檀香油，非贝拿勒斯出产的一概不要；我穿的衣服——上衣、长袍、斗篷，也必须都产自贝拿勒斯。仆从昼夜撑着白色的华盖，为我防尘蔽日、挡露遮风。我独享三座宫殿，分别用于冬日避寒、夏日避暑、春秋避雨。整个雨季，我会把自己关在宫殿的顶楼，绝不下来，只留一些游吟歌女在身边。我甚至没有想过离开宫殿半步。别人家给奴仆吃的是浇了汤汁的米糠；在父王的宫里，我们给的都是盛满肉的米饭。[5]

净饭王对儿子的担忧可能与他降生时的征兆有关。根据各种传统版本的佛陀传记,他的母亲摩耶夫人当年梦见一头大象从自己的身侧没入体内。净饭王向婆罗门学者请教此事,对方预言王后将生下一个儿子,孩子长大后,要么成为一家之主,要么退隐修行,揭破世间幻相。此后不久,摩耶夫人便发现自己怀孕了。

根据《本生经》的序言《本生因缘记》(*Nidanakatha*),四十岁的摩耶夫人怀胎十月之际,需要离开迦毗罗卫回到附近的娘家天臂城分娩。为了让王后顺利抵达,净饭王早已命人清除路途中的障碍。即便如此,坐着牛拖或马拉的车辇出行,怀有身孕的摩耶夫人也难免颠簸之苦。出城后没多久,夫人看见蓝毗尼的花园,于是命令仆从停车休息。她在一个水池中沐浴后,正站在一株娑罗树下,便感到阵痛袭来。传说,摩耶夫人一直站着,最后从右肋诞下一名男婴。夫人在十分虚弱的情况下回到迦毗罗卫城,在短短七天内便逝世了,留下妹妹波阇波提夫人代为抚育未来的佛陀。[6]

蓝毗尼佛寺中有一座摩耶夫人的浮雕石像,雕像的右手紧握着身旁的一根娑罗树枝。浮雕底部是娇小的年幼佛陀,他右臂上举,右脚向前伸。整座浮雕看起来像印度教文物。我第二次到访蓝毗尼时,便见到国内来的印度教徒在这尊雕像前礼拜。雕像人物均以朱砂粉饰,那种鲜红色是印度教神像上常见的颜色。佛像的脚下还铺展着金盏花丛。

这幅浮雕石像所反映的,是一种更为古老的崇拜传统。印度宗教的融合性使得印度教徒甚至可以将佛陀纳入他们的神殿。在佛陀最初的悟道之地菩提伽耶,第一批到访的英国人发现,当地一座古佛寺已经被婆罗门占领。19世纪末,首批造访蓝毗尼的考古学家也目睹过类似场景:他们发现,在当地古寺供奉佛像的有不少印度教的香客,这些信徒崇信摩耶夫人的救度,尊其为"罗明台"(Rummendei),而那原本是一位当地神祇的名字。这座古寺还被用于非佛教徒的祭祀活动。

由游牧民创立的印度最早的宗教出现得比佛教早几百年,存续也比佛教长数个世纪。这些宗教最突出的特点,与其说是它们饱经沧桑的历史,不如说是它们居然延续至现代。小时候,我最早学习的韵文诗集名为《歌雅特瑞曼荼罗》(*Gayatri mantra*),它产生的年代可追溯到公元前2千纪,可惜我能记住的只是其中的儿歌《黑羊咩咩叫》。不过,我仍记得在陌生人家举办的盛宴。那时,总要等到葬礼的火祭追悼过后,我才能和其他年轻的婆罗门并排就座,享用主人用铜盘奉上的酥油美食。长桌最远端坐着婆罗门祭司,那人通常是个大腹便便的胖子,吃相贪婪,还吧唧有声。

我还记得小时候家中在周日清晨举行的火祭。父亲沐浴过后,总会光着膀子坐在客厅地板上,一边反复吟诵梵语圣歌,一边往坛里燃烧的小火堆中倾撒酥油。

我至今也不确定父亲向神明祈求的是什么。但每次仪式过后,屋内总会充盈着馨香的烟雾,几个小时后才散去。它还会催生出一丝扰人心神的奇异感,仿佛四面墙壁中蛰伏的某种神圣而原始的存在得到了重新确认。那时的父亲看上去总是陌生且难以接近,直到次日清晨,他换上平日的西式工作服,出去检视铁路时,才变回了我们熟悉的样子。

生活在一个铁路城镇,在充斥着钢铁的景观中,居民都已远离《吠陀经》中先知的世界，远离他们的不确定感，远离他们在一个巨大且未知的宇宙中不安生活的痛苦。不过，我们仍然需要确认一个彼此深切依存的世界的意义，以及其中生死、起落、分合的周期性节律。

佛陀在世时，祭奠印度教神灵的仪式仍在进行，只是后来的操作日趋复杂，主持仪式的婆罗门祭司也变得更加苛刻和傲慢。较之雅利安人当初为与自然达成契约而祭祀的情形，城镇的生活条件已不可同日而语，许多人都对婆罗门及其主掌的仪式逐渐失去兴趣。

对众多城镇居民而言，语言已由原先婆罗门的专利，新晋为他们开展智力活动的手段。在柏拉图对话录的《克拉底鲁篇》中，苏格拉底等人探讨了事物的名称究竟由它本身的天然属性决定，还是由人类任意赋予它的称呼而定。这样的讨论对现在的我们而言似乎毫无意义，除非我们认识到古人的思维方式导致他们没有能力区分事物的本身与名相。

在苏格拉底的追问下，克拉底鲁给出了一个超自然的解释："某种远比人类强大的力量早已为事物定好了名称，所以这些名称必然都是正确的。"

这也正是古代印度人对于名实关系的看法。在他们看来，最初始时是文字，或者说是《吠陀经》，但只有少数伟大的圣人有特权了解其真谛。既然《吠陀经》永恒不朽且非由他造，早在它所记述的世界之前就已存在，那么，经文所使用的语言就是现实的本质，是统一的生命整体的组成部分。它与世界契合无间，也许，两者之间根本无需距离。

事实上，文字对口传文化存在另一种影响力。正如《圣经》受天主教会掌控并没有译成文字以惠及更广泛的民众一样，《吠陀经》也曾长期只是婆罗门祭司的专属财富。他们之所以位高权重，是因为只有他们才能正确吟咏《吠陀经》的赞美诗和符咒，并借此与众神搭建关联。

从前的人类过于仰赖大自然，独立意识不足的他们不具备分析自然环境并罗列其属性的能力；他们进入新的城市环境定居，开始部分享有一种创世主的身份。至于随后新添的各种问题，诸如"世界是如何形成的""人有灵魂吗""我是谁""自我是什么"，祭祀仪式并不能给予他们答案。

在最早的《梨俱吠陀》中，有一首名为《创世颂》的圣歌，对创世的起源有颇多猜测，甚至质疑那位先于众神的主宰，并以如下雄辩动人的质疑作为全篇的结尾：

> 但，究竟啊，谁会知道，谁又能宣告
> 世界从何而来，创世如何发生？
> 若众神在创世之后出现，
> 又有谁真正知道世界从何而来？
>
> 他是这伟大创世的本源，
> 无论他确曾造物，抑或不曾，
> 他都位居苍穹之巅而俯瞰天下，
> 他知道，或者他也不知道。[7]

在古代小亚细亚海岸的伊奥尼亚地区，富庶城市中的希腊人也有过同样的简单问题:"生命的本源是什么?"答案可谓五花八门:泰勒斯认为生命的本源是水,阿那克西曼德则认为是气❶。而在古印度,那些研究《奥义书》一系列阐述的思想家试图超越有形世界为这个问题寻找答案,并由此开启了印度的哲学史。

在佛陀降生前完成的《唱赞奥义书》(*Chandogya Upanishad*)载有一段父子对话,显示出当时盛行的新的抽象思辨:

> "拿一个榕树果给我。"
>
> "给您。"
>
> "破开它。"
>
> "我把它破开了,父亲。"
>
> "你看见了什么?"
>
> "有许多非常细小的种子。"
>
> "破开一粒种子。"
>
> "我把它破开了。"
>
> "你现在看到了什么?"
>
> "空无一物,父亲。"
>
> "我的孩子,"父亲这时才说道,"你看不到的正是这果子的本质,也正因这本质,参天的榕树才会存在。相信我,孩子,这本质包含了一切事物的本源。那就是真相,就是自我。你就是这自我。"[8]

《奥义书》将我们的世界与某种潜在的终极实相联系在一起,

---

❶ 原文如此,但提出"气是万物本源"的应为阿那克西美尼。

并将这种实相称为"梵"(*brahman*),认为它浸漫万物而无处不在,试图以此解释世界的多样性。它还认为,人的主体有个灵魂,梵语称之为"阿特曼"(*atman*),即使其暂时寄居的肉身腐朽、泯灭,灵魂仍会继续存在——这就是轮回的概念,在印度它最早出自《奥义书》。但阿特曼并非一个单独的实体,它只是貌似如此而已,它存在于一切事物之中。有关这个理念的著名表述为"你就是它"(*tat tvam asi*)。解放或"解脱"(*moksha*),就是认识到"阿特曼"与"梵"是同一的、毫无二致。理解一切表象在本质上的统一——"梵",就意味着即将获得解放。

这种思想与公元前6世纪初南意大利的毕达哥拉斯提出的理念惊人地相似。毕达哥拉斯相信,人类的灵魂永存不朽,只是会在人类与非人类的一系列化身间迁移不休、轮回转生。虽然人终有一死,但其灵魂是永恒而神圣的宇宙的一部分;人生在世的正当目的,就在于净化自身,重新回到被迫分离的宇宙和谐之中。[9]

印度的宗教人士倾向于通过一种严格自律的方式(通常被称作"瑜伽"),来达到这种梵我合一。冥想是控制自身各种情绪和欲望的方法之一:修行者需挑选一处幽僻之地,静坐冥思,尝试摆脱自己长期散乱的思绪,强迫它向内收敛,反观于己。另一种方法则是肉体的苦行:身体暴露于极端的寒冷和炙热之中,去经受剧烈的疼痛——佛陀曾如此修习过,而后对这种禁欲主义的形式大失所望。

《奥义书》中出现的最重要观念就是轮回。在《梨俱吠陀》中,人的生命只有一次,伊斯兰教和基督教则将人死后的生活看作某种简单的奖惩模式。《奥义书》最先清晰讲述了灵魂的转世轮回,这在印度诸多的宗教学说中,可谓最重要的一项理论。如此,人们就会理解，死亡能够摧毁的只是肉体，灵魂会通过另一具肉体重生。

轮回的概念孕育了"业"（karma），其字面含义是"造作"或"行为"，佛陀后来重新改造了这一说法。[10]根据此说，人会在欲望的驱使下有所作为，其作为必会产生一定的结果。然而，并非所有结果都会在今生今世完全显现，其中某些结果要等到来生乃至数代后的后世才逐渐被揭示出来，一个人今生的际遇彰显的是他前世造作的结果。

最初，业力说认为，人或悲或喜的境遇无非是自己前生的造作得出的果报。《奥义书》中最早成文的《广林奥义书》断言：

> 一个人将来如何，取决于他如何行动。其行善，得报便善；其行恶，得报便恶。……所以，"人原本就只是欲望而已"。人按照自己的心意造作，他的行为决定了他未来的果报。[11]

这种世界观影响了古印度地区人类活动的方方面面。梵语诗学有观点认为，一个人读诗，并从中获得细腻丰富的感悟，是他前世的经验在发挥作用；若毫无所动，则表明先前的经历不足以让他体会其中的精妙之处。

业力的法则也许是最早被广泛接受的对人类苦难的阐释，迄今仍在世界各地流行。在印度，这个理论很少能够脱离社会和宗教义务。婆罗门严令所有人履行自身的种姓职责，遵从社会等级制度。在这一僵硬的世界观中，木匠的工作就是与木头打交道，婆罗门就应当主持祭祀；各种角色绝无互换的可能，只能在规定的界限内活动。正如《唱赞奥义书》所咏：

> 唯在斯世行善行者，有望于生善胎，或生为婆罗门，或生为刹帝利，或生为吠舍。若在斯世行恶行者，其事且将为入乎不善之胎，入乎犬，或野彘，或旃陀罗人之胎❶。¹²

婆罗门教后来还提倡，人的一生应当分为四个阶段，即"四行期"(asramas)。它要求忠贞的教徒必须经历婚姻，开始俗世的居家生活；而后逐渐淡泊尘缘，步入宗教潜修的阶段；最终成为云游四方的苦行僧。由于婆罗门自身的营生有赖于社会上欲求和造作极多且不断生育繁殖的世人，所以，他们尤其"钟爱"世俗生活中的在家众。

业力说一旦受到婆罗门教思想的强化，不仅断了民众从痛苦中解脱的路途，还将人更加牢固地缠缚在循环不已的业因果报中。婆罗门教除了鼓励人追求自身和宇宙的本质统一外，再没有提供其他更为清晰的救赎之道。如此一来，社会上当然就有一部分人拒绝接受一切因果报应的思想，也一并拒绝了婆罗门设定的社会秩序。这些人被称为"沙门"(sramanas)，他们是新兴城市文明催生的流浪者和精神探索者。佛陀正是其中最伟大的一个，将为北印度社会带去一场思想革命。

这些古印度的探求者只是表面做派类似于古希腊游历四方的智者，并未提出过任何对生活或成功切实可行的指导。相反，他们强调人必须要摒弃积极的生活，声称这才是逃脱因果报应的陷阱、无尽轮回的生活与一切苦厄的最佳选择。一直以来，祭祀宗

---

❶ 译文参考《五十奥义书》，徐梵澄译，中国社会科学出版社 1995 年版。

教的基础就是人生在世的种种欲望,然而事实证明,这个世界不仅充满了社会和经济上的动荡,还有诸多战争与敌对,历来都是令人不安之地。

公元前8世纪,古希腊诗人赫西俄德在长诗《工作与时日》中,描绘了一个充斥着两个不和之神的世界:

> 大地上不是只有一种不和之神,而是有两种。一种不和,只要人能理解她,就会对她大唱赞辞。而另一种不和则应受到谴责。这是因为她们的性情大相径庭。一种天性残忍,挑起罪恶的战争和争斗,只是因为永生天神的意愿,人类不得已而崇拜这种粗厉的不和女神,实际上没有人真的喜欢她。另一不和女神是夜神的长女,居住天庭高高在上的克洛诺斯之子把她安置于大地之根,她对人类要好得多。她刺激怠惰者劳作,因为一个人看到别人因勤劳而致富,因勤于耕耘、栽种而把家事安排得顺顺当当时,他会因羡慕而变得热爱工作。邻居间相互攀比,争先富裕。这种不和女神有益于人类。陶工与陶工竞争,工匠和工匠竞争;乞丐忌妒乞丐,歌手忌妒歌手。❶

赫西俄德发现,欲望、妒忌和冲突是一切事物的自然秩序中必然存在的部分。公元前6世纪,哲学家赫拉克利特就曾嘲讽人生在这世间却妄求安稳和永恒。他宣称:一切都在不断的变化之中;战争是万物之父,斗争就是正义;善恶本自一体,生命无论

---

❶ 译文参考《工作与时日》,赫西俄德著,张竹明、蒋平译,商务印书馆1997年版。

怎样存活,其所经历的,无非是一场别样的毁灭而已。

在新兴生活方式的压力下,原本依赖宗教仪式维系自身稳定的社会逐渐崩解。目睹此情此景,印度的游方苦行僧既无不适,亦未减其激进。他们中不乏离群索居的密林隐士,其他的则是自我折磨者——就像如今在印度的各类宗教庆典中躺钉板、走火炭的人。这些苦行僧大都在寻求力量,即再也不可能通过祭祀获得的某种神通;但也有一些人致力于追求知识。[14]

佛典《长部》(*Digha Nikaya*)记载,《奥义书》之后出现了六位引人注目的激进思想家。在佛陀降生的前后,他们遍游北印度,以挑衅的观点四处煽动论辩。其中最激进的当属佛陀同时代的唯物主义者阿耆多·翅舍钦婆罗(Ajita Kesakambala),他甚至否认轮回,直言不讳地断言:

> 布施、祭祀、供养等等,概无用处(没有功德),亦无所谓善恶祸福、业因果报。不存在转世轮回……也无所谓后世来生……人死即灭,原先构成人身的土、水、火、风四大元素,届时都将各自分离,复归原状,连人的感官也消失无踪于太空。四名殡葬夫前来收尸,在地上燃起熊熊烈火,焚烧亡者:他的骨头变成鸽子羽翼般的森森白色;他的祭物也终将化为灰烬。除此之外,便只有那四个殡葬夫,还在说长道短(议论亡者)。

还有先于佛陀、存续近两千年的正命论(Ajivikas)的领袖人物末伽梨·瞿舍梨(Makkhali Gosala),他相信"命运(*niyati*)决定一切":

一切生物、一切能够呼吸的生物、一切已经出生的生物、一切拥有生命的生物，都不具备权势、力量或美德，而是由他们的宿命、际遇和天性所驱使。……无论是德行、誓愿、忏悔或贞洁，都不可能让未臻成熟的业因有所结果，也不可能让已然成熟的业因无所报应。……这就好比一团线球，一旦抛出，必然会尽数解开缠绕。所以，无论愚人还是智者，都该听其自然，不必枉自伤神。

　　还有一位名为波拘陀·迦旃延（Pakudha Kacchayana）的原子论者，堪称古希腊德谟克利特的前辈。他提出"七元素论"，声称人由土、水、火、风、苦、乐、魂这七种元素所构成，"从来没有谁制造或安排它们，也没有谁促成或构建它们"，但它们"恒存如山峰，稳定若柱石"。他还宣称，即使"利剑砍头，那剑也不过是插入了七种元素聚合体的间隙，并不会夺人性命"。

　　更坚决反婆罗门的外道先师富兰那·迦叶（Purana Kassapa）则声称，不存在罪行或善举，"即使有人以锋利的铁饼将大地上的所有生命屠戮殆尽、堆尸成山，也无所谓造罪，更不会遭受恶业果报"。

　　这些人中最负盛名的是耆那教创始人摩诃毗罗（Mahavira）。作为佛陀的同时代人，他也早年便离家遁世，成为流浪的苦行者；拒绝婆罗门的权威，强调只有基于非暴力和节俭原则的沉静生活，才是解脱轮回的唯一途径；他的追随者被称为耆那教徒，以其在贸易和商业活动中的巨大影响力而闻名；他们至今仍是印度最成功、最乐善好施的商人。

这些新派的精神导师，不仅通过抽象思辨挑战婆罗门正统，而且另立宗派，推行自己的思想与精神修炼方法。那时的婆罗门教要求教徒遵循人生四行期，认为其最后阶段"遁世期"很适合社会上的老人和无生产能力的成员。但这些非正统的新派思想家强调，在生命的早期舍弃家庭和财产、欣然接纳独身和贫穷，是十分重要的。他们不断重申，每个人都必须经过长期的苦行或冥想，以便亲自认识到真理。[15]

许多追随新领袖的信徒纷纷离开家乡，成为四处漂泊的苦行僧。他们漠视天气，无畏尘污与疼痛，是已知世界上最早的团体苦修的典范。为其克己献身精神所感染，普通民众自愿供养和庇护他们。这种传统在印度乡村延续至今。据说，公元前326年，亚历山大大帝在北印度遇见过这类苦行者，并称其为"天衣派"❶。如今，每逢印度的传统节日或庆典活动，赫尔德瓦尔、阿拉哈巴德和乌贾因等大城市，仍会吸引成千上万的这类修行者。其实，他们在古时候就数量庞大，3世纪到访印度的希腊使者也注意到印度有两个重要的哲学派别——婆罗门和沙门。

这些无家可归的哲学家周游北印度，间或在大城市外围的树林或公园集会，以轻松、民主的方式展开辩论。那情形与婆罗门祭司主持的枯燥仪式迥然不同，因而吸引了大批观众。这其中就有年轻的悉达多，他经常悄悄离开迦毗罗卫城，出现在郊外园林的人群中，倾听并领会日后他将加以改进的思想学说。

---

❶ 天衣派，主张教徒不应保有任何财产，包括衣服，只能以天为衣。

上帝已死

公元前6世纪的印度，反传统的文化思潮方兴未艾，佛陀便诞生于这样一个混乱不安的时代。人们变得像近代的垮掉的一代和嬉皮士，不满于刻板拘谨的劳作生活，纷纷抛家舍业，辗转于不同的沙门流派，不断地更换修行的导师。引导这些求道者的，是印度第一批见多识广、四海为家的思想者。他们突破了种姓界限和其他狭隘观念的束缚，开始意识到一些共同的困境能够促使人类团结一心。这些早期的持异见者，拒绝不加鉴别地接受已为现代人所知的印度宗教的特征——转世轮回、非暴力、组织化的禁欲苦行、神秘主义——而是对之加以改进。他们开始努力将印度思想从基于《吠陀经》与《奥义书》的思辨，推进至伦理层面。后来，这一进程由佛陀继续大幅度推进。

也许这是一个不可避免的进程。吠陀时代的雅利安人生活条件简陋，与所有仰靠土地生存的原始民族一样，他们对大自然尤其亲近，那里有他们的神祇和律法。祭祀有助于维持他们与自然界的紧密关联，并保证宇宙秩序"梨多"的存续。然而，在向北印地区扩张的过程中，雅利安人遇到了非雅利安民族。他们开始与外族人共处，并吸纳对方的语言和生活方式，这带来了诸多新问题。对此，即便是《吠陀经》饱含魔力的符咒偈诵，也无法提供解答。祭祀仪式只适合原先成分单一且发展滞缓的旧体系，难以应付复杂多变的新社会。随着更紧密联结的旧社会公共道德的崩坏，祭祀日益显得多余。婆罗门基于自身擅长思辨且肩负神职的双重优势，适时提出业力说，解释社会不平等及其造成的诸般苦难，以回应不断变化的环境。因而，那些逐渐发现自己身处一个充满敌意的世界、首次感受到个体孤独的人，得到了一种慰藉，即相信天地其实是一个更大的现实——"梵"，自己便身在其中，不过是它的一个组成部分而已。

然而，这种救赎显然难以满足所有人的需求。婆罗门的业力说似乎更像是一种用以支撑特定社会结构的道具：它本该是宇宙秩序的一部分，实际上却成了精英阶层文过饰非的尝试，旨在让压迫与不公变得合理。

在新兴城市的中心，吠舍出身的商人似乎比婆罗门或刹帝利更有权势，旧的社会结构本身正受到威胁。至此，雅利安乡村社会的团结和美德就只能退回为昨日记忆了。人们愈发孤独，无法通过遵从未经神认可的道德律法来把握自己的命运。某部《奥义书》中，一位国王如此形容喧嚣纷乱的变迁："（纵是盖世英豪，无敌君主）也终究不得不放弃曾经的荣耀；我们见证了（半神与恶魔的）死亡，海洋枯竭，高山碎裂，北极星震动，大地沉没；当众神纷然湮灭，而我，就像枯井中的一只青蛙。"

正是在这种不安弥漫的背景下，激进的思想家以沙门僧众的形象出现了。他们否定业力说，谴责宗教仪式，堂而皇之地打破传统，散布至少在婆罗门看来可能是危险的虚无主义的话语：

有朝一日，当历来可供神灵、祭司和救世主仰仗的所有宗教仪式和习俗被摒弃；换言之，当旧的道德规范全部消亡，我们必将迎来——哦，那时我们必将迎来什么？¹

　　1881 年，尼采撰文指出，欧洲经过了漫长的历史发展，才对世态人情有了一种悲剧般的清醒认知，而古印度人早在佛陀诞生之前就具备了这种意识。在他看来，印度的宗教史上，婆罗门祭司最初是连接人类与众神的中间人，后来却摆脱众神，径自越俎代庖了。后来，到佛陀宣扬"自我救赎的宗教"时，众神连同他们的代言人被统统弃置一旁，同样被放弃的还有原先基于超越性价值而构建的旧世界。

　　尼采对佛陀极为同情，这一态度与他驳斥苏格拉底、奥古斯丁、康德、黑格尔等欧洲大哲学家的粗鲁甚至无情形成鲜明对比。他尤其热衷于区分佛教与基督教：

　　佛教要比基督教现实百倍——它体内含有客观、冷静地提出问题的基因，它诞生自延续了数百年之久的哲学运动之后，当它诞生的时候，"上帝"概念已经被废除了。它不再说"反对罪的斗争"，而是完全给予事实以权利，说"反对痛苦的斗争"。它已经将道德概念的自我欺骗抛在脑后，——用我的话来说，它已经处于善恶的彼岸，——这使得它与基督教有着深刻的区别❶。²

---

❶ 译文参考《敌基督者》，尼采著，余明锋译，商务印书馆 2016 年版。下同。

尼采认为自己之于欧洲，相当于佛陀之于印度。他声称，当一群不比普通民众高明多少的哲学家正以耗尽生命的方式为代价，为空想出来的另一个世界歌功颂德时，便已经抵达欧洲两千多年来谬见之路的尽头。在他看来，欧洲人早已丧失生活的艺术，他们将永恒的生命视为善，将现实中的生命视为恶；妖魔化激情与本能，拔高抽象知识和道德判断。他认为，同样是身处乱世，面对着赫西俄德和赫拉克里特曾一致赞美的无穷变化与争斗，欧洲人就远不如古希腊人活得潇洒自在。

与此相反，数个世纪以来，欧洲人提出了众多概念，诸如上帝、灵魂、道德律、目标、存在和统一体等，试图赋予自身生命及其生活的世界以意义。在尼采眼中，基督教正是人类最大的妄想之一：

> 纯然想象出来的原因（"上帝""灵魂""自我""精神""自由意志"——或者还有"不自由的意志"）；纯然想象出来的结果（"罪""救赎""恩典""惩罚""恕罪"）。[3]

基督教让人将真善美的理想寄托于另一个世界，并将他们在现实世界的自然欲望与激情污名化为虚幻和邪恶。这种谬见终被揭穿，部分原因在于，历经数个世纪，人类进入现实追索真理，对科学和理性的运用不断发展，他们发现，"可见的世界就是唯一的世界，所谓'真实'的世界不过是虚假的附会"。尼采认为，随着科学与工业的巨大进步，帝国和民族国家的飞快发展，19世纪的政治和社会状况已不允许这种自我欺骗继续存在。

把大自然视为上帝善意与关怀的明证，把历史诠释为上帝理性的荣耀，是道德世界秩序和终极道德目标的持续见证。将个人经历解释为天意、暗示，认为那都是专为灵魂的救赎而设计的（正如虔诚之人长期以来所解释的那样）——如今，这一切均一去不复返了。[4]

这段文字，是尼采基于亲身经历有感而发。他生于1844年，作为一名路德宗牧师的儿子，其降生时所面临的，是西欧资产阶级在科学和理性的庇护之下迅猛无情地改造过的世界。不仅如此，它还是一个正在持续变化的世界，充斥着蒸汽机、工厂、铁路、产业区、贫民窟遍布的城市、报纸、电报、电话、大众传媒、新兴的民族国家、跨国资本、大规模的社会运动，以及日益扩大的国际市场。

自然科学依据力学和能量法则解释世界。人们与其说是追求世界的意义，不如说为了了解世界的运作方式并加以利用。在查尔斯·达尔文的帮助下，人类在探究自身起源时转变了质询的对象——类人猿替代了上帝。至于人类社会为何发生这种变化，历史已自行给出了它无关宗教的世俗解释。

面对这种种变迁，欧洲诚实的基督徒深感难以为继——就像当初印度北部的婆罗门在新崛起的城市中心区挣扎着保持其身份一样。

什么是基督教所谓的"俗世"？就是战士、法官和爱国者；就是保卫自己的人；就是保持自己的荣誉的人；就是要

> 求自身利益的人；就是骄傲的人……今天，每时每刻的每种行为方式，每种本能，每个在行为中被贯彻的价值评价都是敌基督的。

这就是现代生活的状况，由追求利益的个体间的冲突决定。对尼采而言，这揭示了基督教道德体系脆弱的人性（而非神性）来源。这些状况使人类身不由己地变成了虚无主义者。并不是上帝不存在——尼采对提出反对上帝的神学论证不感兴趣——恰恰是人类自己的所作所为，让上帝变得多余。

在《快乐的科学》中，尼采描述了一个疯子，他跑进集市中寻找上帝，却遭到人们的嘲笑。他大声地呼喊，"上帝在哪儿？"他说："好吧，让我来告诉你。我们已经把他杀了——就是你们和我。"

但是，对尼采来说，"还可能会有很多新的神出现"。正如他所见，19世纪的世俗幻想层出不穷，随时可能取代先前已遭摒弃的宗教目标和价值观，并继续利用欧洲人精神上的弱点。这些神包括科学、社会主义和平等主义。它们要求另一种盲目的信仰，这一次的理想是自由贸易、进步、民主、社会主义、正义与平等，等等——所有这一切都被尼采贬斥为经过伪装的、堕落的基督教理想。

在他看来，这类新生的宗教信仰，全都是对一种他所认为的似乎不可逾越的虚无主义问题的无力回应。真理的追寻者发现，自己最原始的幻想——那些源自对所谓"真实世界"的虔诚信仰的价值观、目标、信念，不仅赋予了他们在这个世间生活的目标和意义，还被他们用来创建自己的政治与道德秩序——如今都被剥夺一空。现在，他们面临着可怕的"无意义"。尼采担心的是，欧洲旧道德体系的确定性一旦消亡，虚无主义的绝望和毁灭情绪将会摧垮欧洲。

尼采写道："我不得不讲述的故事是未来两个世纪的历史……很长一段时间，我们的整个文明都在突飞猛进，数十年来，其折磨人的强度不断加剧，仿佛走向了一场灾难：不安、猛烈、狂暴，恍如一条浩荡的大河，它一路奔腾，渴望着抵达彼端，但从未停下来反思自身，实际上它也畏惧审慎的沉思。"[5]他声称，世界正进入一个"丑恶的战争时代，时局动荡、暴乱频发"，不仅如此，"地球上将会爆发史无前例的大战"——那正是他关于灾难所做的极其大胆而生动的预言之一，后来在20世纪获得印证。

我在阿拉哈巴德大学第一次阅读尼采的著作时，并没有察觉到其中蕴含的大量先见之明，更不知道那时他深受欧美青少年读者的喜爱——实际上，我当年的大学同窗中几乎没人知道尼采。他谈论艺术、死亡和流露厌世之情的短小精悍的格言，比他苦心孤诣地攻击苏格拉底、基督教和康德的长篇大论，及其时常发出且不失谨慎的对佛陀的溢美之词，对我而言都更容易理解。

我被他频频袒露的内心牢牢吸引——曲高和寡的孤寂、对自我认知和自我超越的切盼——这在他死前十二年中的精神崩溃中抵达高潮。其中有一段独白尤其夺目。写这段话时，恰逢一个明快的冬日，他正在意大利的热那亚，刚刚经历一段病痛的折磨："不！生活并没有让我失望啊！相反，年复一年，我发现生活更真实、更值得追求、更神秘了，——从伟大的解放者攫住了我的

那一天起，也就是有了这样一个想法：生活可以是认识者的一个实验❶。"⁶

维诺德偶然从自诩为神的奥修·罗杰尼希的作品中读到尼采，顿生好奇，便经常向我询问。有一次，我为他读了一段尼采的格言："生命本身，在本质上乃是对陌生者和弱者的占有、伤害、制服，是压迫、强硬、胁迫的特有形式，是吞并，至少也是剥削。"❷

维诺德听得入迷，立刻从他长衫的口袋里掏出一个小本子，将这段话记了下来。然而，当他让我提供更多有关尼采哲学的解释时，我便不知所措了。我羞于向他启齿，我还不能理解在尼采著作中读到的大部分内容，其中最令我困惑的，就是尼采似乎最常使用的一个词：虚无主义。

尼采经常暗示，对历史进步和现代科学的信仰——正是我本人以及像我这样受过教育的印度人所笃守的信条——其实是虚无主义的一种形式。但他这话令人费解的程度，堪比屠格涅夫长篇小说《父与子》中的人物巴扎罗夫。恰恰是因为这个人物对进步和科学的信仰，作者才将他定义为一个虚无主义者。

尼采最初的吸引力，来自他的形象，那比他的作品更引人注目：一个孤独的思想者，正在与托马斯·曼在《魂断威尼斯》中所描述的"他的自我和欧洲灵魂所强加给他的任务"苦苦抗争。他是我对欧洲和整个西方世界的崇敬的一部分——维诺德也这样认为，他也基于此，对佛陀和甘地这样的人在印度的作用得出了自己的结论。

---

❶ 译文参考《快乐的科学》，尼采著，孙周兴译，上海人民出版社 2020 年版。
❷ 译文参考《善与恶的彼岸》，尼采著，赵千帆译，商务印书馆 2015 年版。

多年后，当我旅居伦敦时，尼采的浪漫形象已经开始在我心中褪色；我对19世纪的欧洲有了更多了解：它是如何形塑了世界大部分地区，从而影响着我个人的处境。尼采当初在身体和心灵上的遭遇，也更加生动地在我脑海中呈现。我开始明白，当尼采将他在现代社会的地位与佛陀在古代印度的地位相比拟时，其用意所在：同样生活在一个动荡的时代，他们是如何以不同的方式对抗虚无主义现象的。

这让我想起维诺德说过的一番话。一天晚上，维诺德和我坐在他父母家的屋顶聊天，他向我讲述了一段亲历的虚无主义体验。只可惜当时我还年轻，难以理解其中含义。不过之后的很长一段时间，那些话都停留在我的记忆里。

在那之前，我们乘坐的大巴车半路抛锚，大家等了好几个小时，才等到一辆过路的卡车将众人救出。车子开了一晚上，直到第二天清晨才抵达那个售卖中国走私商品的小镇。不顾身旁的维诺德略带嘲弄的眼神，我在那里买了一顶红色棒球帽。接下来我俩继续前行，徒步走到边境才乘上一辆巴士，这才坐车回到印度内地。车子走的是乡村公路，坑坑洼洼，狭窄的小路也很多。后来遇到一座断桥，车子被迫停了下来。这座桥原本横跨在一条狭窄的小河之上，那时却已在季风雨中冲垮。河水褐黄浑浊，满载泥沙；一只临时渡船送我们过了河，一辆双轮马车停在对岸，让我们得以继续赶路。

那天午后，下过一场雨。乡村里茅草覆顶的棚屋看着破旧不堪，掩映在一丛杧果林下的池塘里满是浑浊的河水。路上到处是车辙，还有大大小小、深浅不一的坑。它们聚水成洼，看上去不深，但布满了陷阱。马车的车轮从上面碾过，发出吓人的嘎吱声。

车夫趁机将马鞭抽得噼啪作响，拉车的牲口便生气地摇晃身子，歪向一边，并甩了甩尾巴，泥水溅了我们一身。

路上只有少数几个行人，拄着他们破旧的黑雨伞缓步前行，另一只手小心翼翼地提着自己的裹裙。有几个光着屁股的小孩在较大的水洼里漂纸船，泥浆糊在他们暗棕色的腿上，看上去就像穿了一条短裤。他们从远处上下打量着我们的马车，仿佛它是辆豪车；我们越接近，他们偷偷观望的眼神中越透出戒备与恐惧。

马车终于停在了维诺德大宅子的外面。当时正赶上停电，宅子里已点上油灯。昏暗的天光下，朦胧可见一栋长方形的双层建筑，外壁刷白，屋顶平整，矗立在一大片光秃秃的场院正中，四周不见任何树木。

维诺德朝着黑暗喊了几个名字，突然间出现好几个穿着白衣的仆从，默默接过了我们的行李。一进大宅的外间，就看到屋里有个男人坐在矮脚藤椅上，身旁的一盏灯笼将他细长的身影斜铺上对面的墙。一见维诺德，他便站起身来。

那是维诺德的父亲。令我意外的是，他身材高大，头发花白，脸上布满皱纹，看上去年事已高且饱经沧桑，但其实他还不到五十岁。他的举止流露出一种对儿子的尊敬和顺从；维诺德作势向他行了摸足礼，然后一言不发地擦身而过。一见到维诺德父亲，我就摘下新帽子向他致意，但现在只能亦步亦趋跟在维诺德身后，有些尴尬地从他父亲身边快步走过，直奔内院。

在一口水井周边低矮的护墙上，小小的烛火勇敢地飘动，勾勒出一大株圣罗勒的轮廓；粉刷均匀的白墙上，有一处磨损后露出灰泥，被烛光映衬得像是一块巨大的伤疤。每个朝向庭院的房间里都点着灯，能看到屋子里摇曳的影子。仆人将我领进其中一间房，里面空荡荡的，只有一张简易的绳编床，上面放着卷起的床垫；靠墙的小架子上有一只点燃的蜡烛和几支香；架子上方供着一个饰有花环的相框，里面嵌着一名年轻女子的照片。花环是塑料的，来自下方的烛光暴露出它那布满灰尘的斑斑裂纹。相片里的女子十分美丽：大大的如水般的双瞳，丰满的嘴唇，仿佛支配着整个房间。

她是维诺德的姐姐。维诺德还有一张缩小版的照片，也用框装裱了起来，就挂在他独居的阿拉哈巴德公寓里。我注意到，他召妓厮混时，总会将那张照片扣放在桌上。有一次，我向维诺德问起她姐姐，他却故意充耳不闻，显然有些事他根本不愿意谈。

维诺德和我在开放的庭院里淋浴，紧挨着那口水井，仆人从井里打上来的泉水清新又凉爽。我俩正在抹干身子，维诺德的父亲从屋里走了出来，他望着我们，脸上流露出一种温柔的关切。但维诺德继续对他父亲视若无睹。

我俩随即去了厨房，在那个石板铺地的狭长空间里各自找了一张矮脚凳，坐着吃饭。远处的角落里有一位老者，正翻转着柴火堆上的烤饼，深棕色的皮肤汗涔涔地发亮。维诺德的母亲坐在我们对面，一手支着头，另一只手缓缓地摇着椰棕扇子，显得十分自在。她热情地跟我们说话，想了解我们的旅程，以及在阿拉哈巴德生活的情况。但维诺德几乎不答话，我只好一个人应付。但面对她与维诺德已逝的姐姐相似的容貌，我略感慌乱。

后来，我跟着维诺德爬上屋顶。云层已经消散，星星在夜空中漫不经心地闪烁。灌木丛里不时传出奇怪的声音，远处还有阵阵犬吠；后来便渐渐安静下来，只听见屋檐积水滴落在潮湿地面的声音。

我突然感到一阵孤独的寒战。茫茫荒野中幽暗大宅的夜晚、宠溺孩子的双亲，以及他们沉默寡言的儿子，都令这份孤独混合了一丝陌生人的疏离感。也许，正是这样的环境和情绪，驱使我向维诺德问起挂在客房里那幅照片上的女子——这样的问题，如果换个场合，我都不可能有勇气问出口。

维诺德沉默了，好一阵子没有说话。当他再次开口时，竟毫无停顿地一直说了下去，异常坦率。他甚至没有等我的答复，而我也不觉得自己当时能有什么可说。

他说："我记得你曾经问过这个问题。但是，关于那张照片，我又能告诉你些什么呢？那是我姐姐苏洁塔的照片。她嫁给了孟买的一个生意人。她的公婆和丈夫以嫁妆不够丰厚为由，对她极尽折磨。然而事实上我父母已经给了他们一辆车和几十万卢比的现金。结果，在她婚后一年的某天，他们往她身上泼煤油，把她活活烧死了。虽然警局立了案，但她公婆声称她是自杀。他们贿赂了验尸官。她前夫再婚了。

"我不想吓到你，也不想你为此难过，所以之前就没告诉你。另外，也是因为我已经不把她的谋杀案放在心上。这种事每天都在发生。它是我们这个世界的一部分，我们对此无能为力。

"我在阿拉哈巴德有很多朋友，都问过我关于这张照片的同样的问题。我从没带他们来过这儿，但我知道他们一样会问。我也知道他们不会理解为什么我们家人没能做些什么，要么救她，要么惩罚她前夫。有些人觉得这事关乎家庭荣誉，完全可以用枪解决问题。但这是原始封建思想在作祟，最早就是因为它，我们才走到如今的境地。

"也许，你能够明白我的意思。如果我说，所有人生来就有一些优势，也有一些劣势，而如何利用它们全在自己把握，你就会理解我了吧。在出生之地我并不缺什么。你看，我有这片土地，还有祖先建造的这所房子。对于像你这样见过世面、去过德里那种大城市的人来说，这里的一切可能都不算什么，可对这里的当地人来说，它们就意味着财富和成功。我们坐着马车来这儿时，你看到那些人看我们的眼神了。他们知道我是谁、我父亲是谁。这就是我们家的名声。

"我年少的时候，一直觉得家里的权势是理所应当的。那时我在附近村子上学，老师习惯在一棵大菩提树下上课，我们也习惯了带着粉笔和写字的石板坐在他面前。别的学生对他稍有不敬，就会遭他的教棍一顿猛敲，但他对我永远都是一副笑脸，总是想讨好我。到了排灯节和洒红节，村长会送来一盒盒糖果；每逢选举，当地的国会议员和立法会议员就来我家要钱，对我父亲屈身摸足；田里的农民看见我父亲来了，会怕得发抖。还有我叔叔多次胁迫他农场的雇工，强奸人家的女儿和姐妹，还杀死了两个低种姓的农民，就因为对方胆敢攻击他一个高种姓地主的朋友。警方立案后，被杀村民的同伴跑去勒克瑙，向北方邦的总督申诉冤情，可那儿的人就是不作为。

"时代在变化，城市发展得很迅速。但在这种乡下地方，变化并不大，生活总是差不多。即便到了今天，我父亲的地位依然没变。当地的立法会议员还是向他表示敬意，并向他请求捐款和选票。我原本可以继续待在这里，继承所有的权势。我知道这里靠祖辈起家的人，有人已经从政，有人犯罪，还有人主持着大型走私团伙的生意。如果不是命运出了点岔子，我本来是会在这里终老，过着他们那样的日子，从田里抓些漂亮姑娘来寻乐。

"我觉得,是从大城镇来的表兄弟最先让我意识到了自己的处境。那时候,他们每到暑假就从戈勒克布尔镇来我家。他们爱做的那些游戏——大热天的傍晚跑去附近运河里游泳,早上趁着还不太热,向杧果树和酸角树扔石子等——我早就玩得腻烦了!

"但他们也有让我眼红的事。他们穿着量身定做的成衣,鞋子是从巴塔❶专卖店购买的,而不是让当地鞋匠手工缝制的;我们全部的娱乐方式只有一台收音机,可他们每个月都能去电影院,还能亲密地凑在一起聊男女主角的八卦,而我只听说过他们的名字。我希望自己能像他们那样。我想,就是在那些暑假里,我开始琢磨外面的世界,对自己成长的地方越来越不满意。

"那时,当我环顾四周,我看到了什么?我看到这一大片土地,以及在上面劳作的工人,还有那些帮佣的仆从,再就是我的家族维系了几十年的威权——只是因为从来没人挑战过它罢了。离开这个圈子,我又看到了什么?我看到半裸的男孩,还有咱们来时路上经过的那些条件恶劣的棚屋。那些棚屋我进去过,里面挤满了孩子,谁也不知道该拿他们怎么办。食物不够吃,所以他们死得很快,然而每周又有更多的婴儿出生。

"没人告诉这些孩子的父母该做什么。离这里不远就是一个计划生育中心,一整个月下来也没几天办公,总是大门紧闭。中心负责人领完自己的工资,还要给上司送一部分作回扣。从来没人对此说过什么。因此,穷人就接二连三地生孩子,他们一出生便会遭受营养不良和疾病的折磨。即便这些孩子千辛万苦地长大了,还是难逃虐待和不公。

---

❶ 巴塔,瑞士一家成立于 1894 年的制鞋企业,世界上最古老的家族制鞋集团之一。

"这绝非学校能够教的知识,都是我后来亲身体会到的。我发现,当自己去上学时,姐姐却得留在家里,闷头在我们刚才吃饭的小厨房里学习烹饪。家里请了一位印度教的老师,教她认识印地语字母,那也就是她能学的一切了。有几个邻村的小女孩是她的朋友,懂的也不比她多。我姐从小到大一直是个心思单纯的姑娘,对自家之外的世界简直一无所知。直到有一天,她依据父母的安排,嫁给了孟买一户富裕的人家,就因为那家人说他们要找一个单纯的乡下丫头。我父母因他们的关注感到受宠若惊:对方是高种姓、大城市里的富裕人家,有着颇受人敬重的社会地位。但实际上我父母根本不了解他们未来的亲家到底是什么情况。他们一无所知,是因为他们一贯放任自己单纯无知,信守上帝、社会、道德等老掉牙的东西,就是几乎不了解自己身边的世界究竟在发生什么。

"若不是早已发现这种农业社会的日子不是我想要的生活,我就会和他们一样了。我可不想长大了像我叔叔那样活着。我在想,我的同龄人怎么能在田间野地里强暴低种姓的女子,还根本不把这当回事呢?我不知道这种包围我的感觉从何而来,但突然间,我不想与他们为伍,我得去城市并在那里学习。

"正如我所说,我也不知道自己哪里来的这些雄心壮志。我父亲肯定是不理解的。他想让我继承他和他兄弟的那摊子事。他年事已高,想要我接管家产,然后他退休,把余生奉献给他的宗教信仰。他无法理解为什么我还计划着完成学业。有一天,他跑去见校长,责问对方为什么把一些奇怪的念头装进我的脑子。校长吓坏了,直接告诉他,只要他一声令下,学校就有办法让我接连几年都留级,好让我放弃继续深造的念头。但我仍然坚持。最后,我父亲只好送我去了离家最近的一所高中。它在一个名为摩诃姆甘吉的地方。其实，它都不算是个学校，老师很少露面，就算来了，又因为来上课的学生实在太少，他们也会早早放学。等到了考试的日子，老师就帮着学生作弊。

"在这种环境里，你能学到什么？反正我是没有。所以我开始努力说服我父亲，把我送去阿拉哈巴德。我那帮表兄弟中有一个人总谈起这座城市，我已经从他那儿听了很多，尤其是关于英国人在那里建造的宏伟建筑。还记得当初入学时校园带给我的震撼，在我眼里，那些建筑根本就是宫殿，穹顶浑圆，塔尖林立！

"但那些建筑也许是专供帝王享用，不是为学子准备的——至少不是为你在阿拉哈巴德校园里碰见的那些学生准备的——他们都是贫苦家庭的子女，家里倾尽积蓄让他们接受高等教育，只盼着将来拿到学位，有资格在政府机构谋个职位。我抱着如此高的期望去了，没想到大学里竟然老调重弹：教师不来上课，考试一拖再拖，动辄数月甚至数年。

"不法分子在校园里四处游荡，不光携枪，还带着自制炸药。其中有的人就来自我的家乡。我只能尽我所能地自学，自己看书。对于那些没有出现在大学课堂的老师，我花钱请他们给我上课。我享有特权——你见过我的住处，它确实挺大吧——可这些特权都没用。如果你都没有接受过最起码的基础教育，你能做什么？我特别努力，却没有目标感。我问过自己：我这么拼命努力，到底是为了什么？英国人过去创建阿拉哈巴德这样的大学，就是要让受教育的印度人帮着他们剥削印度人；而现在，人们去那里读大学，都是为了在政府找到一份工作，成为精英阶层的一员，然后就可以像英国人当初那样，继续掠夺这个国家。我既不想为政府工作，对赚钱也没有兴趣。我就是希望自己能做些不一样的事情。

"我也开始读其他类型的书。这些书和我以往在戈勒克布尔镇读到的完全不同。在戈勒克布尔镇,书店里有布面精装的《摩诃婆罗多》和《罗摩衍那》;可我读过的书里从没告诉过我任何关于自己内心世界的东西。在阿拉哈巴德,我发现了奥修·罗杰尼希,也读过辨喜的著作。这些哲学家教我思考,教我用新的方式看待事物。我感到自己正在走向某种个人解放之路。

"我开始明白,在我成长过程接受的常识中,有很多都是无知的偏见。打个比方,我们的社会有一些既定安排,让你没法满足自己的婚外性冲动。这个社会的性压抑扼杀了太多敏感、聪明的人;这就是为什么你会看到社会上有如此多针对妇女的暴力和强奸事件。从奥修那里,我至少知道了性欲是件自然的事,没必要为它感到羞耻。

"辨喜让我看到,我们的社会是如何变得腐朽无力,如何丧失了它的大丈夫气概。当然了,这绝非只是我从书中读来的。你能在周遭的世界观察到:农民只会没头没脑地生养,和祖辈一样过着贫病交加的日子,然后愚昧无知地死去,一辈子受尽欺凌;商家在销售的食品和食用油里掺假;警察在给你做笔录之前就索要贿赂,而后还可能为了钱诬陷你;学生对上课不感兴趣,只想混张文凭,老师正好可以待价而沽地满足其心愿。这样的学生将来就会成为我们的政府官员。他们接下来又会做什么呢?去国民医院,去地税官的办公室——在那些地方领薪水的人,统统和计划生育中心的人一样,勒索那些前来向他们求助的穷人——他们早已忘了自己本该担负的职责。

"正是乔达摩佛陀和甘地这样的人误导了我们。他们教导我们要消极顺从,告诉我们何谓道德高尚的生活,并告诫说只有节制自我才能获得圆满,却没有告诉我们如何生活在现实世界中——这个世界在变得越来越大,越来越复杂。这就是为什么辨喜很重要。他看明白了为何宿命论和逆来顺受的旧习(也就是那些村民的习性)已经难以为继。他发现正是这些陋习使我们先后遭到穆斯林和英国人的奴役,它们也是这些外来者能够如此长久统治印度的原因。他从不感情用事,而且直言不讳。他告诉世人,我们都被困在'愚昧'(tamas)的黑暗中,鼓吹精神上的胜利或哲学智慧是毫无意义的。所有这些都是过去的事,它们是为原始人准备的。现在是大国时代。印度是大国,但它远远落后于欧洲和美国。西方人不仅掌握了先进技术,也控制了自然:他们引爆了原子弹,还把人类送上月球。当有人问甘地怎么看待西方文明时,他开了个玩笑,说西方文明会是个好主意。但辨喜知道,西方有很多东西值得我们学习。第一课,我们必须首先成为唯物主义者。我们必须学会热爱财富与舒适;必须变得强大,懂得如何享受各种事物,同时认识到贫穷积弱中不存在美德。我们必须先了解人之所以为人的现实性,而后才能顾及人的灵魂生活,或者根本无须顾及。也许本来就不需要它。

"真希望我能早点知道这些,从而便可以避免很多疑惑与痛苦,会更早看到我所知道的生活和价值观的空虚。也许,从现在开始争取所谓的'成功'还为时不晚。有时候,我也担心自己将不得不与我所拥有的一切言归于好。但是,即便无法继续前行,我也不可能再倒退回去了。我无法抛开学到的一切。如今,带着这些不同的想法和看待事物的新视角,我发现自己很难再回到家中并找回旧日的惬意自得。农田还是我们的农田,农民也仍在地里耕作，仆从都不曾离开，老宅也依然挺立。可是，生活在这里的人甚至不知道在更大的体系中，他们究竟处在什么位置。他们没有未来。他们需要改变，可是不知道该如何改变。世界在前进——有人已经登上月球，而且正在征服时空；他们已经生活在核时代，我们却故步自封。你见过我的父母，肯定对我在他们面前的沉默感到奇怪吧。但我实在不知道对他们说什么，我也为他们在我内心激起的不耐烦和鄙夷而感到羞愧。过去五年里，他们一直在追悼我姐，而且还将继续追悼下去，直到他们死亡的那天。但我姐是活不过来了。对我而言最糟糕的是，他们看不到也不可能看到，到底是什么置她于死地。他们对自己的小领地之外的世界一无所知。在阿拉哈巴德，我选修了西方哲学课，首先学到的便是柏拉图的'洞穴之喻'。当时我便认为，我的父母就像洞穴里的人，他们看着墙壁上投射的影像，想象着洞穴之外有晴空和阳光，认为自己所见的阴影，反映的就是永恒真实的律法和观念的王国。他们认为那里存在一些规则或某种神圣的道德管控着生活和社会。然而他们错了。又或许这只是我自己的发现：那里并不存在晴空朗日，也没有具有吸引力的伟大理想或价值观。你不得不生活在黑暗的洞穴里，除了强者为自身利益设定并强加于他人的规则之外，根本就没有所谓的律法。"

正是在这种心境下，维诺德再次谈到了甘地和佛陀：他们都是印度无力负担的奢侈品。他说，这就是他一直没什么兴趣游历蓝毗尼的原因。他还去过一次拘尸那罗。据说，那是佛陀圆寂之地。在那里，维诺德看到过一个巨型的砖石丘，就坐落在所谓的佛陀涅槃之处。来自东南亚和西方国家的人前去朝拜，却没有印度信徒，至少维诺德没见过。他认为，富裕国家不妨先来重新审视一下那两位倡导克己忘我和非暴力抵抗的历史人物——他们的思想如今已不再与印度密切相关——然后再将他们的思想为己所用也不迟。

我听了维诺德讲的话，但觉得自己并没有什么要补充的。就我对甘地和佛陀的那点了解，我与之产生的共鸣和维诺德一样少。生活在阿拉哈巴德，很难看到贫穷积弱中能有什么美德。也许，辨喜的思想可以更好地阐明我们的特殊境况，并为此指明一条出路。但我对他的了解还不够，没有自信参与谈论。

次日清晨，我俩启程返回阿拉哈巴德。我本期望维诺德多待几天，他却急着离开。他叫醒我时，已经穿戴整齐，打包好了行李，叫了马车。我走出客房，见他正凝视着祷告的母亲；她面前是一丛丛圣罗勒，庭院里洒满阳光。他什么也没对她说，只是在她拉下头上的纱丽时，碰了碰她的双足，旋即便转身走出庭院，不等她问他要到哪里去。

见状，我朝着她的方向匆匆合十，尴尬地行完礼后就赶紧追上维诺德。经过前天晚上初遇维诺德父亲的房间时，我看到伯父就坐在老地方，尽管室外阳光灿烂，房间里却阴黑晦暗。伯父出了屋，拄着拐杖缓缓走近。看到双轮马车启动后，他便停下脚步，久久伫立在原地。在白色大宅的映衬下，他的身影越缩越小。

秋天的阳光很暖和，农夫光着上身毫无遮盖地在收割过的稻田里劳作；菩提树伸展开繁茂的荫冠，在广阔平坦的原野中更加自信地挺立着。我们顺着来时的路往回走，沿途无非那些熟悉的风景，不过，黎明的曙色混合了昨夜的雨水，使得它们更显温柔。在明媚的阳光下，维诺德描述过的那些场景触动了我：一个个低矮的棚屋中住着贫病交加的人，看上去萧条而冷落；屋前光秃秃的院子里，低种姓的农妇身着色彩鲜艳的纱丽聚在一起，正忙着摔打牛粪饼；还有前天那些在路上水洼里玩纸船的孩子，长着干枯的黄锈色头发，小肚子硬邦邦地凸起，看上去食不果腹，而且营养不良。

返回阿拉哈巴德途中，我们由马车换乘巴士，一路上维诺德都和我并排而坐，但始终沉默。后来，我们又在他的公寓聚了几次，我发现自己盯着他姐姐的照片发呆。俩人又聊起过辨喜；他还给我看宣传印度复兴的各种小册子，但谁都没有再提起那一晚。

三年后，我离开阿拉哈巴德，搬到德里。我不时会听到维诺德的消息：传言说，他做了律师，已经结婚，同时是一名社会工作者，还成为一名非常虔诚的信徒。后来，又得知他从政，加入印度教民族主义者的阵营时，我并未感到惊讶。当时，印度教民族主义者在印度北部掀起了一股反对穆斯林暴力的政治浪潮，并很快在新德里组建了联邦政府。

又过了很多年，我才开始以不同的角度审视维诺德那晚袒露的心迹，我意识到，唯有某种激进的政治意识形态，才有可能为他提供他所渴望的确定性。

我还意识到，在维诺德家屋顶上聊天那晚之前，从来没有谁比他更直接地向我谈起触及我切身处境的话题。我们的遭遇有着明显的相似之处：我可以毫不费力地辨识出殖民时代大学的图景，以及学生时代不得不面对的厄运感。而那也是我第一次听别人描述我自己的童年——那种伴随着困惑、无知和恐惧的成长经历。

我家的经历可以说与维诺德家的情况非常相似，只是我家较为窘迫，而且更早遭遇变故。我的父亲生于20世纪30年代中期印度西北部与尼泊尔接壤的一个小村庄。我们家族是婆罗门，在过去某段时间，世代都有人担任祭司；不过，在至少一个世纪以来，他们都是农民和小地主，生活相对富裕，但都胸无大志，只将钱财投入房产和珠宝，或赞助一两座寺庙。除此之外，他们完全被极其繁重的日常劳作吞没。按照尼采的说法，他们充其量也就是拥有某种"奴隶的喜悦，既无须对任何事情的后果负责，也不认为过去和未来竟有任何事要比当下更值得珍惜"。

当时的印度处于殖民统治之下，但在我父亲的村子里，并不容易看到这一点。法院、警署、税务局等英国殖民统治的机构，都在距离村子最近的一个小镇上，到那里去要坐牛车走好几个小时的土路。我父亲小时候从未见过一个英国人，也很少出过村子，后来他不得不努力去想象一个名为印度的大国，它一度遭到西方白人的奴役，而后一些伟大的印度民族主义者使它获得了解放。

等到父亲对印度有所了解的时候，印度已经摆脱殖民统治，但他的家族已经变得一贫如洗。令维诺德赞许的、西方世界用以组织人类社会的理性，已开始发挥功效，塑造着他的未来。

远在新德里的一部分印度人，在取代英国殖民者，宣告自己的民主主义、社会主义和世俗主义的信仰之后，便开始对付大地主。大多数的后殖民主义者都有意识地将18世纪的法国革命者奉为效仿的典范，誓要扫除一切被他们称为封建主义的迹象。和欧洲大部分地区一样，土地所有权的变革开启了印度现代化的进程：凡个人有效经营的耕地，都将用于产生工业化的资本；部分农业人口必须迁入城市，在市内的工厂和办公室工作。

因此，有一天，一名来自附近镇上的官员，带着一个线团和独立印度的新奇的文具用品，造访了我父亲的村庄。他用这些东西丈量和记录了我父亲家的农田，然后将它们分给了村里的其他几家农户。

我父亲被迫离开了原本就一贫如洗的家，在勒克瑙开始了崭新的城市生活。在那里，他的家庭所享有的一切优势，都不再有价值。他还发现，连接种姓与社会的纽带已不再是身份与安全的来源；相反，它们已成为落后的标识。

数以百万计的人有过这样的经历：被迫离开自己的原生环境，流落到陌生的异乡，赤手空拳地置身于自由和痛苦之中——佛陀对此早有探讨，维诺德也提及过。但是，每个人仍要独自承受这样的认知：维系旧日种姓制度与社会阶层的支柱已不复存在，作为一个独立个体的意识，既带来自由，也带来痛苦。

贫穷，这一简单的事实，或许冲淡了我父亲更为切身的一些生存焦虑，既限制也明确了他的选择：必须去西式学府接受高等教育，如医学和工程院校。在那里，成千上万像他这样的年轻人拿到了学位，并准备好投身于新近独立的印度屈指可数的工作岗位。如果他失败了，就意味着要回归一穷二白的乡村生活；一旦成功，他便可以获得和享受诸多事物——电扇、自来水，甚至平房、仆从和汽车——也就是英国人从前在此地享有过的物质生活。

新世界的来临让父亲震惊不已，一切都受到管控：从清晨街道清洁工的到来，到嘈杂的庞大火车站。一列列蒸汽火车又从那里启程，驶过河流、湖泊和峡谷，穿越广袤的旷野，以及星罗棋布的小城和聚落，最终抵达难以想象的大型官僚和金融都市——孟买和德里。

所有这一切都发生在上个世纪；与此同时，我父亲的祖辈还在耕耘着自家的土地，期盼着丰沛的季风雨。然而，这样的变化并非无章可循，其背后似乎暗含着一种意愿和目的。

昔日远来印度的欧洲客，比如我最早在玛舒波拉读到的那些人，早已摆脱依然与我们祖先如影随形的被动顺从和宿命论。马克思称这些欧洲人"首次证明了，人的活动能够取得什么样的成就"。对于新世界，他们并不肯简单接受，而是理性地研究它，并根据他们对经验世界的近距离观察和分析，有计划地发现科学规律，改造新世界。

马克思称其为欧洲资产阶级，认为他们只是昙花一现，很快就会被工人阶级推翻。不过，对于他们的成就，马克思也情不自禁地给予近乎抒情诗一般的颂扬：❶

> 资产阶级在它的不到一百年的阶级统治中所创造的生产力，比过去一切世代创造的全部生产力还要多，还要大。自然力的征服，机器的采用，化学在工业和农业中的应用，轮船的行驶，铁路的通行，电报的使用，整个大陆的开垦，河川的通航，仿佛用法术从地下呼唤出来的大量人口，——过去哪一个世纪料想到在社会劳动里蕴藏有这样的生产力呢？ [7]

马克思认为，欧洲资产阶级"创造了远超埃及金字塔、罗马输水道和哥特式大教堂的奇迹"，他们所"进行的远征更是让以往所有的民族迁徙和十字军东征都黯然失色"。

---

❶ 译文参考《共产党宣言》，《马克思恩格斯选集》第一卷，人民出版社 1995 年版。

在世界各地参与过庞大铁路网铺设和运河开凿工程的英国青年中，有些人后来也给印度带来同样的活力。这部分年轻人具备高度的自我意识，了解经济核算，因而为印度带来了精准的科学算法：通过权衡和测量已有经验，得出普遍可证的结论，以固定这个名为"现实"的难以琢磨之物。他们不仅重新发现印度历史，并详尽分类；还按照宗教和种族对印度人口进行归类，为印度教徒和穆斯林创建了新的政治身份，还划定了印度最遥远的边境地区的边界，使印度经济与国际贸易和工业生产体系联系起来。

相信他们的征服会让世界变得更加美好——这些忙碌的欧洲客也为自身的行为赋予了崇高的道德意义。我父亲读过的英国书籍告诉他，是英国人为印度带来了现代性的精华——技术、世俗主义、法治、公民社会；在欧洲人到来之前，印度一直是由专横、残暴的穆斯林统治的野蛮之地。但他读过的印度书籍一方面谴责英国剥削印度，另一方面又不得不承认：英国人虽然给印度带来了压迫和暴力，无意间也让众多印度人受益于现代世界，而独立的印度的民族国家注定要更快地进入这个世界。

这个所谓的"现代世界"到底是什么？个人如何融入其中？它能够带来哪些益处？

我父亲在它的魔咒下晕头转向，根本不清楚它究竟是如何运作的。不过，无论是英国殖民者，还是后来取而代之的印度人，似乎都明白他们当时需要的是什么。欧洲18和19世纪的政治、经济和科学革命，已经确立了具有指导意义的原则：一个依赖农业的国家是落后、封建的；它必须实现经济工业化，发展科学技术，理性地组织国家机构，并削弱宗教和其他民间信仰的力量。

然而，英美法三国似乎相继证明了一个道理：一个国家，如果不能重建为具有凝聚的统一国家认同的民族国家，便无法就上述任何一点有所作为。他们的经验清楚表明，只有一个相对同质化的民族国家才有能力保卫自己，并对迥然相异的人加以重塑，使之成为一名高效益社会的合格公民。

大部分欧洲国家都试图采用后来变成一种生存手段的形式：一个独立而强大的民族国家。这种渴望导致了19世纪欧洲民族主义路线的重建，其中，科罗什便被迫前往广袤的中亚地区，寻找匈牙利民族的起源。

早在17世纪的欧洲，随着宗教与道德哲学的式微，政治已经逐渐成为人们关心的主要问题。如果无法重新组织社会，其中的个体似乎便无法获得幸福和美德——随后，这一世俗愿景激发了西方的革命思想，包括摧毁历史的残余、在全新的基础上建设社会的承诺。

17世纪中叶，英国饱受内战摧残，托马斯·霍布斯提出了令人惊恐的观点：个体往往被他们的欲望和厌憎所支配，不断追求私利，因而深陷于无尽无休的敌意的包围之中。他认为，只有建立一个铁腕的中央集权国家，抑制所有其他形式的人类交往，才有可能维护和平，使个体免于无尽的恐惧和不安。

霍布斯是当时新兴资产阶级的代言人。他的价值观来自一个市场社会，这个社会正使英国人从传统和等级制度的束缚中解放出来，支持平等和自由的理想。然而，在欧洲之外的地方，人们不太可能听到他的声音；在那里，自由贸易和利润的观念仍然是陌生的。

1616年，派驻莫卧儿帝国的首任英国大使托马斯·罗爵士抵达印度，寻求缔结正式的贸易条约，却遭到对方的怀疑。当时的莫卧儿皇帝——美学家贾汉吉尔，整日忙于观察和记录动植物，找人绘制微型画，在克什米尔设计花园，还有吸食鸦片。这位皇帝对传说中伟大的英国国王竟要亲自过问贸易这等琐事甚感不解。然而，仅仅不到两个世纪，这些小商贩已经成为大部分已知世界的统治者。随着西欧新兴资产阶级在世界各地竞相建立殖民帝国，霍布斯关于追求私利且与国家捆绑在一起的非道德个体的观念，在19世纪有了登峰造极的发展。

在被征服的亚非国家中，许多受过教育的进步人士似乎清楚，正是民族国家的上层组织帮助西方国家逐步积累他们的优势资源、发明和武力装备。令这些进步人士感到焦虑的问题是：他们的古代传统未能使国家免于屈从于现代西方世界的命运。他们得出结论：眼下正是亚非国家努力效仿西方的成功之时。

"赶上西方"曾是很多人念念不忘的梦想，甚至是在俄国，这个未遭欧洲殖民统治的帝国，遍观19世纪的作家或知识分子，几乎没有一位不曾对本国的西化问题强烈表达过或支持或反对的意见。亚历山大·赫尔岑和伊万·屠格涅夫就曾谈及自由民主的好处和人类事务中理性的必要，而以费奥多尔·陀思妥耶夫斯基及之后的列夫·托尔斯泰等为代表的斯拉夫派，则充分肯定了虔诚的俄罗斯人的道德优越性和本能智慧。1868年，日本明治政府自行启动了一项现代化计划，旨在使国家的发展水平与西欧接轨——正是这项计划最终导致日本在20世纪初发动对俄战争，以及对亚洲的殖民征服。

然而，只有被欧洲殖民者征服的国家的人民，才会最深切地忧心于西方世界的挑战。其中不乏穆斯林知识分子，包括首倡巴基斯坦独立的印度诗人穆罕默德·伊克巴尔、伊斯兰现代主义的奠基者埃及人穆罕默德·阿布笃；还有曾启发本·拉登的激进主义活动家赛义德·库特布。他们大多都是中产阶级，在西式学府接受过正规教育。其人生最关键的际遇就是与西方社会的接触，在学习其他任何东西之前，他们最先了解的就是西方社会的历史，而在他们的日常生活中，每天都能感受到西方的影响力。

19世纪末20世纪初，这些人都曾前往西方游历，发现了一个矛盾的现象：西方国家虽然彼此敌对，而且残酷无情地盘剥其殖民地，却在本国内创造了令人敬佩的自由文明。这些思想家始终反对西方在他们国家的存在，渴望实现独立。但是，西方的权力和威望也令其赞叹不已，他们不得不竭力解决一个复杂的问题：在自身所属的传统社会中，应当给予科学、理性、世俗主义和民族主义等西方价值观多少的发展空间？[8]

1893年，辨喜初次游历西方，开始被这个问题所困扰。他出生于加尔各答一个中产阶级家庭，当时他正在学习法律，准备投身于西式的职业生涯。与此同时，他结识了信奉神秘主义的罗摩和黑天神，而后抛弃世俗生活，以僧人身份周游印度，第一次将自己暴露在令当时绝大多数印度人穷困潦倒的生活之中。1893年，他作为印度教代表，出席芝加哥的首届世界宗教大会。当时，除了希望为国内一个僧侣团体筹措资金外，他更隐晦的一个心愿是找到合适的技术以缓解印度的贫困。

芝加哥的世界宗教大会，其实是一场大型庆典的一部分，旨在庆祝克里斯托弗·哥伦布所谓的"发现"美洲。主办方计划"展示西方文明的成果并惠及美国贸易"。然而当时辨喜对西方文明的评价很低，直称主办方的想法是一种自我陶醉。在芝加哥，凭借自己渊博的西方哲学知识，辨喜为印度教慷慨陈词。他声称，印度人的成就之一就在于视一切宗教为平等的真理，将精神的解放作为人生的目标，在场的美国人对他的演讲报以热烈的掌声；随后，他继续向美国其他城市同样热情的听众就印度教发表演讲。

辨喜成功的消息让国内信心缺乏的中产阶级受宠若惊，他们希望印度教在知性上能够得到印度人自己和西方人的尊重。[9] 然而，辨喜本人另有打算：在接下来的几年里周游美国和欧洲，为了避免再次不加批判地赞扬印度的宗教，也为了重新审视自己对西方的敌意。爆发的创造力、勇于探索的科学精神、雄心壮志，在19世纪令一小部分人成为世界的雇主。这些使辨喜对西方产生了新的看法。在家书中，他难以抑制自己的赞赏："这是何等的实力，何等的践行，何等的气魄！"[10] 辨喜属于最早的那批印度人，他们清楚地看到西方在全世界的主导地位，也证实了西方在人类生活几乎所有方面的不可避免性与优越性。他本人的结论是，印度应借助理性、科学、民族主义这样的西方技能，促进本国的发展与振兴。无独有偶，钦慕西方阳刚之气的绝非辨喜一人。

> 欧洲在不断进步。她的宗教信仰……每周只有一天派得上用场，而其他六天，她的人民都在遵从现代科学的指令。卫生设施、美学艺术、电力等，成就了欧美人民的优异；而亚洲遍地是吸食鸦片的烟鬼、吸毒的瘾君子、淫欲好色的堕落之徒，还有盲目迷信的宗教狂热分子。

按理说，讲出这番话的应该是辨喜或者伊克巴尔，但实际上，他是现代佛教史上最伟大的人物之一达摩波罗护法。1864年,他出生于锡兰(今斯里兰卡),只比辨喜小一岁。当年,他也作为佛教方面的代表参加了芝加哥的世界宗教大会,但远不如自己的印度同侪那般引人注目。达摩波罗和辨喜一样受到西方文化的影响,尤其是深受新教传教士的影响。伴随着英国侵略者对斯里兰卡的统治,这些传教士来到此地,开始诟病当地传统宗教的腐朽和软弱。达摩波罗既希望佛教现代化,又希望它在政治领域发挥作用。追随着这些相互矛盾的愿望,他成为一名反殖民的民族主义者,是僧伽罗佛教民族主义运动的重要代表人物;而后,正是这场运动带来了20世纪80年代的斯里兰卡内战。

相较于辨喜和达摩波罗等印度教、佛教现代派,穆斯林知识分子对待西方的态度更加壁垒分明。如20世纪初的土耳其青年知识分子,希望完全按照西方的路线改造本国,以期获得西方所拥有的权势和财富,但还有许多人对西方世界表示质疑或反感。伊克巴尔强调印度穆斯林建立自己国家的必要性,在那里,他们能以最贴近伊斯兰精神的方式遵循本宗教义,以抵抗西方的唯物主义。库特布倡导人们回归《古兰经》的教义,并宣扬对西方世界及其价值观——在他看来它们在阿拉伯民族国家内已经有所显现——采取革命暴力。

然而,无论是选择民族主义还是革命,几乎所有这些殖民地国家的知识分子似乎都在无意间承认:西方已经成为引发大规模变革和组织人类社会的最佳思想来源。他们也全都承认现代化的必要性——即便是宗教领域也不例外——以及培养科学理性的世界观的必要性。

早在1947年独立之前,这一问题就已经在印度得到解决:举国上下一门心思思想要赶上西方。时至20世纪50年代，我父亲离开农村到城市生活，国内一切——报纸上关于五年计划的社论、计划生育广告、从新德里传出的兴建水坝和钢铁厂的宏伟蓝图——无一不在强调着这个全民目标。

人们追求西方现代性的这些努力，受到一种对历史近乎宗教般的信仰的驱动——这里所说的历史，不是发生在过去的随便什么事，而是指值得铭记和纪念的过去，正如第一批伟大的历史学家修昔底德和希罗多德当初意识到的那样。历史绝非一系列互不关联的事件简单的堆砌，而是一个理性的进程；一个个界限分明的阶段相接续，向着进步和发展的更高层次迈进。西方的人文主义运动史就彰显了这样一个进程：它始于中世纪的黑暗时代，历经宗教改革、文艺复兴，乃至多次革命；世界其他国家的人民只要掌握了正确的观念和方法，就可以复制这一进程。

自19世纪开始，这一进程保证西方长久地立于不败之地，似乎成了西方世界自身的巨大成功——从此，历史赢得了自己的威望。它成为一种指南，用以理解过去看似混乱地缠绕在一起的人类行为和动机；由黑格尔和马克思等知识分子普及的新目的论解释开始帮助人类预测，甚至规划一个本来不可知的未来——比当下更好的未来。

这场理性和人文主义的进步运动在19世纪的欧洲进入鼎盛阶段，然而，印度并不被视为这场运动的参与者。在黑格尔看来，印度人早已沉沦在"魔幻梦游症一般的酣眠中"；马克思则认为，印度是个"一无抵抗、二无变化的社会"，人们过着"失掉尊严的、停滞的、苟安的生活"。

把印度这样的地方纳入人类进步主流的任务，就落在了欧洲人肩上。在征服所谓不发达世界的过程中,他们促使全球其他大洲的历史发展也加入马克思称之为"普世史"的进程之中——数个世纪以来,那些大洲始终与西方世界隔绝,它们之间亦是如此。

> 各民族的原始闭关自守状态由于日益完善的生产方式、交往以及因此自发地发展起来的各民族之间的分工而消灭得愈来愈彻底,历史就在愈来愈大的程度上成为全世界的历史。例如,如果在英国发明了一台机器,它夺走了印度或中国千千万万工人的饭碗,并引发这些国家的整体生存形式的改变,那么,这个发明便成为一个世界历史性的事实❶。[11]

马克思强烈谴责殖民主义的压迫和暴力,同时又将其纳入自己的辩证法架构之中。他指出,殖民主义是提高印度的自我意识,并引导其进入普世史的一个必要阶段。这项任务始于英国殖民者,后殖民时期的印度统治者重视此事的程度也丝毫未减。为了寻求自身的合法性,这些统治者宣称他们在这里就是为了完成这项任务——正如尼赫鲁在独立日前夜的演讲中所言,他们的目标就是安排好印度与"命运的约会"。

我成长在 20 世纪 70 年代末和 80 年代的印度,那时,我还可以听到很多关于印度要赶超西方、取得应有的国家地位的远大理想。然而,这些理想的影响力已不复从前。不过,对西方世界的某种认知仍然围绕着我们,包含在中小学和大学教育体系、行政

---

❶ 译文参考《德意志意识形态》,《马克思恩格斯选集》第三卷,人民出版社 1995 年版。

和司法系统，乃至人们日常的衣食之中——这些都是英国人在两百年殖民时期引入印度的。

印度独立后，这些西式的机构和制度迅速衰退，但似乎没人知道如何使它们重新焕发活力或替换它们。等到我进入阿拉哈巴德大学读本科时，这所一度荣膺"东方牛津"美誉的学府早已不再是高等教育的殿堂，而是种姓集团彼此敌对的战场、一处为争夺食物和住所的竞斗之地，充满了暴力与恐怖。校园里，在那些曾被维诺德称作"宫殿"的宏伟建筑中，挤满了困惑不已的农家子弟，但无人从中受益。

整个社会弥漫着一种失望和愤世嫉俗的情绪。旁遮普、克什米尔和东北各邦的少数民族叛乱频仍，威胁着国家统一，因而惨遭镇压。印度的确已加入不断发展前进的世界历史行列，却始终步履蹒跚，不仅落后于欧美国家，也远不及世界其他很多地区。尽管有着大规模的工业生产、堤坝工程、科研和军事力量，印度却被公认为"不发达"国家。它变得比以往更加暴力，绝大多数人口都在贫困边缘挣扎求存。数以百万计的印度人被各种工作机会的许诺所引诱，离开自己的村庄，蜂拥到主要城镇，却只能挤在巨大的贫民区。在那里，混居的印度教徒和穆斯林冲突不断，人们对此已司空见惯。国内只有极少一部分人可以享受到接近西方中产阶级的生活水平。

面对腐败、犯罪和混乱无序等让人不得不忍受的现实，我发现自己很难再像父亲那样，将之与独立印度的政治家和官僚的高谈阔论相匹配；学校教科书中标榜的民族主义热情已经不再触动我。按照他们的解释，殖民主义是印度思想赢得最终胜利之前最后的艰难时段；他们声称，印度其实是众多伟大人物和成就塑造的神圣之地：数字零的发明、古典梵语文学、《摩诃婆罗多》、佛陀、莫卧儿王朝的艺术与建筑、甘地、尼赫鲁、非暴力、灵修、民主制度、核弹，以及对巴基斯坦的军事胜利。

这些彼此矛盾的概念共同构成了这种自命不凡的印度观。然而，它其实是一个令我们明知自己生活其中却难以完全认同的国家。这不仅因为我们曾经就生活在这个穷得可怜的国家的混乱和冲突里。我们迄今仍在向外国人建立的机制寻求庇护，他们来自一个充满活力的文明，而印度在施展并巩固其强权的过程中建立起的殖民地现代化的残缺工程——充斥于国内的工业、教育、交通、卫生等不同系统——似乎为这个古老的国家开创了可供她跻身现代世界的未来。

我们只能基于现有条件而努力。为此，在玛舒波拉，每当夏尔马先生热情洋溢地畅谈印度的过去时，我常常不耐烦。夏尔马先生与他的印度同龄人一样，对印度的历史充满臆测和恢宏的想象。在他看来，梵语是全世界最古老的语言，也是所有欧洲语言之母；《薄伽梵歌》囊括了人类获得救赎所需了解的一切；现代物理学正在逐步揭示的就是《奥义书》一直在阐释的"宇宙"（梵）和"自我"（阿特曼）的统一；印度曾经是智慧的源泉，还缓解过世界其他地方的精神渴求，但她正在盲目地模仿西方国家及其工业文明。

夏尔马先生滔滔不绝的都是我不感兴趣的话题。在我看来，即便印度精神性的光荣历史完好地存在于某处，随时供人享有，像我这样的人也绝对不打算回去。我必须向前看，更何况，从某种程度上讲，渴望成为一名作家的愿望已经为我指明了道路。

这个志向与现代西方资产阶级文明密不可分；从成为一个读者开始，无论有意无意，我都是在它的成果中寻求指导和启发——它们是福楼拜、屠格涅夫、托尔斯泰和普鲁斯特的小说，舒伯特和勃拉姆斯的音乐，爱默生、梭罗和尼采的自我审视，以及克尔凯郭尔和马克思的辩证法。

我从这些人的作品中清楚看到，一个人想要成为作家，就得理性地接触社会，而非逃避现实，尤其要关心个体在社会中的命运。

《奥义书》中，关于自我和宇宙的概念表述深奥晦涩，相对而言裨益极少。读佛经时，虽然我很少碰到抽象概念，但其中不乏长篇累牍的重复性叙述，让人厌倦。我做不到长时间保持冥想状态。我很钦佩佛陀，但我不愿遵从佛陀轻快而实用的建议——回避欲望，以避免痛苦。

因此，每当夏尔马先生谈及印度的精神、道德沦丧以及现代文明所造成的破坏时，我都不置可否。我会默然倾听，间或摆头一两次表示赞同，然后尝试着把话题引向更稀松平常的事情。有时我也不免愤慨地想，要是夏尔马先生对现代科学和卫生少些偏见，或许会有助于他帮我解决厕所长期漏水的问题。

那时，我正等待时机离开玛舒波拉去往更加广阔的世界，但我从未因此对夏尔马先生简朴生活中的尊严视而不见，也不曾因他缺乏雄心和不思进取而低看他。我倒是有些羡慕夏尔马先生，因为那些让他深深扎根于玛舒波拉的事物：苹果园、牛奶、梵文杂志，预测未来并主持祭祀的父亲，以及整个下午都坐在窗边编织的母亲——夏尔马先生看起来很幸运，保留了他的祖先可能已经延续几个世纪的生活——那种从出生到婚姻再到死亡，一辈子深受神话和宗教仪式影响的生活。

我在玛舒波拉的最初三年里，这个小村子似乎没有发生任何变化，那种平稳的日子显得颇为迷人。穿过村庄的小路上很少有车经过，路旁有成堆的松软沙土，几乎从未被扬起灰尘；杂货店的架子上一直都是半空的；那个驼背老农每天都来到我阳台下方的一小块玉米地里干活；楼下的老式印刷机咔嗒咔嗒地转动着；每个月的15日，德拉川姆就会在胳膊下夹着印好的杂志，准时到小山上的邮局里去寄件。

偶尔来看望我的，有父母、姐妹、来自贝拿勒斯的朋友、一位相识多年的美国艺术史学家，以及我在马苏里结识的一位英国外交官和他来自德里的夫人。小屋因此短暂地拥挤一阵，而我总是惊异于自己再次响起的声音：数周的沉寂之后，我突然间就变得喋喋不休。

村子里的其他人家整个夏天都很平静，尤其到了下午，三十度的高温迫使村民在家避暑。杂货店都关了门，店员躲在铺子的木制百叶窗后午睡，窗上覆盖着一些孟买影星的褪色照片，都是他们代言的肥皂和香水广告。

自从饭馆老板蒙图将嗞嗞乱响的煤油炉换成煤气炉后，不知道为什么，他家菜品的味道居然略有改善。蒙图的儿子尼拉杰长高了，唇周隐约冒出了胡茬，让他显得更加腼腆。等到中午，我就沿着一条寂静无人的小路步行去蒙图的饭馆，他们会在桌上放一份当天的《旁遮普狮报》，等我去看。

这是我在玛舒波拉读到的唯一的报纸。头版都是影星八卦，格调轻松活泼，多少可以舒缓外面世界令人沮丧的消息带来的压抑。不过，无论在身体还是精神上，我都不禁为自己感到庆幸，能够远离热浪肆虐的平原上无休无止的宗教暴乱、对低种姓印度教徒的残杀、饥荒导致的死难、大坝工程造成的环境灾害、腐败丑闻……

西姆拉的夏季，人满为患。我很少赶在这个季节去那儿，除非为了找书，才不得不忍受商城大道上摩肩接踵的游客。狭窄蜿蜒的公路上聒噪的鸣笛从未间断，还有刺鼻的柴油废气，这一切导致每次回程都异常疲惫。

夏天的那几个月，我去了金瑙尔和斯皮提，途中在寺院和路边的廉价小旅馆留宿，徒步穿越峡谷，翻越寂静无声、冰川密布的山坡。回到玛舒波拉，小旅馆里的烟味和烧过的粪肥味仍粘在我的衣服上，脑海中萦绕着的都是破晓时分的薄雾、明媚干爽的午后，还有清新的日落。

通往中道的漫长之旅

佛陀出家的传说，可谓家喻户晓。早在 11 世纪，它便被改编为《巴拉姆和约萨法特的故事》传入欧洲。受此故事的启发，赫尔曼·黑塞创作了风靡一时的小说《悉达多》。和许多印度人一样，我在儿时就听说了这则传说。它讲述了释迦族备受庇护和娇宠的悉达多王子，如何在四次出游迦毗罗卫城外某个花园的途中，先后遇到一名老者、一个病人、一具尸体和一位流浪的沙门苦行僧，这些景象令王子非常不安。它们向他昭示了所有人必须承受的腐朽、痛苦和死亡。王子决定弃绝尘缘，在二十九岁那年的一天夜晚，离开了妻子耶输陀罗和幼子罗睺罗，出门远行，成为遁世求慧的修道者。

这一传说强调了一个事实："苦"是普遍存在的。虽然它像大多数传奇故事一样，内容十分工整，显得过于刻意，但其中不少情节很可能确有其事。当年的佛陀也许算不上一位王子，而是某部落共和寡头统治集团的一员。无论是否是王子，佛陀确实曾向世人描述自己备受庇护的青年时期。也许恰恰是不谙俗务的天真率性，赋予了他独特的优势：他注意到苦难，就好像之前从未有人留意过它。这还帮助他在苦难中发现人类境况的一个基本事实，继而对它的成因和解决方法进行长期而深入的研究。

早期的正统佛典中，很少有佛陀居家时期婚姻情况的相关记载，更无法从中得知他是否有过孩子。之后，又过了若干个世纪，也就是直到早期基督教时代，才出现了一些关于佛陀生平的传记，它们把悉达多描绘成一家之主。

根据这些传记，摩耶夫人在生下悉达多后七天便去世，她的妹妹摩诃波阇波提夫人嫁给了净饭王，抚养悉达多长大成人，后来还成了佛陀僧团中首位女性出家人。传记还提到佛陀有一个同父异母的弟弟难陀，以及数名堂兄弟，包括后来成为他最大批评者的提婆达多。

后来的这些传记尽管不可靠，却提供了比正统佛经更多也更生动的细节。例如，《本生经》的序言《本生因缘记》记述了某次"播种节"的盛况。据推测，那应该发生在佛陀出生后不久的迦毗罗卫城。当时，像释迦族这样的部落社会正在逐步摆脱刻板机械的祭祀仪式，人们抛弃了以往对众多看不见的神祇的依赖，逐渐意识到土地的丰饶及其自身的聪明才智，显然，"播种节"这类节日对他们而言是很重要的。

节日当天的清晨，整个城市都被装饰一新，每个人，包括仆人也都穿上新衣，抹上香膏，戴上花环。在净饭王的稻田里，约有一百零七具精美的犁铧，被套在耕牛身上。它们连同耕牛，甚至牛身上的缰绳和耕夫手中的赶鞭，全都饰以金银。在一众衣着鲜丽的亲属、家臣和市民的簇拥下，净饭王离开城市，来到田间。田地正中有一株巨大的阎浮树，未来的佛陀就坐在树下，四周环绕着侍从，为他撑开布满金星图案的华盖，他们一同观看净饭王

带领一众官员在田间举行仪式。¹

时隔两千五百年,这一幕依旧鲜活:一个明媚的清晨,喜马拉雅山麓的南坡在地平线上微光隐隐;一个年轻人懒洋洋地倚坐在田中央的一棵大树下,他的周围闪烁着犁铧耀眼的金色和银色的光芒,人们正重新审视与大地密不可分的联系。

然而,这并未揭示出年轻人内心的思绪。佛陀曾不无揶揄地告诉弟子,在迦毗罗卫城,他如何度过了一段备受宠护乃至娇纵的生涯,总是穿着最精致的贝拿勒斯服饰,随时随地有华盖随行,一年四季轮流在三座宫殿居住,饮食极尽考究,连提供给仆从的饭菜都是白米和肉,绝不会是残羹冷炙。

但这也令他心生孤独,更易于体察一般人因日常事务而有幸搁置和遮蔽的种种感受。佛陀坦言,在那金星缀饰的华盖下冥思的年轻人,实际上正遭受着沉重的自我怀疑:

> 尽管我有幸生而富裕……却常常想到:无知的普通人总会衰老,无处可逃;然而,当看到别人年老体衰,他们不仅会焦虑、烦恼,还心生嫌恶,忘记自己也难逃衰老的事实。而我同样难逃暮年;见到老弱之人,我也会焦虑、烦恼、心生嫌恶。我实在不该如此。每思及此,因为自己青春年少而产生的所有骄傲都消失了。²

接着,佛陀讲述了他曾因自己的青春、健康和活力而生起的种种傲慢情绪——他以为,只有"无知的普通人"才会有这等愚蠢的臆想,后来却发现自己也相信会永远年轻、健康、生气勃勃。

当他开始对这类想法心生疑虑时,他已经在父亲的宫殿里看到了欲望会如何驱遣人的一生,如何令他们在变化无常中执着于寻求永恒——青春、健康、活力。佛陀曾如此告诉他的释迦族大弟子摩诃那摩:"诸般欲望中,没有什么是快乐的,它们带来的是痛苦、焦虑和不幸。"

尽管我们难以考证当初促成佛陀开悟的一系列事件,但似乎很明显在某个时刻,他渐渐厌倦了他生来注定的生活。那次播种节上,他的视线不禁越过这一场庆祝仪式,望向别处:耕牛和农夫正在田间辛苦劳作;昆虫和蠕虫被翻动的犁铧惊扰而出,引得鸟儿猛地下去啄食。他沉浸在对它们的遐想之中,很快进入了一种恍惚出神的状态。

> 我记得很清楚,有一次,我正坐在一棵阎浮树下乘凉,它就长在一条田间小路上。当时,父王正在处理政务;我感到自己开始远离欲望,远离恼乱,因着超脱而得到了初禅的悦意——这静观既伴着推想,也伴着内省。我想,这是一条真正通向觉悟的道路。[3]

当时,他可能确曾如此感受,但那只是一个孤立的禅定时刻,似乎未能持久,也不够深入。正如佛陀后来向摩诃那摩所言:

> 同样,我那时候所体验的,无非是一种超脱重重欲望和糟糕情绪的热忱和愉悦罢了,除此之外,我并没有达到任何更好更善的境界。因而,我不能说自己当时已经摆脱了欲望的陷阱。[4]

当年，很可能就是在如此心境下，佛陀遇见了一名沙门——当时印度北部有很多游僧，王子经常去迦毗罗卫城外的花园聆听他们讲法。这些僧人的身影可谓无所不在，绝不亚于随处可见的老人、病患或濒死之人；可能正是他们的存在向他表明，逃离欲望和痛苦不仅可能，甚至值得期许。

这则传说至此开始出现分歧，衍生出不同版本的说法。其中一个版本坚称，与沙门的相遇使年轻的王子决定出家修行，当夜离开迦毗罗卫城，吩咐仆人车匿备马。

另外一个版本则称，佛陀抛家舍业之际，儿子罗睺罗才刚出生七天。据说，佛陀的父母一直提心吊胆，害怕王子终有一日会效仿那些行经迦毗罗卫城的沙门，于是设法说服他等到儿子出生再做打算。也许，这可以解释为何佛陀要等到婚后十三年才离家。

《本生经》记载，佛陀希望离别之前再看一眼儿子，他走进妻子的房间。

> 那已是掌灯时分，屋中燃着芳香的油灯。饰满……花朵图案的床上睡着罗睺罗的母亲，她的手还放在儿子头上。菩萨停下脚步，伫立在门口凝视着（他的妻儿）。
>
> "我若将妻子的手（从孩子的头上）拿下来并搂抱我的儿子，她就会醒来，而且必将阻止我离去。我还是等到成佛之后再回来看望（我的儿子）吧。"他一边这样想着，一边走下了宫殿。[5]

此刻已是午夜，仆人车匿正牵着马，在阶下等候。宫殿的四个宫门都有守卫，净饭王为了防止儿子离开，还特别增派了护卫。但当佛陀骑马一路奔至北面城门时，大门居然自动打开了。就在这时，欲望之神魔罗出现，劝说他及时回头，因为他必将成为一个伟大的帝王。这是魔罗屡屡向佛陀施展诱惑之术的开端。

佛陀拒绝了，继续前行。他几乎整夜都在飞奔，穿过了三个小共和国，一直来到阿奴摩河的沙滩上，才止住脚步，翻身下马。他告诉车匿，他已决定遁世修行；车匿听了，便表示要追随主人，可佛陀不允许他这样做，且告诉他应该返回迦毗罗卫城。

他用随身的佩剑割断头发，脱下华美的服饰，换上沙门僧袍——这些行为后来演变为佛门比丘僧正式出家仪式的一部分。他遣送车匿带上马和其余物品返回迦毗罗卫城后，便开始独自步行，来到一片杧果林，并在那里度过了他自由的第一周。

巴利文佛经记载了佛陀自己对出家过程的讲述，它不像其他版本那样富有戏剧性。当他还在迦毗罗卫城苦苦挣扎于自我怀疑时，便开始了思考：

> ……我脑海中浮现出一个想法：在这种不纯净的地方，居家生活是狭隘的——而沙门那样的出家生活能让人自由地呼吸。当然，一名居士要想过那种纯净至善、完美圣洁的生活实在不易。若我现在就削发剃须，袈裟着身，抛家舍业地四方流浪，又会如何呢？[6]

在后吠陀时代，人们生活在日益规范的文明社会，不计其数的人却渴望抛开一切社会责任，不再扮演任何角色，获得重塑自我的自由,这进一步促成了沙门运动。这一运动的风行部分解释了为何婆罗门规定遁世期为最后的修行阶段。婆罗门承认它的吸引力,并希望将之纳入他们的世界观,但同时,他们并不乐见年轻人摆脱自己的社会责任,以至于破坏这个社会的根基——家庭。

然而,佛陀那时已下定决心。

> 我那时还是个须发皆黑、充满朝气的青年……尽管父亲和养母反对,我还是执意剃除须发……身披袈裟,由在家人成为出家僧。⁷

据一些佛经记载,佛陀离家八年后——即开悟几个月后——回到了迦毗罗卫城。他待在城外一片常有沙门僧出没的小树林中,一棵巨大的菩提树投下的树荫是他的宿处。从回来的第一天清晨起,他便开始环绕城市托钵游走。

佛陀出现在城中的消息传到家人耳中,父子二人首度重逢的气氛颇为紧张。净饭王指责佛陀居然在家乡自贬为乞丐;佛陀则平静地答复说,托钵行乞实属沙门惯例。

想必这次会面尚属愉快,一周之后,佛陀再度回宫,探访了他的旧居。妻子自从他离去后一直住在那里。可能是因为心中苦涩,她差遣八岁的儿子罗睺罗去见佛陀时,叮嘱孩子说:"罗睺罗,那就是你的父亲。去见他吧,向他要你应有的继承权!"

罗睺罗对父亲十分恭敬,直到佛陀行将离去,才向他要求继承权。佛陀却请大弟子舍利弗接纳罗睺罗出家,做了一名小沙弥。

罗睺罗的祖父得知又有一名家庭成员成为沙门,心中极为不快。尽管老人家对此已无能为力,但他设法让佛陀做出承诺:今后在接纳青年出家时,必须先经过父母的同意。

总体而言,佛陀悟道之后首次到访迦毗罗卫时并未获得完全成功。他安排罗睺罗出家做了沙弥,令父亲和妻子惊愕不已。尽管他的亲人,尤其是他同父异母的弟弟难陀,以及两位堂弟提婆达多和(后来成为佛陀贴身侍者的)阿难都折服于他的教诲,但除此之外,他并没有获得数量可观的追随者。又过了几十年,他与迦毗罗卫城的关系才逐渐变得紧密。父亲亡故后,佛陀再次造访这座城市,并接纳自己的继母加入僧团——大爱道夫人由此成为第一个皈依佛门的女性出家人;据说,他还成功调停了释迦族与邻族为争夺水源而起的一场纠纷。佛陀十分长寿,晚年还得知迦毗罗卫城罹难的噩耗——一位强大且复仇心切的新国王带来了灭顶之灾。

佛陀平生得享盛名。但他最初离开迦毗罗卫城时,年仅二十九岁,内心不安且焦虑。他一度像同时代,以及后来反主流文化的游方修士一样,希望依附于一位导师型的权威人物,以便习得救赎的秘诀。但是,迦毗罗卫城地处印度河-恒河平原的边缘,正是这一地区的城市文明孕育了沙门运动。众多沙门僧寻找施主和新徒众的大城市,年轻佛陀梦寐以求之地,几乎都远在释迦族城邦的南面和东面。一旦离开迦毗罗卫,佛陀即刻就面临一条漫漫长路。

《本生因缘记》记载,他先在杜果林中停留了一周,又继续上路,前往迦毗罗卫以东六百四十公里左右的摩揭陀国首都王舍城。这座古城所在区域向外延展,如今被称作拉杰吉尔。它在一个小山谷中,四面丘陵环绕,位于今比哈尔邦首府巴特那城东南约一百公里处。王舍城曾是印度规模最大的城市，附近矿藏丰富，被公认为当时的财富和文化中心。据说，摩诃毗罗也曾在此生活，他是耆那教的创始人，也是佛陀同时代的对手。佛陀离世后三个月，五百名比丘聚集在王舍城，召开了首次结集，一致同意系统化地审定佛陀的教义。这或许是佛教史上最重大的事件。

在王舍城时，大多数时间，佛陀都在城边的山中度过。王舍城以北约十二公里处就是那烂陀寺，它建于公元前5世纪，是一所著名的佛教大学，吸引了藏汉及中亚等地的佛教学者。佛陀便是在此找到了他最亲近的两名大弟子——舍利弗和目犍连。

初入王舍城时，佛陀与年轻的摩揭陀国君频毗娑罗王有过一次重要的相遇。一天，频毗娑罗王正在宫殿的露天平台上观景，注意到一名青年沙门，貌似出身贵族，令他印象深刻，遂令仆从查明对方的情况。他们带回消息称，那名沙门就居住在城边五座山中的某一处山洞之中。频毗娑罗王便坐上马车直驱山中，从山脚下步行前往山洞拜访。

这一刻将成为佛陀传说中一个著名的片段。1963年4月，艾伦·金斯堡沿着山路拾阶而上，来到佛陀住过的山洞。这发生在他于印度旅居的一年时间里。他之后还发表了有关这段生活的日记。按照他在这部作品封底上的描述，那是一场"憧憬圣者而前去拜访的朝圣之旅"。他的长诗《嚎叫》（发表于1956年，同年，他的母亲在精神病院过世）提及二战后的美国社会与空前的繁荣并存的精神耗竭和道德失范。20世纪60年代，颇多不满的西方中产阶级在亚洲四处游历，试图在东方智慧中寻求救赎，金斯堡便是其中最早也最著名的一位。后来，他在美国科罗拉多州找了一位藏人灵修导师。在那个炎热的4月午后，他来到佛陀初会频毗娑罗王的山中,一边攀登,一边沉思——或许就是那时,他不可避免地想到了历史的虚无缥缈和帝国的转瞬即逝。

> 我必须避开那骄阳
>
> 口干舌燥,红色毛巾
>
> 缠头
>
> 却还一边行进一边大声歌唱"啊,向日葵
>
> 在那游子的旅途中"
>
> 我闭上双眸没入
>
> 暗黑的山洞
>
> 它远远地甜憩彼处
>
> 攀过岩石便能抵达
>
> 频毗娑罗王抛弃了他的大队人马
>
> 还撇下了宝座象骑
>
> 徒步上山来会
>
> 那拿破仑般的佛陀正在
>
> 岩石峭壁上的一方红砖平台
>
> 缓缓地来回踱步
>
> 白日炽烈
>
> 他垂目凝视山下
>
> 那片拉杰吉尔的国土
>
> 蚂蚁在帝国的车轮里转动
>
> 房屋车辆街道信使
>
> 水井
>
> 水同时流入未来和往昔

帝国总是无常，唯有木星
还在天际闪烁伦琴射线
地上、地下无数砖石垒就的城市
纽约、芝加哥、帕伦克、耶路撒冷
德尔弗斯、马丘比丘、阿卡古都
赫库兰尼姆、王舍城
这里山下的鸟鸣随风而行
青石磐岩
斜斜地倚身入碧空——
灵鹫峰上瓦砾散落
苍蝇落在膝盖上，影子洒在炎日下
乌鸦尖叫，狂风席卷
越过沙漠平原的山丘
向南去信菩提伽耶——[8]

金斯堡提到"岩石峭壁上的一方红砖平台"，指的就是耆阇崛山的峰顶奇观；山顶有些岩块和巨石形状奇特，貌似鹫鸟，故被称为"灵鹫峰"。传说，佛陀在王舍城期间，便一直住在那里的岩洞中，在灵鹫峰上坐禅。

正是在这里，佛陀接待了频毗娑罗王。圣人和国王初次的重要会晤，也经常在印度神话中被歌颂。[9]当频毗娑罗王问及佛陀的家庭时，他说自己在出家前是释迦族的一员，从喜马拉雅山麓的拘萨罗国来到王舍城。据说，频毗娑罗王听后，想册封他为"统领一支以象队为首的雄伟之师的大将军"。

这也许是频毗娑罗王某种现实的政治意图。拘萨罗是摩揭陀在印度北部最为强劲的对手。尽管频毗娑罗王的妻子就是拘萨罗国君主波斯匿王的姐姐，而且这场联姻已让他获得作为陪嫁奉送的贝拿勒斯城，但他仍然不忘想办法遏制对手，他大概认为拉拢一个释迦贵族是个不错的主意。

佛陀拒绝了频毗娑罗王一时兴起的提议，并解释说，物质利益和种种贪欲对他而言毫无意义，出家修行是为了寻求启示。频毗娑罗王执意要为佛陀封官加爵，而佛陀立场坚定，坚决不接受。《本生因缘记》记载，频毗娑罗王临行时，请求佛陀在开悟之后，务必首先来摩揭陀国讲法。

佛陀与频毗娑罗王的对话彰显了修行者的决心：即便遁世之初的佛陀尚不明确自己追寻的究竟是什么，他也绝不允许自己心有旁骛。很可能正是这种坚毅，支撑他度过了此后数年在恒河流域游方闯荡的光阴。其间，他一直在寻找、接纳、摈弃世间流行的智慧之道。

在王舍城待了一段时间后，佛陀前往阿罗逻迦蓝的道场参学。纵观佛经记载的知名沙门论师，迦蓝并不在其中，但是他应该也曾是印度北部众多大师中大名鼎鼎的人物，足以吸引佛陀前来求教。后来，迦蓝座下有个弟子皈依了佛陀。他声称，迦蓝所教授的是一种特殊的禅修技巧，可见阿罗逻迦蓝似乎是一名瑜伽修习者——瑜伽士。

佛陀禀告阿罗逻迦蓝，说自己"愿意遵从老师的训导修学"，迦蓝则说他的教法"可令智者速得契入等同其师所悟之道，并定住其中"。

佛陀发现，事实也的确如此。但是，佛陀后来在自传体佛典《圣求经》中说道："我当初不过是敷衍地学舌前辈（弟子）的套话罢了，我还有样学样地宣称自己也已经知道并理解了所学的教义。"

没过多久，佛陀开始心生疑虑，认为"阿罗逻迦蓝尊者只是笃信此法，却不曾宣称'我已自知、自证、自达本法之教义，且坚守不渝'"，于是去请教迦蓝："您对本法教义的直接体验已经到达何种深度了？"

阿罗逻迦蓝说，他已悟入"无所有处定"的境界——那很可能是他修行时契入的某种禅定状态。而后，佛陀也很快"悟入了此法所言之境并定住其中"。迦蓝对于自己门生的进步深表嘉许，遂邀佛陀加入道场共同教学。然而，佛陀并不满足于此，正如他后来同弟子所说："修行此法最后只能得无所有处定，却不能导向醒察、离欲、止息、寂静、智解、觉悟和涅槃。"

佛陀没有接受阿罗逻迦蓝的邀请——显然他不会花费自己的时间去做修道场里的一名教师。他仍在努力找寻导师，继而，他又去拜访了郁陀罗罗摩子。日后，佛陀述及向他求道的经历，情形与他在阿罗逻迦蓝道场的修学大致相同。

佛陀在新道场完成了一切可供修习的内容，又开始心生疑虑。他猜测，郁陀罗罗摩子只是笃信已派的教法，并没有亲自证得，遂向郁陀罗罗摩子请教。后者解释了自己向父亲学习到的"既不要感知，也不要不感知"的境界，并指出，人们在看一把锋利的剃刀时，看得见刀片，却无法看清它精微的边刃。佛陀听后，很快就洞悉了其中的道理。当再次受邀留在道场领众时，他还是选择了拒绝。[10]

佛陀离开郁陀罗罗摩子的道场时，已走过了数月的修行之旅，却仍然距离悟道很远，与他最初离开迦毗罗卫时无大差异。当然，时间也没有白费，从两位老师那里，他学到了一些理念和技巧，为日后塑成自己的学说提供了基础。

在佛陀的收获中,最重要的似乎就是坐禅静修,这在当时是一种极其普遍的灵修行法,无论是瑜伽行者、沙门僧人还是婆罗门信徒,包括佛陀出家后最先参访的两位老师,都是用这种方式修行。禅修的基础行法从未有过太大变化:修习者需要挑选一处僻静之地,盘腿而坐,脊背挺直,确保坐姿能让自己维持醒觉;然后,务必将注意力集中于一处——形象、感觉、声音、颜色或呼吸节奏——直到忘却一切其他对象,感觉舒适而愉悦,超然于周身的环境和内心的思虑。

禅修还能让人进入更深层次的静定状态。佛陀悟道后,描述过四种可由禅修达到的境界,梵语称之为禅那(*dhyana*)。修行者进入初禅境界时,会逐渐忘却周身的一切,尽管仍能进行业力的思考,但他已经不会再产生欲望或其他任何强烈的情绪,因而感觉十分自在。进入二禅和三禅境界时,一切觉知都不复存在,体验到的自在达到顶峰。进入四禅境界时,他只能感受到所专注的对象,实际上,他已经与之融合为一。[11]

早在佛陀时代之前,禅修就已成为印度各派宗教的核心行法,而且至今占据着这一地位。印度有些苦行僧能够有效地抑制呼吸,或是减缓心率,以显示其高深的禅修道行。然而,佛陀并不因此就迷信那个时代的苦行者追捧的禅修行法。他认为,仅靠禅定这一种行法,并不能引导人们最终获得精神上的超越。

其一,无论修行者达到了何种境界,再深层次的禅定也都是暂时的,佛陀形容它是"此时此地的舒适逗留"。其二,修行者入定的时间再久,也不会发生实质性的改变。虽然专注和耐力是重要手段,但若不能以之促成相应的道德与心智发展,这些手段本身并不能结束痛苦。

后来,佛陀对这种禅定的局限性有了更清楚的认识。当初,他在向阿罗逻迦蓝和郁陀罗罗摩子求学时就意识到了,两位老师传授的技巧只能让他达到一定的阶段,却不能更进一步——仅这一点觉悟就已非常重要。它足以让佛陀不同于那些只为寻机逃避社会责任才去修道的沙门,这类沙门极易沦为伪智慧的牺牲品。这些经历带给佛陀的另一点领悟是,学生不能仅仅满足于听信导师的话,还必须通过亲身经历来理解并验证。这也是他日后向弟子重点强调的一课。

或许是因为来自迦毗罗卫那种相对闭塞落后之地,佛陀尚且缺乏信心与既存的理念决裂,所以,他继而采取的也是与先前拜师求道类似的保守行动。

根据佛陀的描述,他接下来从王舍城一路南行,来到优楼频螺一带,那里是一处"舒美宜人之地,有一小丛赏心悦目的树林,一条日夜涌流的河流,一处构筑精良且美观的堤岸……"[12]

如今,优楼频螺被称为菩提伽耶,是佛教徒最重要的朝圣地之一。佛陀当年常居的森林有一部分已不复存在,只有那片土地始终如一。与之相距最近的是伽耶镇,风貌与所有印度朝圣地一样甜腻而污秽:迷宫般的小巷里,男男女女穿着裹裙或纱丽,衣服浆洗得洁净挺括,他们都小心翼翼地走路,避开正在垃圾堆里又翻又拱的癞皮狗;挂着花哨大头像海报的简陋小理发店随处可见,飘散出浓烈的熏香;金盏花环上掉落的花朵被碾平在地,匀整地躺在泥泞中。

菩提伽耶位于印度人口第二多且最贫穷的比哈尔邦。在寒冷的冬夜，难以数计的穷人蜷缩在火车站台的地板上，不时抬眼四顾，露出空洞的黑色眼眸；楼上头等的候车室里，老鼠正无所畏惧地四处游荡。在开出火车站几分钟后，大地一片空寂；早晨稍晚的时候，仰望嶙峋峭壁上长满仙人掌的山顶，可以清楚看到数座白色的寺庙，静对晴空，赫然而立；透过成片酸角树和棕榈林幽深的阴影，粼粼的河水闪着亮光；远处是芥菜田，穿着白色裹裙的农民正缓缓赶着水牛犁地。

在菩提伽耶，佛陀度过了六年多苦行僧的日子。当时，包括耆那教在内的众多宗教和哲学流派，普遍推崇苦行。村庄附近的森林和小树林中，随处可见苦行修士的身影。他们享有很高的声望，且延续至今；他们的对手婆罗门，也高度赞扬这种修行方式，以及他们通过克己忘我的肉身苦修而积聚的精神力量。

身在菩提伽耶，佛陀也试图遵循这一既定趋势。对他而言，各式苦修行法，都绝非轻松的体验。当时他离家修行才不过数月，在阿罗逻迦蓝和郁陀罗罗摩子那里参学的挫败感还记忆犹新；不难想象，诸般禁欲苦行令佛陀遭受的折磨和痛楚，似乎比两位老师建议他通过死记硬背习得智慧更具挑战性。佛陀晚年时，时常谈起那些他自愿体尝了六年之久的艰辛。

某次，一名婆罗门找到佛陀，坦言其孤身一人在森林修行的艰苦。佛陀表示认同，也向对方讲述了自己曾经的孤寂。已经习惯熙攘喧闹的城镇生活的人，却要在菩提伽耶独自修行六年，常伴左右的是各种恐惧和惊骇：一只接近自己的动物、孔雀碰落的细枝，甚至落叶间呼啸而过的风声，都曾令他毛骨悚然。

作为苦行的修士，佛陀不得不让自己与人群的陪伴相隔绝。

每当看到有牧童、羊倌或砍柴、打草的农夫和林木工人，我都会避之不及——从一处灌木丛林、高山低谷，尽快转移到另一处。为何如此？因为这样他们就看不到我了，我也看不到他们。[13]

然而，这只是佛陀实际践行的种种苦修中的很小一部分。他第一次试着按照瑜伽行者规定的教法集中精神时："我咬紧牙关，舌抵上颚，努力用精神去操纵、抑制乃至主宰自己的心念。"

佛陀形容说，这导致他腋下汗出如浆，想要息虑凝神，却浑身抽搐，试图止息坐禅，却听到"极其鼓噪的风声"。这痛苦的努力和结果，令他懊丧不已。

他反复尝试，结果总是一样恼人。既然瑜伽禅修不能让人内生觉照，佛陀决定进一步减少进食，仅饮浆汁或偶尔吃一点野果，身体逐渐变得"极度消瘦"。他告诉弟子舍利弗：

因为吃得太少，我的臀部变得像骆驼的蹄，胸骨像一排纺锤一样突出，凸显的肋骨如同崩塌破屋的椽条般腐坏；深陷的眼窝中目光黯沉，连头皮都皱缩干枯……

我手摸肚腹，就能触到脊梁骨，触摸脊梁骨，就能摸到肚皮；如果用手轻抚身体，那些根部已经坏掉的体毛就会纷纷脱落……[14]

佛陀的苦修日益严苛，几乎无异于天衣派修行者的做法。这些信徒总是不着寸缕，只在身上涂抹厚厚的灰泥，至今仍可以在各种宗教节庆的集会中见到。佛陀也曾四处裸游，七日一餐；平常只或站或蹲，坚决不坐；又因多年不洗澡，满身尘垢堆积，如同"皮肤上的天然苔藓"；夜里就睡在墓地，独枕骷髅而眠。这样做自然会招致一些当地人的恶意："牧童会前来对着我啐口水、撒尿，用沙土给我洗澡，往我耳中插树枝。"

附近村庄一些态度更为恭敬的村民也可能前来探访过佛陀，惊叹于这位修行者。某个时刻，五名婆罗门加入了佛陀的修行，他们竟是迦毗罗卫城的释迦族人。实际上，佛陀出家之后不久，他们就开始了遁世修行的流浪生活。他们也在追索智慧，受到榜样的感召，决心追随佛陀苦修求道。他们一致认为，早已开始苦修的佛陀似乎正痴迷其中，势必在他们所有人之前开悟；他们甚至请求佛陀，一旦开悟即刻"讲法"。

一天，他们看到佛陀正在食用拌着乳汁的稀粥，感到异常震惊。佛陀回忆道："他们全都厌恶地掉头而去，一边还数落着：'沙门乔达摩放逸而舍弃精勤，趣于奢侈。'"这种说法貌似夸张，但相较于佛陀和他们此前常吃的牛粪，乳粥的确不啻为奢侈品。

这些释迦族人感到被佛陀背叛。究其原因，部分是因为他们对佛陀在与之共修时内心发生的巨大变化毫无察觉。没人知道佛陀那时已开始再度质疑自己的行法，他在想：如此自我折磨是否真有意义？如果真有，其价值何在？相较先前他对阿罗逻迦蓝和郁陀罗罗摩子的质询，佛陀这次的怀疑可谓姗姗来迟。

佛陀清楚，他体验过的"诸般痛苦"，比其他任何人曾经承受和所能承受的都更加"尖锐猛烈"。然而，这也恰恰是问题所在，正如他所说："我虽已历尽艰辛，修持极为严苛的苦行，仍然未能触及超越人事的殊妙知见。会不会还有其他方法可以悟道？"[15]

问题的答案从一段过往的记忆中蓦然浮现：多年前的一个午后，在父王领地的田间，娇宠的迦毗罗卫城王子正在一株阎浮树下乘凉。他任由意识毫无拘束地漫游，而后逐渐沉寂，意外地发现自己进入了一种极为安宁静定的状态。那是一种完美坦然的祥和，让他忍不住猜想，它是否就是通往彻悟的途径。

　　如今，在苦修中快要饿死的佛陀回忆起那天午后，一阵巨大、愉悦的平和感蓦然袭来。在身心快慰之余，他不禁自问：作为一名修道者，我是否一直努力得过了头？是否极度的渴望（即便是为悟道而生）并非悟道的关键？答案是肯定的：当年，他在阎浮树下达到的禅想的极乐境界，并非出自任何欲望。于是，他又想："我有必要畏惧这种快乐吗？其实它与感官欲望和不善之行都没有关系。"

　　他觉得自己可以重获那天绝妙的心灵体验，但同时意识到"如此羸弱不堪之躯恐难达至那般悦乐之境"。于是，他打破了持守六年的誓约，喝了些乳粥，以油膏摩身，又洗了个温水浴。

　　迦毗罗卫的同伴对他的这些行为极度失望，很快便抛弃了他。按照传统说法，当地有个名为善生的女子供养了佛陀一顿乳粥，营养足够维持他此后四十九天所需。佛陀继续独自一人在林中，食物让他恢复了不少体力。某天夜里，他来到一棵菩提树下坐下并发誓：不成正觉，永不起身。而后，他便开始坐禅冥修。

心的科学

印度毕钵罗树，或称菩提树，是一种高大而优雅的乔木。它的叶子是心形的，表面平滑，闪着暗绿色的光泽，到叶尖逐渐变细、蜷曲。它们的枝叶不住地摇曳着，即便没有微风吹拂，也在微微颤动中相互碰触，发出温柔舒缓的合吟。丛丛叶片款摆有姿、闪烁生光，仿佛充满活力。

据说，佛陀就是坐在这样一棵树下开悟。彼时，正值4月或5月的一个月圆之夜。佛陀宣称他已洞悉人类经验的四圣谛：苦、苦因、灭苦的可能性，以及灭苦之道。悟得了这些，佛陀感到自己从普通人的生存桎梏中获得了解脱。

巴利文佛典《根本说一切有部毗奈耶》引述佛陀所言："我生已尽，梵行已立，所作已办，不受后有。"《本生因缘记》记载，佛陀顿悟，贪爱实为"造屋者"，是致使永恒轮回之因。他赞叹自己的解脱：

经历过多次重生，而我总在那轮回中寻找那建造贪爱屋舍之人，却总也找不到。不断的轮回实在是痛苦！造作贪爱屋舍的人啊，我现在找到你了！不必再建造贪爱的屋舍了！我的贪爱之屋已是橡梁俱断——心趋向涅槃，从此不再有渴求，推动轮回的力量就此止息。[1]

佛陀宣说的这一真理具有一种神秘启示的意涵。就像创立世界性宗教的耶稣或穆罕默德的关键性经历一样，无法只凭借逻辑推理或抽象概念得以验证。但这并不意味着佛陀的开悟是某种灵光乍现。

佛陀从未宣称自己的种种觉悟来自神授天启。一则关于佛陀生平的传说记载：开悟之夜，佛陀坐禅九个小时左右，终于领悟到四圣谛。但更为可信的情况也许是：佛陀的领悟源于其六年之久的禅修、苦行、思考的经历；而且，他还花费了绝不止一夜的时间，才意识到自己所发现的一切的全部含义。此后，在四十五年的弘法教化中，佛陀与弟子不断探讨这些领悟，使之日臻完善。

佛陀声称：他在菩提伽耶所悟的真理，任何愿意效法他的人都可以触及。关键在于禅修——这不是指已为人所知的冥想，也不是曾吸引佛陀参学的瑜伽行法，而是经他完善并作为一种知识和救度手段，提供给世人的特定行法。从而，佛陀使自己与那些玄奥智慧的领受者保持了更远的距离。

向阿罗逻迦蓝和郁陀罗罗摩子参学期间，佛陀接触到了传统"奥义之梵"理论中关于自我的学说，迄今它们仍是印度教的精神与哲学核心。根据这种学说，微观（个人）反映宏观（宇宙）；个体的核心（小我）与世界的本质（大我）别无二致，两者共享一个不变的物质根源——"梵"。禅修者若能无须借助外物而产生意识，便得以掌握一个深刻认识：认识者的自我与被认识者的自我是同一的；它帮助人们领会奥义书所阐述的"你就是它"的真理，而这领会就是解脱。

佛陀修习过的瑜伽禅法承诺可以让人抵达深层次的境界，那是一个超越性的宏大愿景，认为在这个世界多样且多变的表象背后，还藏有一个"我"，一种永恒、无缝接续、尚未降生的完整存在，也是为主体与客体、个体与世界明显的二元论所掩盖的统一。

然而，佛陀独出心裁地宣称：这种对于永恒之"我"的体认，其实是预先设定的。实际上，禅修者会训练自己在进入深度冥想状态后去寻找这种对"我"的体认。当行者以特定的心态或意图开始冥想，这种心态或意图就会不出意料地引导他习得特定形式的认知。

在佛陀看来，那些宣讲所谓永恒、独立、无法分析之"我"的导师，其实都没能通过亲身内证领悟到它；这个"我"对他们而言依然抽象，是一种推测的产物。佛陀可能一直都在思考自己向阿罗逻迦蓝和郁陀罗罗摩子参学的经历：两位老师在他的追问下，都承认对自己所宣讲的教义没有任何直接的体会，相反，他们都只是假定那必然为真。

这种情况并不罕见。佛陀之前的灵修导师都满足于假定有个永恒存在的本体，并宣称可以通过特定的禅修境界体验到。佛陀认为，这类体验属于"有为法"（*samskrta*）——这是佛陀频繁使用的一个自造词——它起源于一些明确的原因，诸如心境、意志、意图等，因而不可能等同于一个永恒、未生的"我"。

无论如何，这种冥修所抵达的深层次禅定状态无法持久。它们源于某些特定因素，随后又消失。它们可以被分析，绝不等同于一个永恒而无法被分析的"我"。

但佛陀并没有通过这种实际的推理来质疑禅修。相反，他表明，瑜伽禅修的体验仅限于通过集中心念而达到某种状态，并不寻求对其的超越。而佛陀自己的禅修技巧，则试图将冥想与正念和专注相结合。他认为，这种行法得以让人直接体认到身心是常变不定且依缘而生的。

如今，我们大多数人所生活的世界充斥着各式各样的科研成果和科学必胜论，我们早已习惯将知识看作通过物理方法客观求取之物。有鉴于此，佛陀的行法在我们听来不啻奇谈怪论，禅修似乎也不是令人信服的获取知识的途径：它并非基于逻辑，也无法通过感官验证，纯粹就是一种主观体验。

然而，佛陀的发现不可能以其他任何方法求取。因为这些发现首要描述的是心灵的运作——心灵决定了我们体验世界的方式，正是这种方式构建了"我们自己的世界"。佛陀洞悉了这样一个事实：心灵是人类通向现实的窗口，没有心灵的存在，人类将一无所知，甚至不可能想到在自己的知觉、意识和观念之外，还有个独立存在的世界。

> 我以这个有意识、会思考的区区一寻之身，讲解这个世界、世界的起源、世界的灭失，以及导向世界灭失的道路。[2]

这不是西方哲学中的绝对理念论。佛陀不曾断言一切都是心灵的投射，或者某处存在一个"自在之物"。他所阐述的，其实是一个由各种原因和条件相互依存而形成的现象世界。

世界及其中的万事万物并不存在固有特性或真实本性——至

少,如果脱离人类的心智过程,任何事物都无法被感知到。事物的颜色、声音、气味、质地无法独立于我们能够觉知的心灵而存在。事物的这些属性是在感官通过意识,在瞬息间对信息进行感知和诠释的过程中产生的。

佛经中有一则故事,用两个盲人想知道什么是颜色为例,说明这一观点。其中一人听说白色是雪的颜色,于是认定白色是"寒冷感";另外一人听说白色是天鹅的颜色,于是觉得白色无非是"沙沙声"。

快乐、痛苦、满足、懊丧,在一切感受的产生过程中,心灵都不可或缺,即便这些情绪产生于看似外在于我们的环境。控制自己的心灵,就是从根本上改变自身与世界的关系。正如8世纪的印度僧人寂天所言:

> 心主导着世间的一切……心如火把般摇摆,心如波涛般翻腾,心如山火般燃烧,心如洪流吞噬一切。洞悉万物之性,菩萨便安住于当下正念,不再为心力所牵,而能控制自己的心灵,如此一来,一切现象便都处于其控制之下。[3]

佛陀试图探索心灵的本质,然而,即便是在今天,这也是一项艰巨的任务。现代科学已经可以追踪、记录中枢神经系统的活动,并将意识还原为神经元网络中的化学和电反应。心理学家则倾向于聚焦于人的外在行为,来探究心灵的运作。[4]

然而,在佛陀最先提出的假设中,心灵本来就有自我觉知和自我分析的能力,而且能觉察自身一切思想的活动与本质。如今,神经科学家也频繁提出相同的观点。因此,在佛陀的冥思科学中,首要工具或先决条件,就是一颗沉静的心灵。

这并不容易实现,因为心灵几乎总是处于永不止息的运动状态。各种思想、感觉交融互通,其速度之快,让人几乎无法区别二者及其各自引发的行动。佛陀用一种朴素的达尔文式比喻描述了这一过程:

> 这个被我们称作"心""意""识"的东西,永远都处在生灭变化之中,起落无休,日夜不止。就好像一只猴子游荡在森林里,爬上一棵树,抓住一根树枝,放开,马上又抓住另一根。⁵

现代心理学之父威廉·詹姆斯断言:阻止思想的流动是不可能的。他曾仿效众多前辈,尝试以自我反省的方法研究心灵,仍以失败而告终。也许,正是这些不成功的尝试,让心理学错失了本该与佛教发生的相遇。如今,那些向客户推介冥想法的心理治疗师更清楚,在冷静平稳的头脑中,思想是可以被识别和分离出来的。

同时,冥想者需凭借耐心和毅力长久静坐,不断深入地体察内心闪过的念头。通常,这种努力最初会让人更加焦躁不安,比平时多得多的念头接连不断地涌现;但实际上,它们的数量未必超出平常。陀思妥耶夫斯基深刻的心理学小说《地下室手记》中,饱受精神折磨的自述者如此形容自我意识的狡猾特质:❶

> 我怎样才能让自己心神安定呢?能让我息心宁神的始初原因究竟在哪里?我所能依据的基石究竟何在?我又能到哪

---

❶ 译文参考《地下室手记》,陀思妥耶夫斯基著,臧仲伦译,漓江出版社 2012 年版。下同。

里去寻找它们？我兀自沉思回想，结果却发现，凡我能够想到的任何一个始初原因，立刻就会连带着拽出另一个起始更早的原因，如此等等，以至无穷。这正是一切意识和思维的本质。[6]

在这名自述者的例子中，怨恨、嫉妒、恶意等消极念头往往繁殖得更快，令世界显得阴郁晦暗且坚不可摧。然而，一个人只要能够觉察到这些念头，也会意识到自己具备控制它们的能力。但这恰恰是让陀思妥耶夫斯基的"地下室人"感到沮丧的原因："那些可恶的意识规律"甚至让他连愤恨都无从着力。

> 睁开眼睛一看——对象已凭空消失，理由亦蒸发不见了，既然找不到肇事的罪犯，侮辱也就变得不再是侮辱，反而成了命该如此。这在某种程度上很像牙疼，谁都没有错，剩下的就只有一条出路了——狠狠地捶墙。[7]

陀思妥耶夫斯基的"地下室人"决心反抗，不管如何盲目，也一定要行动：去憎恨，或者去爱，去做任何事，"只要不双手交叠、无所事事地坐着就成"。但是，那些习惯交叉双手坐在某处的人发现，沮丧时，各种念头只在脑海中闪现一下便消失无踪。而若逐渐凝聚精神，他们便会发觉心念在放缓。坐禅冥想中膝盖微痛时，修行者通常会下意识地调整坐姿，或不自觉地做起接连不断的白日梦。一旦凝神静气，便能够一一体察到这类反应，并阻止其进一步的行动——不断变换姿势、更多的白日梦。

通过有规律的禅修练习，修行者能够觉察到自身随机产生的各种冲动和感受，并学会如何有意识地忽略它们。这些原本总能引发心理或生理反应的念头，便会不留痕迹地自行消失。

最后，所有念头将全部止息，直到修行者意识到自己当下已契入全然的定境。熟练的禅修者可以很快契入这种状态：佛教徒在入定后，马上就能省察到散乱的心性及其对人体的影响。

这种需要充沛精力的禅修行法，佛陀称之为"毗钵舍那"（Vipasyana，即内观禅修）。它突破了瑜伽行者须以持续集中的冥想才能达到的专注且沉静的常规禅境。它要求客观细致地省察自心，这可以祛除平日里固有的思想——人类受此支配，世界也受其感染，这种思想似乎也使得世界变成一种僵硬而顽固的存在。但无论是否可取，这样的世界实际上都绝无任何固有的特质或本质可言，只是一个不断变化的过程。

这类禅修无意探寻人体内外世界的实质。它所分析的，是我们如何体验现实，而非我们对何为现实的描述。实现这一目标的途径，是洞悉现象世界的真实本质：一切皆为无常在。由此，它打破了人们误以为世间万物常存不变的错觉，为人们感知现象世界提供了一种全然不同的角度。5世纪的印度哲学家觉音（Buddhaghosa）尊者著有详尽阐释佛教义理的《清净道论》，它通过列举各种形象比喻，诸如日出时的露珠、水面漂浮的气泡、划水时的波痕、闪电等，描述了禅修者所体验的现象世界的转瞬即逝和难以捉摸。

在一篇关于"建立正念"的讲学中，佛陀描述了他偏好的一些禅修方式。提及禅修，人们很容易联想到闭目凝神、盘腿打坐的经典形象。但实际上，作为佛教术语的"禅修"源于巴利文 *bhavana*，意为培养或发展，这更好地传达了佛陀希望达成的目标：通过持续地自我觉知，让人形成一种健全的精神环境。因此，佛陀只为冥想练习规定了一种专用姿势，即要求行者专注于自己的呼吸节奏。此外的其他练习，则配合着修行者日常例课设计的，包括针对内心的欲望、嗔怒、仇恨、麻木、焦虑等情绪的功课。

对佛陀而言，内观自身念头的生灭也好，觉察最细微的感受或想法也罢，都是为了尽可能接近一个根本的真相：意识绝非一个能够独立存在或自给自足的实体，而是相互依存的思想的永恒流动。

能以这种方式分析心灵本质的冥思者，同样也能了解自我的本质。因为尽管随着时间推移，人类的身体和想法都在发生变化，然而，人类的内在始终怀有某些固定不变的东西，即在人消亡之前让人之所以为人的特质。这些特质赋予了我们主体意识，而主体意识有强弱之分，取决于个体所属的文化或社会环境。从这种与生俱来的"我"的感觉，产生了一种自主的自我意识，以及想要满足和保护它的倾向——这种倾向支配着几乎所有的人类活动。

人的这个"自我"视自己独立于周围的一切，因此会将外在的世界和他人都变成自我满足的手段，引发欲望、骄傲、厌恶、嗔怒等情绪。人的"自我"正是通过各种欲望来满足并保护自己的。然而，当个体"自我"的欲望触及不断变化的外部大环境时，二者之间就会产生摩擦，而这只会导致更多的欲望和不满。因此，个体希望满足并保护自我的努力不断遭到破坏，并陷入循环。

就这样，禅修向佛陀揭示了自我的造作和不满足的本性，并提供了一种理论，支撑着佛陀将现象视为过程而非固定不变的实体。然而，无论任何理论，若不能被证实并转化为战胜痛苦的方法，它对于佛陀而言便毫无意义。最重要的是，禅修是达到涅槃所必需的一种实践。所谓"涅槃"，就是人在内心中充分认识到自我的虚无，从而从原初的贪婪、愤恨和谬见中解放出来。

后世的佛教哲学家进一步阐释了佛陀的观点，如瑜伽行唯识派无著和世亲两位尊者；该学派在公元 4 至 5 世纪的印度西北部盛极一时。[8] 他们将意识视作一条没有起点和终点的溪流，它只能源于意识的前一瞬间并促成下一个瞬间，即便身体消亡了，这个过程也会继续存在。这种意识论与现代物理学家看待质量和能量的观点十分吻合：既无法被创造，也无法被消灭，只能够发生转化。现代佛教徒声称，意识能够与人体相互作用，但无法还原为大脑中的化学反应，也不会随着肉体的消亡而消亡，而是会转移到另一具新的肉体上。能够证明这一说法的，就是灵魂的"转世轮回"现象——有些人会记得自己的前世。

后世的佛教哲学家进一步完善了佛陀关于现象的观点，认为万物只是一种显现，并无固定或自主的实体。与西方主流哲学家不同，他们并不试图去找寻或假设在现象背后潜藏着一个稳定且永久的实体——这可能是许多人认识自然世界的知识基础。他们承认，因果律在我们日常世界里发挥着作用，但他们不认为表象背后可能还有某个独立存在的现实。弥兰陀王寻访那先比丘时乘坐的战车是真实存在的，属于佛教徒所称的相对或传统真理（*samvrti*，"世俗谛"）的范畴。但战车只是其各组成部分的集合体，一旦将它拆解，只会剩下一堆木屑，最终可分解成分子和原子。这揭示了物质现象的终极实相——佛教称之为"真谛"（*parmartha*）。

对于佛教哲学家而言，构成物体的粒子并不比构成物体的部分更真实，粒子本身并非具有内在实在的、不可分割的、固有的实体。后来，公元2世纪的哲学家龙树进一步主张，一切现象的终极本质就是虚空，这正解释了为何现象能够无限地自我显现。这个结论非常接近物理学家维尔纳·海森堡的一个观点：原子或亚原子"构成了一个充满潜能或可能性的世界，而不是一个由物体和事实组成的世界"。[9]

然而，佛教对现象世界的哲学分析从未扩展到科学的解释，佛教哲学家拥有更务实的目标。他们的目标并非以科学和政治手段，或制造核弹等方法来改造外部世界，而是要帮助人类了解自己心灵的本质，摆脱对自我和现象世界等看似坚实的东西所产生的执着，以及由此导致的嗔怒、怨恨、恶意、嫉妒等消极情绪。

转动达摩之轮

在优楼频螺开悟后,佛陀在当地住了些日子。起初,他怀疑自己能否与人分享内心的想法——他认为那些想法都"与主流观点相反","难知难解","那些受制于激情、被黑暗包围的人是无法把握这些观点的"。[1]

传说,大梵天王应时现身,祈请佛陀做众生的导师。佛陀说,"人们以感官的愉悦为乐,而我的教法旨在弃绝一切执着,消灭欲求。"他担心世人不能理解自己的教化。据说,在此情形下,大梵天王劝请说,世界上还存在"眼睛些微蒙尘"的人能够理解佛陀的思想。

最终,佛陀抛开了所有疑虑。当开始思量最先与谁分享自己的所觉之道时,他想起了阿罗逻迦蓝和郁陀罗罗摩子两位老师。然而,时隔六年,他们已先后离世。继而,他又想到曾与自己同修苦行的迦毗罗卫城的五名婆罗门比丘,他知道这五人就在贝拿勒斯附近的鹿野苑。即便他们曾谴责佛陀放弃苦行,佛陀还是希望他们愿意听闻自己说法。

佛陀得道后不久,即启程前往贝拿勒斯,艰苦徒步多日才抵达。当年,佛陀才三十五岁。他曾是个有家室的人、一名沙门、一个苦行僧,了解过性爱、政治权力、沙门的无家可归、瑜伽禅修的定境,乃至苦行僧自虐式的修行。如今,经历过这些,佛陀清楚其所悟得的是真正的智慧。

前往贝拿勒斯途中,佛陀遇见了一名信奉极端宿命论的阿耆毗伽派的裸体苦行僧,后者被佛陀自信的神态所打动。这名外道沙门遂请教佛陀他的老师是谁,佛陀向对方宣告自己是开悟者,并没有老师。但他听后,并没有向佛陀俯首帖耳以示敬顺,只说了一句"但愿如此",便掉头而去。[2]

如果这还不能让佛陀感到泄气的话,接下来在贝拿勒斯附近的鹿野苑,昔日同修最初给予的反应,则足以令人沮丧了——看到佛陀走来,五人一致决定,既不问候他,也不起身相迎。但没想到,随着佛陀越走越近,他们感受到佛陀的威仪,他们的决心也随即减弱了。

五比丘起身恭敬地迎接佛陀,接过他的衣钵,并为他净足。但是,当他们称呼佛陀为"同修"时,佛陀告诉他们,他现在已是"如来应供"(*tathagata arhat*)之身、一位得悟的圣者,应该如此称呼他。

对昔日的同修释迦,五比丘就算不心生轻蔑,也可能持怀疑态度——他们最后一次见到佛陀是目睹他违背自己的誓言食用乳粥。当时,在他们看来,佛陀显然已经终止求道的修行。

也许是为了劝服五人,佛陀开始了他的首次说法,后世称之为"转动达摩之轮"。首先,他向对方讲述了自己从前亲历的各种极端生活——既体尝过居家俗人的物欲享受,也体尝过出家沙门的严苛苦行，而他所要教授的是"中间道路"。

> 比丘们，出家人不可以追求两种极端。是哪两种呢？（其一）纵情五欲享乐以贪爱为事，这是下劣、卑贱、凡夫之行，不是圣贤所为，于人毫无益处。（其二）过度自我折磨以苦行自虐，这是徒增痛苦之行，不是圣贤所为，于人毫无益处。[3]

继而，佛陀为五比丘解释了"四圣谛"。

苦（*Duhkha*）
集（*Samudaya*）：苦的起因或根源
灭（*Nirodha*）：苦的灭除
道（*Marga*）：苦的灭除方法

"四圣谛"中的第一圣谛，是其他三圣谛的源头。"苦谛"，往往被理解为生命或生活本就是一种身心备遭摧残的状态，由梵语直译就是痛苦（pain）或苦难（suffering）。第二圣谛是说，"苦"的起因是贪爱（*trishna*）（即渴望，craving），那正是我们被系缚在无常的现象世界并轮回不止的原因所在。第三圣谛宣称"苦"可以被消除。第四圣谛则列出了"八正道"，描述如何通过践行高尚品德、进行禅修、获得智慧，从而最终结束"苦"的旅程。这"八正道"是：

正见
正思维

正语

正业

正命

正精进

正念

正定

"四圣谛"以一种医疗诊断和治疗的形式出现绝非偶然。佛陀认为，苦是人生的根本问题；从他第一次说法起，就试图明确何为苦，并提出相应的解决方案。佛陀的目标是治愈和伦理层面的，而非形而上学或神学的。为了追寻目标，佛陀要么无视，要么拒绝了当时流行的几乎一切信仰——万能之主也好，灵魂永生也罢——这是他那个时代的潮流，也是后来印度和其他地方许多宗教和形而上学的思想基础。

此外，他还避免提出任何新的宗教观念或教义。尽管"四圣谛"似乎是佛教教义或信条的一部分，但佛陀意在借此描绘事物的实际面貌，揭示出本不言而喻、但我们却无法窥见的真相。这也正是佛陀无意于劝化的原因所在。据他所言，"苦"的事实普遍存在，几乎每个活着的人都能感知到，而且，是个体对自我本质的错误感知或无知造成了这种痛苦。

在正常的生命过程中会产生各种形式的"苦"：衰老、疾病、死亡，以及精神和身体上的痛苦——压抑、忧郁、悲伤——这些都无法避免。这便是佛陀最早目睹的苦难——在坐享荣华的青年时期，他看到了衰老、朽坏、死亡。正如他所言："不只有生老病死是'苦'，内心哀伤痛楚、忧虑不安，也都是'苦'。"

在19世纪的欧洲，叔本华形容他心中的佛教是一种特别悲观的宗教。但佛陀从根本上向世人许下了极乐的愿景；他所言及的"苦"，意涵非常广泛，世事无常造成的所有不满和不安等都是"苦"，包括"怨憎会苦、爱别离苦、求不得苦"。

当我们感受到快乐的时候，也有"苦"环伺在侧：每当我们喜爱的人和事突然发生变故，或在生活中骤遇不幸，也就是那些暗伏的"苦"对我们突袭成功之时。人之所以感到"苦大于乐"，就是因为"苦"总是会取代"乐"，而且"苦"的存在似乎建立在不可动摇的现实基础之上，这一现实正是佛陀所说的"世事变化无常"，而且"人生就像一条冲山而下的大河，湍急流远，裹挟一切；它只顾兀自奔腾，一路上片刻不休"。如此，"苦"获得了更加丰富的含义：这与现象世界无常、不可操控和充满缺憾的特性息息相关。

"苦"每天都在产生，而且无处不在，它是这个充满变化和衰败的世界的一部分。对此，18世纪苏格兰思想家大卫·休谟有过如下描述：

> 假如有一个陌生人突然降落在这个世界上，我要把这些作为这个世界的疾苦的标本，指给他看：住满了各种病人的医院，挤满了犯人与欠债人的监狱，布满了尸体的战场，漂浮着挣扎在海洋里的船只，辗转于专制、饥馑或瘟疫的痛苦之下的民族。然若转而要将生活的快乐方面指给他看，并给他一种关于这世界的乐事的概念；那我该引领他到哪里去呢？到舞会吗？到歌剧院吗？到宫廷吗？也许，他会

有充分的理由这样想：我只是指给他看了另一种不幸和哀愁而已❶。⁴

在佛陀和休谟看来，"苦"和"乐"过于紧密地捆绑在一起。禅修所带来的"乐"，也会转瞬即逝，同样是"苦"的一部分。只要"乐"源自我们外部的条件，而这些条件始终处于变化之中，我们就不可能获得完全永恒的"乐"。

问题的一部分在于，体验世界的所谓"自我"本就反复无常，时刻都在变化，因而它是虚幻的。法国16世纪惯于密切省察"自我"的人文主义思想家蒙田曾写道："此时此刻的我与今天下午的我，的确判若两人。"⁵ 在他看来，人"自始至终，整个都是被杂七杂八拼凑而成的"，他们"不可思议，自命不凡，形态各异，而又起伏不定"。在变化无常的人类手中，理性也表现为"一种如同铅或蜡的工具，灵活、柔韧且可以延伸，并能适用于任何偏见或尺度"。⁶

蒙田发现，自我和世界都有复杂多样、迁流不息的特性。因而，他在文章中声称：

> 我不描写存在，只描写流逝的过程。但我所描写的过程，既不是从一个时代到另一个时代，也不是人们说的几年过后再过几年，而是每日的变迁，每一分钟的经过。⁷

佛陀也抱有类似的观点，并数次详尽分析了构成人类经验过

---

❶ 译文参考《自然宗教对话录》，休谟著，陈修斋、曹棉之译，商务印书馆2002年版。

程的一系列事件：

> 基于眼睛与可见对象，视觉意识得以产生；眼睛、对象和视觉意识这三个条件构成了"触"；在触的基础上，人生起感受；一旦有了感受，人便会通过感知、觉察，形成概念；一切观点或想法便会接着衍生出来。[8]

佛陀认为，这一过程的各个阶段彼此依存，密不可分。感知、感受、意识三者组成一个动态的复合体，方便起见，人们把这个复合体称作自己，但它本身毫无稳定或持久性可言。这就是为什么"苦"（或称无常和不满）其实就根植于人生的本性之中。

这个严峻的构想十分接近福楼拜和普鲁斯特的观点。这两位现代小说巨匠都写下过这样的故事：人类渴求幸福和安稳的心愿是如何在他们的一生中，被自己变化无常的内心和此起彼落的情感慢慢破坏掉的。

看来，无论是禅修者还是艺术家，他们都有个人体验和向内分析的习惯。他们意识到，人就是一个过程，一张不断变换的关系网——因为其本身的感知、欲望和想法变化无常。然而，人却自以为拥有一个稳定的自我，结果陷入了更深的无知和妄想之中。

对佛陀而言，只有当这些发现将人引向得救的可能时，它们才有价值。在他看来，个体的"自我"一向难以捉摸，既不知足又浮躁不安，总是渴望永久的幸福、安全和稳定，始终毫无意义地忙碌着。由此，他得出一个结论，即第二圣谛所示，"苦"有一个显而易见的原因。

佛陀从未用"罪"和"恶"的概念将苦难归咎于个人——以

此陈词滥调解释反倒容易。而且，那样的归因也与他经禅修而获知的个人体悟——个体的自我是没有本质的一段过程——相矛盾。佛陀了解那些无法控制和变化无常的想法和感受，它们无论是好是坏，都是造成"苦"的原因；但他还相信，"苦"必定另有非个人的成因，他发现，那就是贪爱：

> 比丘啊，这就是"痛苦"产生的真相。正是渴望或贪爱导致了轮回，与之密不可分的，是一种不断到处寻欢作乐的强烈染着，我称之为"渴爱"，即渴求感官愉悦的"欲爱"、渴求死后继续存在的"有爱"、渴求死后不再存在的"无有爱"。[9]

人类的确受到贪爱的驱使。而这不同于欲望——佛陀似乎并没有反对欲望本身，也不觉得这和他每天清晨托钵出去化缘有何矛盾。出于自由意志和正当意图想要达到某种目的并不是贪爱；"眼见可爱悦意之境即生染着而执取"才是贪爱，它会让人在今生来世"不断地到处寻欢作乐"。之所以会有贪爱，可能是因为人们渴望逃避痛苦，渴望获得财富、权力和地位，也可能是渴望感官享受，或是渴望求取正确的观念。

每一种贪爱都包含逃离此时此地的意味，希望能够成为他物，或达至他处，从而摆脱当下的境况。然而，在追求永恒的同时，人如果总要寻求新的存在状态，那他必定会遭受挫败：

> 世界的本质就是生成变易，它致力于此，也已然如此。它所期待的唯有生成，但这带来的是忧惧，而令它忧惧的是痛苦。[10]

轮回，无论以何种形式实现——另一时刻的体验或转世为另一个生命——都是出于对新的存在形式的贪爱，渴望成为他物或达至他处。

作为旨在诠释整个人类生活的宏大原则，"贪爱"似乎与黑格尔的"时代精神"、叔本华的"生命意志"或尼采的"权力意志"没有太大区别；它们都是我们无法确切观察到或予以验证之物，是模糊的形而上学的概念。西方世界中与"贪爱"概念最接近的大概是叔本华的"生命意志"：这是一种隐藏在地球生命背后的"盲目力量"。这位德国哲学家认为，它就是世上一切苦难的罪魁祸首，而足以抵御这种力量的最佳途径，一是禁欲主义，另一个是审美的沉思。

然而，佛陀坚持通过实际的亲身体验追踪"贪爱"的产生，如同他寻获其他发现时那样。佛陀所认为的"贪爱"不同于叔本华提出的"生命意志"，也不同于康德主张的"自在之物"；换言之，"贪爱"不能独立于外部条件和现象世界而存在。在禅修中，佛陀发现人的头脑就像一个容器，收纳了各种转瞬即逝的胡思乱想，一会儿要你改变姿势，一会儿将你推入某个白日梦，再过一会儿又让你觉得需要小憩片刻。

在佛陀看来，这些不停来去的念头机械地运作着，构成了人类自以为的亲身经验。然而，它们都不是个人自主决定的结果，这就是为什么个体不可能是自己受苦的原因。

这些不请自来的念头，似乎是人类生活中的一种基本倾向，一种无休止自我复制的倾向，佛陀称之为执著（*upadana*）。正是因为世人对自我和外物的本性——无常、不尽如人意、无实质——一无所知（无明，avidya），这种执着倾向才会如此繁盛。

因为执着，我们不断生出欲望，尤其是对地位、权力、财富和性爱的渴求。但是，正如佛陀不厌其烦反复重申的那样，在一个无常世界，人若以其捉摸不定的"自我"，去追求圆满而稳固的幸福，无疑会感到挫败和不满。即使欲望都得到了满足，也只能享受片刻即逝的快乐。奥斯卡·王尔德就说过："世上只有两种悲剧：一种是求而不得，另一种则是得偿所愿。"

佛陀断然否定了毫无节制的贪爱，宣称："一切身心中，执取固有，无非是苦。"[11]它使人沦为冲动之念的集合体，总是重复同一模式的贪爱、无明与执着。对此，佛陀只是以看似消极的分析和诊断，给出了一套救度之方，此外则少有所为。

佛陀认为，人只要举心动念，无论是不由自主还是习惯使然，都会给他带来选择。而是否依念而行，结果都将影响他未来的境遇——变得更好抑或更糟。因此，在佛陀看来，正是人的选择和意愿造就了他们，也创造了人的情感和心理世界；它们的累积就是婆罗门所说的"业"（karma）——佛陀认为，无论可见与否，"业"都存在于人的意愿中，而且会反映在人的行动上。

"业"，作为个人的造作或行为，此前一直都被视作婆罗门所制定的社会秩序的一部分，既有的"业"又将决定个人下一世的社会地位。这一定义迫使个人通过为社会秩序服务来自我救赎。但佛陀拒绝这种规定，他说："人正是因为自己所做的选择或立定的意愿，即我称之为'业'的精神运作，才有身体、语言和头脑的行动。"[12]

佛陀通过这些看似无关痛痒的话，在印度引入了一个新理念，其激进程度绝不亚于欧洲文艺复兴时期的思想家推崇的理念——

善是由人的意志，而非上帝或自然所决定。伊拉斯谟曾发问："如果上帝对待人，就如同陶匠对待黏土，那么做人到底有什么好处呢？"[13]这涉及西方由来已久的"自由意志"与"决定论"之辩；决定论的规则源自圣保罗，他宣称，人类就像上帝手中任凭摆布的黏土，而伊拉斯谟这样的人文主义者希望维护人的自尊，以及人行使自由意志并选择向善的能力。

当初，佛陀将"业"界定为基于意愿的造作，并为个体摆脱"既定的"苦难世界提供了可行之道。实际上，这就已经回应了一种与之类似的简化的拯救观——通过仪式和社会规定的行为获得恩典。

尽管个人的能力部分是由他们前世所积之业塑造的，但个体仍然能够在现世的生活中行使他们的自由意志。业在一定程度上影响命运，但人仍可以成为自己命运的缔造者。他们能够驱散无明，看清事物的本质，从而控制自身的欲望。这正是第三圣谛揭示的真理：苦厄是可以被克服的，解脱是可能的。它引向第四圣谛，即灭苦的具体方法"八正道"，让人借此克服贪婪、怨恨和谬见的烦恼，并训练自己放下执着，培养善心与智慧。

八正道首先倡导的是"正见"，指人的一切行为、言论和思想都应当基于正确的见解，要了解事物本来无常、不尽如人意。"正思维"，指人应当摆脱自私自利和感官享乐，并以仁慈体恤之心行事。"正语"，指人应当严格远离妄语、恶言和闲谈。"正业"，指要禁止暴力、偷盗和邪淫等恶行。"正命"，指应避免从事迫使人违反"正语"和"正业"的工作。"正精进"，指应常常保持警惕，避免嗔恨、贪婪、恶意等有害身心健康的心态。"正念"，指对自己的身体、感受和思想始终保持清醒的觉知。"正定"，指将注意力集中于某一对象上,这是禅修的第一个阶段,它能引领人走向深刻而持久的平静。

在《快乐的科学》中,尼采写道:"我觉得,大多数人根本不相信崇高的情绪,除非是瞬息片刻,充其量只有一刻钟罢——少数由经验而得知崇高情感可以有一种较长延续的人,不在此列。但也许要成为具有一种崇高情感的人,要成为一种唯一的伟大的情绪的化身——这迄今为止只不过是一个梦想和一个迷人的可能性:历史尚未给我们提供任何确凿的例证❶。"[14]

可以说,佛陀已经指出一条通往崇高情绪的可行之道;现代科学或许能够为他提供支持——《新科学家》杂志有一篇文章指出,佛教徒的大脑左前额叶异常活跃,而这片区域与"积极情感、良好情绪、预见、筹划和自我控制"等功能相关[15]。佛陀希望人们集中而非消耗意志。因此,他反对神秘主义者和浪漫主义者的做法,他们试图通过动情遐想和分散注意力来激发崇高情绪。佛陀所强调的是人的自控力,弥尔顿对此有很好的概述:"一个人若能控制自己并驾驭内心的激情、欲望和恐惧,那他已胜过国王。"

佛陀质疑欲望并专注于对"苦"的探究,与希腊化时代的哲学家——伊壁鸠鲁派、斯多葛派和怀疑论者类似。这些哲学家紧随苏格拉底、柏拉图和亚里士多德,观点兴盛一时。公元前4世纪时,怀疑论者皮浪曾随同亚历山大大帝到访印度。尽管皮浪并没有带回任何与佛陀教义相关的信息,但这些哲学家竟有着与佛陀教义惊人相似的见解。

---

❶ 译文参考《快乐的科学》,尼采著,孙周兴译,上海人民出版社2020年版。

> 哲学家如果不能为人提供治疗痛苦的方案，他的言论便是空洞的。这就像对身体疾病不具疗效的医学知识纯属无用一样，无法排遣心灵之苦的哲学同样毫无用处。[16]

这段话出自伊壁鸠鲁。不过，即便说它们出自佛陀之口，也不会有人质疑。希腊化时代的哲学家也曾试图通过控制欲望来避免痛苦，从而达到心神安宁的状态。为此，他们所推崇的首要方法就是美德，并常常将之等同于理性。然而，在佛陀看来，有德性的生活尽管极其重要，却只是禅修的前期准备；而禅修，是古希腊哲学或其他任何西方哲学都未知的体验。

佛陀认为，通往涅槃的修行之路分三个阶段：戒律（sila）、禅定（samadhi）、智慧（praina）。持戒养德只是第一个阶段。在他看来，无须禁欲苦行而能安贫乐道地过活，就是一种真实、平静的生活。简言之，道德自律可以创造适宜的健康心境。它为禅修者建立了达到专注与平静状态所需的最低条件，在此状态中，行者能够始终清晰地意识到周身的外在环境，及其自身的行为乃至内在的精神状态、体验和思想，乃至这一切随时间推移所展现的结果。

与任何一种心理训练一样，禅修也能让行者不断获得新的感悟。它展示了人是如何因为渴求短暂、无实、有缺陷的事物而陷入痛苦。规律性的禅修会将这种新的观察方式转变为一种习惯，让人从世间的诱惑中脱离，安住于深邃的平静状态：这就是一种"崇高情绪的体现"。

（僧人）心中无所构想，也无所愿求，无意造作任何身心状态，也无意破毁任何状态。对于世间的一切，他再无欲望，因此也就无所执着；既已无所执着，也就无所烦忧，他的内心也完全平静下来。

这种无条件的自由状态，正是佛陀在一天夜里于菩提伽耶的菩提树下悟入的境界，他称之为"涅槃"，并说这应是一切有情众生的真正目标。"涅槃"，并不是与上帝的神秘融合，也不像人们通常认为的个体的消亡，而是指造成轮回和痛苦的贪爱和无明终得止息。

佛陀首次讲道的地方就在如今的鹿野苑，它一度沉寂数百年之久，直到19世纪，一位英国业余考古学家发掘了这处遗址。他发现了数座佛塔，以及一根于公元前3世纪敕令竖立的阿育王石柱。其中最大的一座佛塔名为"答枚克"，据推测，它大致坐落在佛陀为迦毗罗卫城的婆罗门五比丘初次讲法之地。后来的考古学家还发现了一座传说佛陀曾在此避雨的圣祠，还有数座似乎毁于大火的寺庙遗迹。如今，圣祠的遗址上矗立着一座佛寺，主持修建它的是斯里兰卡著名的护法居士达摩波罗尊者。这些残存的古迹如今散落在广阔的绿茵之上，同样成为遗迹的还有一处鹿苑和一个动物园。

佛陀为婆罗门五比丘初次说法后，他们便成为首批弟子，其中一名婆罗门比丘名为憍陈如，他请求佛陀为他剃度，接纳其为出家僧。佛陀依愿满足了这名弟子的请求，由此开创了佛教的僧团制度——这也许是全世界第一个僧侣教派。

其他四名苦行僧在接受佛陀的分别指导后，很快也都效法憍陈如皈依了佛陀。但在那时，佛陀座下更为重要的弟子尚未出现。在首次讲道后不久，一日清晨，一名年轻人出现在鹿野苑，他就是来自贝拿勒斯的耶舍。

传说中，耶舍年纪轻轻且家境富有，非常注重自我反省。[17]那时，很多富人和年轻时的佛陀一样，坐拥多处宅邸，耶舍也不例外。每逢雨季，他便住进最合其意的一处，同一众美女乐师毫无节制地饮酒作乐，度过四个月的时光。据说，他的幻灭感始于一次酩酊大醉之后：当时，半夜酒醒，在油灯昏暗的微光下，他看到了呈现各种不雅睡姿的女乐师。

旋即，耶舍心中对自己当下的生活充满了厌恶，他离开豪宅，前往鹿野苑，即佛陀和其他沙门的常聚之地。佛陀发现这名年轻人闷闷不乐，便邀他坐在自己身边，并开始"次第演教"。这是佛陀日后常用的一种教学法。根据此法，他首先从保障美好生活所需的道德准则讲起，待确信对方具备足够的理解力后，才引导学生逐步深入更为复杂的教理。

佛陀首先为耶舍讲述了慈善和道德准则的重要性，接着又告诉他追求感官享乐终将徒劳无获，而摒弃它们将会令人受益。当耶舍表现出足够的理解力并渴望了解更多时，佛陀便为他开示了四圣谛，即苦、苦的成因、苦的灭除和涅槃之道。

正当耶舍在鹿野苑热切地聆听佛陀的教诲时，他的父亲正焦急地四处找他。老人最终找到鹿野苑，向佛陀问起自己的儿子。作为回应，佛陀请他落座，也向老人开始了"次第演教"。不久，耶舍的父亲也皈依了佛陀。

但是，当耶舍的父亲听法时，看到儿子就坐在佛陀身边的听众席间，便走过去告诉耶舍他的母亲为他忧心如焚，并恳求儿子回家。耶舍只感到无助，不断以目光向佛陀求助，终于佛陀为他辩解道，耶舍太厌倦世俗生活，再也无法回头。耶舍的父亲也无法反驳，遂邀佛陀和耶舍再到他家中一聚，便离开了他们。

父亲离去后，耶舍便请求佛陀为他剃度，允其出家为僧。佛陀依其所愿，准他成了佛门的第六名比丘。次日，佛陀来到耶舍父亲的家中，为耶舍的母亲和妻子说法，再次进行了"次第演教"。两位女子听后，不再怨恨耶舍拒绝回到她们身边，反而皈依佛陀，成了在家居士。

耶舍皈依的消息很快传开，许多人感到困惑，纷纷猜想这名特权阶层的年轻人为何会放弃一切做了沙门。耶舍在贝拿勒斯有四个同样是富商子弟的朋友，不久后也都投奔佛门，经佛陀剃度成了比丘。而后，耶舍在贝拿勒斯城附近地区的五十多个朋友也都追随同伴的脚步出家了。

这些信徒颇富戏剧性的皈依具有神话故事的性质，它们似乎是后世传记作家的"发明创造"，为的是极力渲染佛陀超凡的个人魅力和说服能力。人们不禁要问：佛陀究竟对这些贝拿勒斯的富人说了些什么，竟令他们如此信服？

实际上，我们所见到的佛陀，是一个跨越了漫长历史的形象，因而，我们很容易忽视佛陀所言及其讲法方式的独创性。而在两千五百多年前，印度北部的某个人亲眼看见的是鲜活的佛陀。那时的人不只希望从佛陀那里得到对他们个人世界的抽象解释，更希望得到关于如何生活的建议。

苏格拉底也在回应同样的精神需求。公元前6世纪左右的前苏格拉底时期,大致与佛陀同时代的哲学家已经开始远离传统神话,转而探究星体运动和日食、月食等可观测现象背后的物理解释。他们转向宇宙学,试图在令人困惑不已的现象世界里找到统一的原则。泰勒斯认为水是构成一切的根本元素,赫拉克利特将变化视为感官能够观察到的普遍规律,巴门尼德及其追随者芝诺否认现象世界的实在性,阿那克萨哥拉则提出精神乃一切物理过程的起因。

在苏格拉底之前,哲学可谓包罗万象,涵盖形而上学、伦理学、医药学、数学、几何学乃至天文学。它是古希腊人对人类自身和其他生物乃至整个宇宙的生成现象的了解的总和——他们称之为 phusis❶。智者学派将它作为培养有政治抱负的希腊青年的部分内容,从而赋予了它某种实用性。智者学派是流动的职业教师,凭借他们的演讲技艺,向人们传授我们如今所谓的"文化"。

古希腊哲学家中,苏格拉底第一个断言,从外部世界了解到获取知识的技术,并不等同于已经掌握知识,后者还需要不断地自我省察。在《会饮篇》开篇柏拉图便引述了苏格拉底的一句评论:"如果智慧能像水一样从充盈之处流入空乏之处,那该有多么美好。"

苏格拉底对实用知识几乎没什么兴趣:"绝大多数人关注之事——财政事务、财产管理、将帅任命,或是当众演讲获胜、治安官、联盟、政治派别——我都毫无兴趣。我不愿选择这条路……但有一件事,我可以为你们带去最大的助益。我会劝说你们少关心自己拥有什么,多了解自己是什么;这样你们才能使自己尽可能地优秀而理智。"[18]

---

❶ 古希腊语 phusis,意为"自然",是英语 physics 的词源。

在苏格拉底看来,一个人想要变得优秀而理智,就必须懂得道德选择,懂得择善而从,以及如何生活。知识并非藏于概念之中,而是蕴藏于德性之中;人类内心天生有着向善的能力与愿望,所以人人皆可获得知识。哲学家只是提醒人们,应当关注这些内在的可能性,必须亲身挖掘自己的潜能。正如苏格拉底那句名言:"未经审视的人生是不值得过的。"

苏格拉底代表了古希腊文化成就的一座高峰:一位与众不同的哲学家鼓励听众突破传统的知识形式,走向理性的自我认知和道德选择。就连将众多罪恶归咎于苏格拉底的尼采也承认,"为了人类的利益,古希腊的苏格拉底曾竭尽所能地洁身自好,以免习染……人因倨傲而生的怠惰疏忽",他还喜欢用古希腊诗人荷马的一句话说明人的一切反思与关注的真正范围和内容:"它仅仅就是我在自己的家里所遇到的善和恶。"

以上对于苏格拉底的看法几乎也可以用来形容佛陀。在佛陀之前,已经有许多持异见的沙门,他们认为人若只依照习俗和惯例生活,会留下很多无人回答的问题。他们拒绝《吠陀经》和婆罗门的权威,认为那些都不能带来智慧。此外,在他们看来,通过独立思考或禁欲苦行所获知的更高真理,与平凡的日常生活并不相容,而平凡、普通的生活,在历经审视之前必须被摒弃。

尽管这些沙门勤于交流,也在大批听众面前进行了大量辩论,但他们基本上都在坚持己见。他们坚称现实由种种因素组成,而其中并无道德存在的基础。他们所生活的时代思潮涌动,佛陀之后称之为"见之丛林"。

与他们不同,佛陀注重探究人类经验的本质,而非猜测它所谓的客观对象——世界、世界的各种组成部分,以及二者的本质,等等。为此，佛陀提议描述身心的体验，也即描述人把握现实的主要手段。

有一次佛陀坐在无忧树下，随手捡起几片落叶，问身旁的比丘，他手中的落叶与树上的叶子，哪个多。众僧回答，显然树上的叶子多。于是佛陀告诉他们，同样地，他所获知的真理比他向他们所揭示的更多；而那些未被揭示的，都是因为它们对于求取智慧毫无用处。

因此，佛陀向来无视那个困扰基督教神学家的问题：在这个由永恒且仁爱的上帝创造并监管的世界中，苦难是如何产生的。他否认世界上可能存在一个强大的造物主，而认为世间一切皆有因果联系，都不是凭空产生的。在他看来，上帝或其他任何造物主都不是世界的创造者，是人类自身持续不断、或善或恶的行为创造了这个世界。他从不纠缠于抽象的大问题，而更愿意鼓励个体正视眼前的处境。

有名弟子曾请教佛陀：世界是否会永恒存在，灵魂与肉体是否同为一体？佛陀如此回答道：

> 这就好像有人中了箭，箭上沾满了毒药，他的朋友、同伴、家人、亲戚请来医生为他疗伤。而这个中箭之人却说："只要我还没弄明白射伤我的人究竟是出身婆罗门、刹帝利、吠舍还是首陀罗……只要我还不知道他的名字和家庭情况……不知道他是高是矮，还是中等身材……就不能拔出这支箭……"然而，在弄明白所有情况之前，此人可能就已经没命了。[19]

佛陀关心的是人类的痛苦、苦的成因和止息。执着于永恒和灵魂，要么无益于解决真正的问题，要么会因谬见丛生而更加痛苦。个人必须对自身的境况负责。

> 人不会因为相信"世界是永恒常在的"就能得到永生，也不会因为相信"世界不是永恒常在的"就能过上灵性的生活。无论一个人认为世界永恒与否，他都会经历出生、年老、死亡、悲伤、绝望、痛苦和哀愁。[20]

这是佛陀的成就，同苏格拉底一样，他将智慧从形式一成不变且往往深奥复杂的知识和思想基础上分离出来，并使之成为个人的道德和精神目标。作为导师，佛陀不曾提供任何教条，反而要求弟子不要轻易相信他，而是要去亲身验证他所传授的教义。苏格拉底眼中未经审视的人生，在佛陀看来也不值得过。佛陀努力强化每个人内心潜藏的意识，让人们相信自己绝非本该如此。他认为，人皆有善，只是它会被无明所遮蔽而无法显现；邪恶而非智慧，是一种异常。

自律是实现人的道德本性的途径。在鹿野苑，佛陀谈及炼金的过程：工人首先要把粗尘、沙子、砾石和沙砾从矿砂中剔除干净，才能将淘出的金砂放入坩埚烧熔，再滤掉其中的杂质。通往更高精神层次的道路同样需要如此：逐步清除不纯不义的行为、造作和思想，从过失严重的污秽行为，到罪愆更少的粗恶行为，直到所有糟粕都被滤除，只剩下纯净的心念。

在鹿野苑，有六十名比丘成为佛陀的忠实听众，佛陀本可愈加自信，本可进而求取更广泛的听众。但在雨季过后的一天，佛陀决定放弃当时独属于他的教学权力，激励弟子成为讲师或传道者：

> 去吧，众比丘，用你们自己的方式去为人们谋幸福吧——悲悯这个世界，让众神和人类都能获益。请独自行动……有些人的眼睛几乎还未蒙尘，他们若是听不到佛法，定会罹受苦难；若是能够听闻佛法，他们将获得解脱。[21]

于是，比丘离开鹿野苑，四方巡游，还带回来不少人，都是希望由佛陀亲自为自己剃度的信众。佛陀意识到，他必须进一步授权自己的出家弟子，让他们担负起接纳新人皈依僧团的职责。由此佛陀设立了剃度规范。

> 众比丘，从现在起，你们可以自行在各地各国为人剃度和传授戒律了。但是，应当依循这样的规范：首先，为其落发剃须，再披上黄色僧袍，但只需令其一肩着袖（而袒露右肩），对众比丘行足前跪拜礼（头要触地），然后蹲身而坐，双掌合十，教他说："皈依佛，皈依法，皈依僧。"[22]

佛陀所设想的僧团，是一个独立自主的比丘团体，需经受必要的灵修训练，以求逃离苦难，并获得启示。每位比丘的修行过程中都需历经持戒、禅定、智慧三个阶段，还要为其他比丘营造同样的修学氛围。随着时间推移，佛陀逐渐将僧团惯常的一些活动和安排制度化，后世的佛教徒在此基础上制定了更加详备的规则，据以处理僧团内部的复杂事务，及其与广大外部世界的往来。以下是其中的一些基本规则：僧众必须自愿过简单的清贫生活，个人拥有物不得超过三件僧衣、一只钵、一把剃刀、一根针、一条腰带、一个滤水囊和一瓶药；举止须恪守礼仪，走路时也要缓慢有节；除水果外，只可食用施主赠予的食物；允许肉食，但禁止专门为了供僧侣食肉而杀死动物。

僧团的日常生活很简单。晨起便外出找寻施舍，在树下荫凉处进食，每日只吃一餐。食毕则外出游化，中午则避暑休息。之后，在一天中剩下的时间里，僧众会继续四处游化，彼此交流佛法，打坐禅修。每逢雨季，三个月间雨水连绵，河水冲出堤岸，道路几乎无法通行，僧众只得找一处可供其逗留的棚屋或寺院，借人屋檐暂求庇护。他们称之为"结夏安居"。直等到秋天，他们又可以四处游化了。

几个世纪以来，比丘的着装和常规作息几乎没有变化。14世纪，距佛陀第一次制定僧团规范近两千年后，当时的教皇本笃十二世有一位特使记述了他在锡兰、暹罗和中国见到的比丘。

> 这些和尚一天只吃一餐，除了牛奶和清水，绝不多食，而且从来不会留食物过夜。他们都是席地而睡，赤脚而行，拄一根木杖，穿着长袍，看起来很像我们方济各会修士的着装，不过他们的僧袍没有兜帽，只有一件绕肩的搭衣，类似使徒的披风。每天早晨，他们排成一队，怀着极虔诚的敬意，只请求施舍与他们的人数分量相当的饭食……这些僧人过着非常圣洁的生活——尽管他们并无信仰（基督）。[23]

设立僧团时，佛陀部分遵循了印度的隐士传统。《奥义书》中遁入森林潜修的思想家、四处游方的沙门——佛陀也曾是其中一员——还有耆那教的创始人摩诃毗罗，都是隐士传统的一部分。他们拒绝世俗生活，自愿选择艰苦的修行，普通百姓对此心生敬意，并乐意向他们提供食物、衣服、可暂留的居所。在今天的印度，这类隐士仍受到人们的尊敬，但有时世人只是羡慕他们遁世修行的生活方式。他们与婆罗门祭司一样，生计都依赖普通百姓，二者可谓"竞争对手"。

佛陀的一贯做法是遵循中道，既不像摩诃毗罗等苦行沙门那般极端抗拒凡俗生活，也不像大部分婆罗门教徒那样深入地沉湎于其中。《牛津英语词典》中，monk（指僧侣或修道士）一词常可用来替换 *bhikshu*（指印度婆罗门教、佛教等宗教的僧人或比丘）一词，*bhikshu* 最初的含义是"有宗教信仰的隐士或独居者"，后来则演变为"遁世独居的社会团体或宗教组织成员"。但是，佛陀并不希望他的比丘与世隔绝；要知道，他在菩提伽耶觉悟后不久，就拒绝了只求一己解脱的救赎之路。

佛陀心目中的僧团，并非一个与世隔绝且只服务于个体修行者的社团。佛陀希望它能够发挥更大的社会作用——这层寓意隐含于"比丘"一词中，即分享某物之人；其中，"某物"指的就是比丘所依赖的社会共同财富。比丘放弃私人财产，从而赢得了崇高的社会地位，也得到了普通民众供养衣食的承诺。作为交换，比丘将自己奉献给社会，成为美德善行和自我意识的典范。

佛陀认为，在一个越来越贪婪地追求财富和享乐的社会，清心寡欲的比丘与志同道合的伙伴一起修行，相互依存，可对周围环境发挥极大的模范作用。这就是比丘与基督教修道士或耆那教僧侣的不同之处：佛教僧团通常居留在商业贸易活跃、靠近城市中心的地带，在佛陀时代就已如此。

无论如何，人若是想开悟得道，不仅要了解自己体内"苦"的根源，还要让普通民众了解。开悟所带来的智慧，不可能只是个人的成就，它与一种普世的同情心是分不开的，那就是佛教所谓的"大悲心"，或称"慈悲"（*Karuna*）。

眼中的微尘

如果佛陀去贝拿勒斯,僧团可能会很快发展壮大。那时,这座城市已经是印度的商业和制造业中心,以棉花和锦缎闻名,也是知名的祈福地——人们从四面八方来到这里,浸入恒河沐浴净身,希望以此洗心革面,求得更好的新生。

然而,在其漫长的一生中,佛陀极少贸然进入贝拿勒斯,尽管多次路经此地。这很可能是出于对城中势力强大的婆罗门的顾忌,在这个城市婆罗门拥有许多富有的支持者。佛陀知道,婆罗门敌视沙门僧人,还视对方为潜在的竞争对手。反过来,佛陀也尖锐地抨击了婆罗门所固守的沐浴、献祭仪式和吠陀崇拜等习俗,指出这些行为无一能给人带来好处。

和印度其他地方一样,婆罗门教似乎在与佛教的论辩中获胜了。在如今的贝拿勒斯,几乎见不到任何佛教的踪迹,反倒是那些先于佛教而存在的吠陀教派仍然繁荣。大大小小的庙宇里,供奉着人们想象得出的各种神祇(蛇、猴,以及河流之类),这些庙宇和无数的圣畜神牛和孤寡老妇,充斥着古城的街巷。最早,是印度北部的雅利安移民将恒河视作圣河;时至今日,恒河边的台阶上仍挤满了成千上万的印度人，希望以圣河之水洗心革面。婆罗门僧人剃发，只留下一处顶髻，作为婆罗门僧人结伙成社的标记，他们监管着火葬仪式的后续事务和其他印度教祭礼，还惯常坑骗从印度各地的村镇前来祈福的倒霉香客。

八公里左右之外，有一片平整的开阔地，点缀着几处杧果林和稻田，鹿野苑就坐落于此；佛陀在菩提伽耶开悟后的几个月一直都待在这里。它是印度风景最美的佛教圣地：无论背后的贝拿勒斯如何混乱——炎热、嘈杂、脏污——广袤、开阔的鹿野苑依旧令人心旷神怡。然而，这样的宁静也极易被侵犯，尤其是赶上满是游客的节庆时：苑中草坪外围的小店都乱哄哄的，从早到晚播放着震耳欲聋的印地语流行歌曲；一些印度中产家庭聚在草坪上野餐，事后扬长而去，留下成堆的塑料袋和一次性废纸杯；穿着冒牌的李维斯牛仔裤和耐克运动鞋的毛头小子到处乱窜，专找白人女性游客搭讪。

1994 年，我去了一趟贝拿勒斯，随即又在某个午后重游了鹿野苑。我想那幅景象在一定程度上与印度新兴的中产阶层有关。记得还是在玛舒波拉时，有一天，我正准备出门去蒙图小馆吃午饭，邮递员送来一封信，它来自德里的一位出版商，他读了几篇我为国内报纸写的评论文章，想了解我是否有兴趣写一本游记。

到那时，我已经花费了两年多时间创作一部佛陀的作品。其间，我买了很多书，也搜集了很多参考资料，其中不少都读过，还做了笔记；然而，不知为何，当我写到一定程度的时候，竟再也写不下去了。而且，我也对那些冗长而重复的佛陀对话录感到了厌倦。而在柏拉图的作品中，我看不到如此明显的"机巧"。因此，尽管并不是特别想写旅行题材，但那位德里出版商带来的消息还是让我非常心动，我想可以借机实现（至少是部分实现）很久之前我对自己的承诺：成为一名作家，并心无旁骛地为之努力。

更何况，当一个旅行作家对我也并非没有吸引力：我想象着自己像雅克蒙那样，在如画的风景中安详地穿行，用冷静又不失愉悦的笔调记录一切。

于是，我回信给出版商，提议写一本关于印度小镇的书——这有点轻率，因为那时我连每月去一趟西姆拉购买必要的日用品和杂志书籍都不耐烦。出版商只预付了一笔微薄的稿费，显然我得用自己的积蓄承担其余的费用。事已至此，想要撤下回信已经晚了。

接下来的五个月里，我去了印度一些颇有特色的小镇。这段旅途中，我不断想念玛舒波拉，无法遏制地期望自己从不曾离开那间乡村小屋，而不是在一整天的奔波之后，还得住在床褥破旧、电视会发出回声的糟心小旅馆里。

我见过的很多城镇几乎就是放大后的贫民窟：挤满了乡下来的经济移民，居住环境拥挤不堪，卫生条件很差；即便是稍富裕一些的城镇，也比其他的强不了多少。事实上，一个城镇越是繁荣，其道德和客观环境方面就越是肮脏卑劣。在印度次大陆最南端的科摩林角，辨喜尊者在奔赴芝加哥之前，就在此地禅修。从这里到最北端的西姆拉，沿途的景观渐趋城市化：其中错落着各式由玻璃和混凝土建成的大厦、低矮的棚屋、破烂的道路、砖头裸露的盒形建筑，还有足以让人染上疟疾的死水潭。

这趟旅行的很多见闻让我震惊不已。在玛舒波拉时，我感觉印度中产阶层冷酷、花哨的世界遥不可及，还非常得意地认为自己已经成功逃离那个世界。事实上，那是因为我习惯了家乡小镇那个更简朴的印度。我感觉与玛舒波拉再亲近不过的时候，就是在它每年夏季的集市上，到处铺着地摊或支起简易木货架，上面摆满了琳琅满目的商品——那就是曾坐在父亲肩头赶集的我非常着迷并渴望拥有的一切：橘黄色的香料金字塔、木柄雕花的涂漆小刀、成堆的彩镯与其他各种饰品、避之不及的印度影星画报、粉色棉花糖、彩绘木偶，以及无数印着各路印度神祇或冗长祈祷文的小册子。

夏尔马先生对集市总是避之不及，但村里其他人——店主、农夫、公务员、大宅的仆人，乃至一心挣钱的出租车司机——都拖家带口地来到集市，难得地穿着明丽的服饰，仿佛融入一片平等友爱的气氛之中。街上有游客、编篮匠人、飞快地转着砂轮的磨刀工、兜售小瓶风干内脏一样的片剂的春药商贩，还有小摩天轮上尖叫的小孩——在这形形色色的人群中间穿行，即便是集市里身着浆洗过的白色长衫、维持秩序的当地官员，看起来始终也有点不知所措。

玛舒波拉气候温和，村民长期过着和睦的集体生活，这赋予了当地人一种镇静、端庄的气质，即便是其中最贫穷的人也不例外。相比之下，我在旅途中遇见的平原上的大多数人似乎都活得如履薄冰。

比哈尔邦是其中最动荡不安的地区之一。在古代，它隶属摩揭陀王国。此地贫穷且人口稠密，两极分化也十分严重：富有的地主乘私家飞机外出旅游；而有的贫民竟以田鼠为食，还会因田鼠减少而饿死。各种残忍的暴行和悲惨的故事也经常发生：高种姓的地主命令私人卫队残杀低种姓的无地农民；激进分子报复性地屠杀高种姓；罢工示威的医生直接拔掉病患的输液管。

鉴于历史原因，比哈尔邦的这种乱象尤其令人不安。比哈尔位于土地极为肥沃且矿藏丰富的印度河－恒河平原，北印度雅利安定居者便是在印度河－恒河平原创造了他们历史上首个城市文明，印度后吠陀时代最早的宗教和灵修运动也发生在同一地区；佛陀也曾花费大量时间、精力在摩揭陀国游历，为各城的富人宣讲佛法；阿育王将该地作为其庞大帝国的中心辖区；5世纪的著名佛教大学那烂陀寺也创建于此，在此受训的大批法师和僧团将佛陀的教化远播到亚洲的偏远地区，迄今人们仍可从遗址的废墟中窥见那烂陀寺当年的辉煌。

回顾历史，比哈尔邦虽是佛教发源地之一，当地的佛教却早已消亡；作为主要信仰的印度教受政治因素主导，丧失了其道德追求——这是比哈尔不幸的一部分，但这种不幸仍在继续。在比哈尔的伽耶镇，佛陀曾做过一次著名的说法。然而，我遇到过当地婆罗门中产家庭的学生，他们向我吹嘘自己的祖辈把低种姓印度教村民活活烧死，来解决与他们的纠纷。该镇几公里之外，就坐落着菩提伽耶，它是佛教徒的麦加和耶路撒冷。然而，印度教民族主义分子曾在此地挑起武装暴动，宣称位于佛陀成道遗址上的那座寺院应属印度教。尘土飞扬的镇子里，随处可见全副武装的警察，就连寺院的主体建筑内也安插了岗哨。卫兵对徒步数公里来此朝拜的东南亚僧人搜身检查，而这些僧人每走两步就要五体投地长身而拜，全然不顾地上泥泞。

从外来香客这种古老的礼拜姿势可以看出，比哈尔邦悠久的历史传统留存至今。尽管如此，它已从知识和精神成就的巅峰跌落谷底，成了印度最荒颓破败的地方。一个显而易见的问题是，这是如何发生的。究其原因，部分在于佛教已在比哈尔邦消亡且被印度教取而代之。不过，在踏上那次专为写作小镇游记而策划的旅行之前，我虽早已将雅克蒙视为楷模，希望自己也能像他那样诙谐机智，但对于如何认识这一问题，彼时的我还毫无头绪。

读了一些史书后，我很快意识到，雅克蒙当初所经历的是一个简单粗暴的世界：英国殖民精英勾结本土的封建合作者，共同主宰着印度农民"无足轻重"的悲惨命运。我从书中了解到，英属东印度公司的官员无知且贪婪，他们沆瀣一气，摧毁了印度的土地集体所有制；拥有权势的地主，则代表英国人向广大的印度农民征税，使他们负债累累，一贫如洗。

我还了解到，工业革命不仅对英国的小型制造业造成了毁灭性打击，遥远的印度比哈尔邦也受到波及。它从一个棉花出口地变成了进口地，然后又沦为了鸦片种植区；随后，这些鸦片就会由一伙见利忘义的英国商人——雅克蒙在加尔各答优雅的河滨别墅里所结识的那帮人——走私到中国。

欧洲中世纪的匮乏、早期资本主义时期的剥削、现代社会的政治动乱——西方社会最糟糕的经历，似乎在比哈尔邦得到复制和加速。历史在这里显露出一副残酷无情的嘴脸；对于广大受压迫者而言，除非通过更多的暴力抗争，否则根本不可能从历史中获得解放。

距离菩提伽耶不远有一处棚户区，就在其中一间连窗户都没有的小屋里，我结识了一群年轻的激进分子。他们读印地语版马克思、列宁和毛泽东的著作，组织无地农民对抗地主和地方警察的剥削,并相当严肃地谈论如何在新德里酝酿一场革命。

早在阿拉哈巴德读大学时,我就认识这类组织中的激进分子。他们大多都很穷,绝不在去尼泊尔时会买一顶棒球帽的同学之列。他们组织游行示威,还成立了共产主义学习小组。他们衣着朴素,通常都穿着便宜的人造丝衬衫和橡胶拖鞋,受到高种姓学生的奚落。

然而,这些年轻人的父辈当年只能"安分"地待在家乡,过着与生俱来的贫困生活。而教育使这些青年接触到更为广阔的世界,当然,随之而来的还有各种困惑和痛苦——它们曾经引导维诺德走向辨喜,也促使这些年轻人开始接触并了解马克思、列宁和毛泽东。现在,他们已经懂得如何用词汇描述自身所遭受的痛苦、受苦的原因和结束痛苦的方法,还可以要求那些受过西方教育并制定印度宪法的理想主义者履行他们所许下的承诺:民主、社会主义、世俗主义。

我在比哈尔结识的这群年轻人,几乎全都目睹过自家亲人惨遭奸淫、酷刑折磨或杀害。他们虽然外表沉静温和,却浑身充满一股令人不安的张力。一天下午,我们坐在那间没有窗户的小屋里,屋外是条破烂的土路,不断有卡车和巴士开过,扬起一团团尘土,从敞开的门口扑进来,兜头而落,将这群瘦削单薄的年轻人染得须发皆灰。他们向我讲起各自所谓的"斗争":鼓动提高工人的最低日薪;持续反抗某个亲地主的警察;还在最近"袭击"了一个婆罗门地主的大宅,结果发现他包养着多名情妇。他们还告诉我,广大无地农民的自尊意识日益提升,他们再也不愿任由自己的姐妹、女儿被当地的地主绑架和奸淫。此外,他们还向我透露了一些当革命到来时他们必须要实现的事情。

"当革命到来时"这种令人不安的措辞,正是这些年轻人常用的开场白,似乎这些字眼向他们保证了自由与幸福。他们既不担心革命会带来恐怖与暴力,也不害怕那很可能让全国人民都将彼此变为"阶级敌人"。他们也会漫不经心地谈到消灭敌人的必要性:必须铲除"腐朽"的婆罗门、"富农"地主、"反动"的政府官员和"买办"阶层的店主。

在阿拉哈巴德时,我也曾为革命的想法所触动:印度所需要的,无过于一场残酷而迅猛的运动,将退化堕落的旧社会清除殆尽,由此开启一个公正平等的新世界。即便时至今日,我对革命的命运已有了更多的了解,也依然同情这些年轻人。但我知道,他们所期待的革命不可能到来。而更糟糕的是,"新印度"已开始出现,却并没有为他们预留立足之地。

在比哈尔,我这场为了写书而开展的旅行已接近尾声。过去,我游历过印度很多地方,但从来没想过要书写自己的旅程。制订一项旅行计划相对容易,难的是需要明确自己的目标,以及到哪里搜集资料。幸好启程后不久我就找到了创作主题,这些不确定因素自然也就消失了。我想要写的就是:自20世纪90年代初,印度实行经济自由化和引进外资政策后,在小城镇和城市中日益受人瞩目的中产阶级。

在雅克蒙旅居印度期间,以及之后的数十年里,印度中产阶级主要由政府和企业的职员构成,他们在国内欧式的院校接受教育;这类院校当初是麦考利等人倡议创建并推行的,旨在帮助英国管理印度。这个阶层的人数不多,但现代印度的伟人大都出于此。正如佛陀诞生于古代印度最早的市民阶级一样,19世纪的印度中产阶级则孕育了甘地、尼赫鲁、泰戈尔和辨喜。

辨喜曾极力劝诫这个由政治家、医生、律师、实业家、工程师、教师等构成的中产阶级，欣然接纳唯物主义和科学，将印度铸就成一个强大的国家。1947年，中产阶级从英国手中接管了政府，其中部分人还通过侵吞印度中央集权国家所凝聚的庞大资源逐渐富裕起来。不过，在印度独立之后，这个阶级不得不继续等待了半个世纪之久，直到本国经济出现繁荣的迹象，才得以扩展并开始落实辨喜当初的愿景——建设一个拥有雄厚物质基础的印度。到20世纪90年代中期，印度中产阶级仍属少数，不足全国人口的百分之二十，然而，它已显示出堪比19世纪欧洲新兴中产阶级的重大影响力，并已经开始重塑印度次大陆的历史、政治、宗教、艺术和建筑。

旅途中，我真切地体会到了这个阶级给人的特殊感受：小镇上帕拉第奥式的豪宅、粗俗的歌曲、暴力电影，以及无知而偏颇的媒体，等等。这个新兴的富人阶层散居在动荡不安的贫民区和村子里，很清楚自身的脆弱——如同高种姓的少数人处于广大低种姓的印度教徒和穆斯林中间。因此，和欧洲的资产阶级一样，印度中产阶级也形成了一种防御性的意识形态——民族主义。他们试图通过这一意识形态，来维护并合法化他们对国内大多数人的统治。

这种民族主义需要从特定的历史中汲取能量：伊斯兰教入侵并摧毁了印度本土的印度教和佛教，印度教失落了昔日的辉煌，通过研发核弹恢复曾经的国力和荣耀。这些讯息迅速传播开来，并被新获得权力的人们所接纳，他们发现自己突然进入了一个大世界，并急于凭借这些寻求自身的定位。

这种民族主义所激发的攻击性显而易见，根本无需委婉的托词加以掩饰。在拉贾斯坦邦一座著名寺庙的大殿中，来自甘地出生地古吉拉特邦的一个十几岁少年公然告诉我：解决"穆斯林问题"的唯一办法，就是将他们统统杀光。我还见过一些平素温文尔雅、受过良好教育的人突然间流露出对穆斯林、巴基斯坦人和低种姓印度教徒莫名而凶残的愤怒。

我所目睹的这种情况，至少部分地受到了印度教民族主义运动的影响，这场运动在 20 世纪 90 年代发展得很快。1992 年，在佛陀曾经也熟知的某个北印度古城，大批民众拆毁了一座 16 世纪的清真寺，其中主要的参与者便是小城镇的中产阶级。这些人都已成为印度教民族主义者的坚定支持者；后者承诺不仅会保证中产阶级在政治和经济上的主导地位，还会确保他们所有的对手（包括假想敌）——如贫穷的印度教徒和可怜的穆斯林——全都"走投无路"。

维诺德向来对辨喜赞不绝口，如今，辨喜已成为印度人民党的守护神。这个党派的绝大多数成员都是高种姓出身的中产阶级印度教徒，他们致力于提升印度在核弹及信息技术领域的实力，并尊奉母牛为圣物。不过，即便是维诺德，当初也没预料到日后的印度人民党已经接近实现他的计划：全面西化印度教，并将之转变为一种完全成熟的民族主义意识形态。但也正是这种民族主义意识形态，一边标榜自己如何宽宥包容，一边妖魔化穆斯林，还先发制人地就平等主义夸夸其谈，企图绕开早该进行的对印度低种姓民众的政治赋权。

这种赋权似乎不可避免，而且势必会因为资源有限而在各阶层和种姓间挑起更激烈的斗争。与此同时，上层阶级仍大权在握，而那些为公平正义奔走疾呼的人，如我在比哈尔结识的那群年轻人,则注定难逃厄运。

在新的政治秩序下,关于暴力变革、安全和尊严的愿景,不过都是些手段罢了,好让这群年轻人不至于陷入彻底绝望。可是,当我坐在他们昏暗而破旧的单间办公室里时,外面的世界显得那样广袤无垠且充满威胁,我不禁感到这些年轻人毕生致力于完成的任务是多么荒谬和徒劳。

在很大程度上,这项任务才刚刚开始,但这群共产主义青年似乎已经带上了悲剧英雄的光环。每隔一段时间,中产阶级就会强烈呼吁"法律和秩序"和"无情镇压"——我看这些年轻人注定会步此前无数个"麻烦制造者"的后尘,成为这些呼吁之下常见的牺牲品。他们也极易遭受践踏,沦为每年警察拘捕期间遭受酷刑或处决的成千上万人中的一个数字。

一个倦怠的冬日午后,我去了菩提伽耶,再次探访了佛陀的开悟之地。那时,恐惧而怜惜的情绪仍萦绕着我,我一直挂念着那群年轻人。

在高大的摩诃菩提寺的下沉式庭院里,一些印度农妇正在祈祷:她们站在几座小佛像和佛塔前,挥舞着手中的小油灯,在空中划出一圈圈环形的光痕。寺内的殿堂光线很暗,满是焚香;寺庙后面栽种着一棵菩提树,据说是佛陀开悟时一旁的菩提树繁殖的后代。它的树干上贴着金叶,刻着赭黄色的花纹,一条条五颜六色的许愿幡正随风飘动。

离菩提寺不远的一片草坪上,几个警察正聚在一起玩纸牌,原来,一位著名的藏僧正在那里讲法。我走到一顶明黄色的帐篷后面,驻足聆听。帐篷里的听众全是外国人,有些已经剃度,身穿赭色僧袍。他们都坐在草地上,表情庄重而肃穆地面向端坐在饰满金盏花串的讲台后的僧人。

这位法师身形微胖,戴着眼镜,表情严肃,相较于如此高的声名,他年轻得令人惊讶。他谈到,对于生活在非东方传统国家的人而言,"轮回"最令他们感到费解。他说,见到他的绝大部分人都会问:如果一个人没有恒久不变的自我,那他怎么能够"轮回"呢?能够"轮回"的东西到底是什么?

他讲到佛陀如何改变了婆罗门的业力说,强调应更重视人的起心动念,而非行为。这是因为佛陀知道,行为是不可避免的,但不是一切行为所造之业都能促成轮回,从而让人无法从痛苦中解脱。

佛陀认为,没有必要为了得到善业的果报而执着于轮回。他强调人的自控力。一个人能够驾驭一己之心的自控力越强,其堕入轮回的可能性就越小。随即法师引述了佛陀所说的一句话:

> 比丘们,当一个无知的愚人生出一念善"心",他的意识就会趋向善。当他生出一念恶或者一念非善非恶的"心",他的意识就会趋向恶或者非善非恶。

法师的声音通过陈旧的音响传出来,嗡嗡作响,我站在后排,听不全他说的话。我徘徊了一会儿,现场那种语焉不详的肃穆让人疲倦,于是我决定去拜访共产主义激进者达尔曼德拉。听一位在阿拉哈巴德与他共过事的人说,他正服务于菩提伽耶的一个藏传佛寺。对于一个激进者而言不同寻常的是,他也是一个佛教徒,或者说是一个"新佛教徒"——后者是对阿姆倍伽尔追随者的称谓。阿姆倍伽尔是印度"不可接触者"(达利特人)的领袖,也是印度宪法的起草者。

阿姆倍伽尔是美国哲学家约翰·杜威的信徒。1947年印度独立后不久,他就对新政府关于平等主义的承诺大失所望,决定领导达利特人脱离印度教,对抗高种姓的偏见和暴力,从而赋予达利特人新的宗教和政治身份。阿姆倍伽尔认为,佛陀反对种姓制度,主张人的平等,并倡导世人从痛苦和悲伤中解脱,是一位激进的思想家,是他所处时代的卡尔·马克思。因此,虽然考虑过伊斯兰教和锡克教等其他宗教,阿姆倍伽尔最终还是选择了佛教:1956年,在他辞世的前几周,他和三十多万达利特人一起正式皈依了佛教。

然而,达利特人的皈依并没有复兴佛教,几个世纪前,佛教就已经从印度消失了。作为一场政治运动,"新佛教"似乎也已偃旗息鼓。来到菩提寺的前花园,我看到一群穿着长衫、笼吉❶的白人男女正在打坐冥想;突然,一个矮壮的藏人凑近我,用低沉而嘶哑的声音盘问我在找什么。我没有回答,心里却开始琢磨,同更富裕国家的佛教徒相比,印度的新佛教徒究竟处于怎样的地位。

在后院,几个男孩正蹲在地上,用短扫帚清扫着积满灰尘的地面,达尔曼德拉也不在这里。后来我才得知,他当天外出了。返回旅馆途中,我路过一个卖茶水的棚屋,里面支着一个脏兮兮的煤油炉,上面摆着几把表面已经烧得发黑且凹痕累累的水壶。整个棚子就在一条露天排水沟旁边,臭气扑鼻,大多数顾客都避之不及,只有一名和尚除外。

---

❶ 笼吉,将一块筒状的布打结固定在腰间的穿着,在南亚和东南亚一带十分流行。

那和尚坐在一条小板凳上,正从一只平底玻璃杯里啜饮着浓稠的甜茶。他三四十岁,身形高大,看上去不是欧洲人就是北美人,新剃的光头在午后的阳光下十分扎眼。旁边的臭水沟里漂着貌似小纸船之类的东西,两个衣衫破烂的小男孩正连挑带钩地想把它捞上来,那和尚则饶有兴致地在一旁看着。

像他这样的外来客在菩提伽耶十分常见,当地接待了大量欧洲人、美国人、东南亚人。他们来此更多的是作为探索者,而非僧侣,通常情况下,他们都是好奇的游客,往往半隐居在菩提伽耶附近的寺庙和旅馆中,不时地到花园里打坐冥想,或去聆听佛法。一旦他们全都聚集到菩提寺里,其人数似乎轻而易举地就超过了当地人。

我发现,这名和尚对菩提伽耶和印度都很陌生,非常容易被不熟悉的事物分散注意力,仍要学习有经验的旅行者专注于自我的能力。想到这,他的外表和举止对我而言再没有什么特别之处了。随后,我步行穿过一条小巷,打算返回旅馆那间蚊虫肆虐的阴暗房间。突然,巷子里的景象让我联想到比哈尔——任何革命都无法改善它的悲惨处境,那时,我发现自己的内心充满了愤恨。

我突然觉得——和我的念头相匹配的词汇也不可遏制地冒了出来——那和尚是在作秀,跟那群穿着印度民族服装、聚集在藏传佛寺中打坐冥想的外国人一样,他们享有财富和旅行的特权,这使他既能够成为一名僧侣,也能够回去继续过从前熟悉的生活。

我不记得自己后来还对那个和尚有过什么看法,但当时因他而蓦然生出的愤恨情绪确实让我耿耿于怀,直到之后在贝拿勒斯听说海伦出家的事,它都还紧抓着我不放。

20世纪80年代末，我从阿拉哈巴德大学毕业后，在贝拿勒斯住过几个月，并在那里第一次见到海伦。到德里读硕士的入学时间延迟了一年，我决定在那段时间去贝拿勒斯，暂时不回乡探望父母。海伦学习文学，来自美国旧金山，是贝拿勒斯印度大学的交换生，在那儿留学一年。她就住在我住处隔壁的小巷子里，位于老城的最南端。那里随处可见成群的母牛和神猴哈奴曼的小神龛。海伦总是活力十足，充满魅力。她喜欢印度民族服饰，常穿着长衫搭配莎瓦裤，金色的长发扎成一条印度式马尾辫，手里拿着本平装诗集，一边大踏步地向前走，一边微笑着向鹅卵石小路上打板球的男生点头致意。

一天晚上，我和房东的儿子一起步行回家，在路上遇见了海伦，他便介绍我同海伦认识。我在贝拿勒斯认识的人很少，每天大部分时间都泡在大学图书馆里，随意挑选我认为有助于实现自己作家梦的书籍、杂志来读。到了傍晚，从大学出来返回住处时，我会走到高止山，在那里的石阶上坐一会儿，望着白日的亮光在平静的河面上渐渐消失，而后，再穿过几条半明半暗的小巷回到住处，径直来到房东太太烟雾缭绕的厨房，她已经做好了我的那一份晚饭。来到贝拿勒斯后，我极少和别人谈话，初见海伦时，我站在那条黑漆漆的巷子里，踟蹰了好一会儿才与她礼貌地交谈。

她带着明显的异域特征：开朗的白皙面孔、坦然的直视和礼节性的微笑。初次接触时，她就对我当时的阅读生活非常好奇；她觉得，我并没有像大多数印度人那样孜孜以求地规划自己的职业生涯，这很不寻常。对此，我都不知道该怎么回应。当时，我并不想向她透露自己的文学志向，私下里我很珍视那些理想，不想让它们过早地曝光于冷酷的现实。所以，我拐弯抹角地解释了一番，她听得很认真。而后，仿佛灵感乍现般，海伦的脸上放出光彩，她提议说她的住处有很多书，要是哪天我觉得走去大学图书馆太累的话，可以随时到她那里借。事实上，她说，不妨我明天就去看看。

尽管难为情，第二天晚上我还是去了她的住处。她那儿和我的住处一样小，却满屋可见五颜六色的印花被单、枕头、小地毯、藏式壁挂，还有其他杂七杂八的东西：一把电水壶、一罐花生酱、一瓶橄榄油——都让我感觉很新奇。她邀我坐在地板的座垫上，用茶包给我泡了一杯薄荷茶——另一项迷人的新体验。我俩边喝茶，边聊文学，很快就发现我们的读书偏好大相径庭。她不怎么读欧洲小说，很热爱美国的垮掉派诗人：艾伦·金斯堡、格雷戈里·柯尔索、劳伦斯·费林盖蒂。我听说过金斯堡，却没读过他的任何作品。在海伦那里，我第一次听说金斯堡是一名佛教徒，还曾在贝拿勒斯旅居数月，并寻访过多处与佛陀生平有关的地方。

她还向我推荐了旧金山的城市之光书店，还有伯克利的一些书店。然后，我浏览了她的藏书，在一排美国小镇文学和垮掉派诗歌中，几乎没有我想读的作品。但那些书籍全都很新，印刷精美。而我每天在图书馆里借阅的读物大多满是灰尘和白蚁侵蚀的痕迹。相比之下，我自然非常乐意借海伦的书。她还坚持要赠送我一本金斯堡的诗集，更是让我受宠若惊。

那天晚上告别后，我仍兴奋不已。在认识海伦之前，我从没有如此近距离地接触过家人之外的女性，也不曾和任何一名女性如此自在地交谈而丝毫未觉尴尬。我并非意识不到海伦的魅力；但她身上有一种特别的活力和善良，其中绝无一丝虚假，任何想法都只能让人愧疚于对她的不恭。

尽管如此，当得知海伦有男朋友时，我还是有点失望。对方在旧金山湾区——那里可以说是美国最独特的地区之一，海伦称之为湾区。她的男朋友还来探访过一次。他是个面容可亲、清瘦结实的年轻人，同海伦一样友善热情，急切地想要品味贝拿勒斯的异域风情。我和他俩一起去了高止山，他竟向那里的毛头小子发起挑战，与他们比赛放风筝；还让一位身上涂满灰泥的裸体托钵苦行僧给他抽了口大麻。

这个年轻人还谈到了罗纳德·里根及其执政期间所奉行的保守主义，以及美国民众共同经历的艰难十年——他以总统和政府这样遥远的事情来界定自己和整个时期，让当时的我印象深刻。后来我还了解到，他和海伦曾结伴去尼加拉瓜采摘咖啡豆，以示支持"尼加拉瓜桑地诺民族解放阵线"——该组织当年所抵抗的对象，便是接受里根政府军事训练和武装资助的游击队。此外，他俩还去过海地，协助特蕾莎修女的工作。所有这些，都是他们在二十岁出头时的经历。

我则向他俩讲述了自己在阿拉哈巴德读大学时亲历的学生暴力政治❶；他们从没想过求学之地居然会和自制枪械、炸弹乃至光天化日之下的杀戮联系在一起，显得十分震惊。我还谈起了从前自己与某学生革命组织无关痛痒的几次接触，很多都是琐碎的细节，他俩对此似乎也兴味索然。也许，我总是想要给别人留下好印象。但实际上，我并没有什么可资谈论的话题，更没有什么可供自怜的资质。反倒是他们那种十足的自信，仿佛不仅知道自己是谁，还知道自己能够做什么，一直让我不由得心怀敬畏。能够

---

❶ 阿拉哈巴德大学是印度北方邦的一个重要政治战场，诸如学生会选举等校园内部的活动都与更大的政治局势密切相关，其间也不乏暴力事件。

对这个世界保持相对清醒的认识和稳定的看法，正是维诺德和我这样的人以不同方式渴望达到的共同境界——只可惜，我们就连自己是谁这类问题都还没搞清楚。

离开贝拿勒斯后，我给海伦写过几次信，都得到了回复。但第二年她就回了国，此后的所有信都从加州旧金山寄出，信封上贴的邮票是杜鲁门和林肯的严肃面孔。她在来信中说，自己参加了各种抗议活动、集会和演讲；湾区已逐渐成为我心目中美国社会的思想和精神之都。相比之下，我的阅读和写作生活则显得自鸣得意而徒劳无功；我尽量让自己显得关心政治，即便我并不热衷于此。我和海伦的通信就这样持续了一段日子，她还数次将信寄到了玛舒波拉，但最终我们还是断了联系。几年来，我再也没收到她的只言片语，每当想起她，我心中总有一种不安的感觉，仿佛她已消失在无边无际的美国。

六年后，我重返贝拿勒斯，为自己的书撰写文章。第一天上午，我去了老城区一家河边的书店。店里那个亲切友好的年轻人似乎认识不少当地的外籍人士。无意中，我听到他与一名身披纱丽的白发美国女性聊天，对方正向他抱怨贝拿勒斯的性骚扰问题，据说情况在最近几年明显变得越来越糟。女顾客走后，年轻的店员便过来招呼我，并语气嘲弄地谈起刚才的女顾客。说着说着，他突然问道："你知道吗？海伦在这儿。"

那时，恰是我以前在贝拿勒斯的几个月间喜爱的明丽清朗的冬日早晨：风筝高悬在蓝天上，河面波光粼粼。"海伦"这个名字再次点燃了我的怀旧情绪，在此之前，我穿过一条小巷，巷子里一家帕安店的收音机正播放着一首老歌，让我回忆起自己曾在这座城市度过的岁月：尽管当时对未来满怀焦虑，但如今回首，尤其是忆起海伦那始终如一的自信和乐观，便觉得往日一切顺遂。

想到与海伦重逢会有多美好，我便问那年轻人是否知道她目前住在哪里。年轻人回答说不知道，但他相信自己可以很快打听到。我盯着眼前的一排排书籍，却什么也看不见，脑海里已经开始想象与海伦再见面时可能发生的对话。我似乎有很多事情想讲给她听，在比哈尔的见闻早就充盈在我的脑海中，但我找不到任何可以倾诉的对象。

我直愣愣地站在那儿，做着白日梦。见状，身边的年轻人又凑近说了一句："你知道吗，她已经出家做了尼姑，头发都剃光了，简直认不出来。"

我被这句话惊醒。令人不安的画面浮现在我脑海中。在贝拿勒斯，我认识几个自称是佛教徒的外国人；而他们只不过是接受了佛陀的学说，定期打坐冥想，以及往墙上装饰一些曼荼罗的壁挂而已。小时候我在小镇学堂里念书，办学的都是些不苟言笑的天主教修女，除了她们，我再也没接触过任何女性出家人。蓦然间，我感到海伦离我如此遥远，那种疏离感，竟比我先前觉得她已消失在美国某个地方的茫然更为强烈。

到那时，我已读过不少关于佛教的图书，意识到在现代世界践行佛教会多么艰难：这个世界，几乎一切都建立在欲望增殖和扩张的基础上，而这恰恰是佛陀所警告的。佛陀认定的痛苦之源，以及希望予以根除的贪婪、嗔恨和妄想，也是生命的活力乃至快乐的来源，无论它们如何转瞬即逝。

面对浩如烟海且复杂深奥的佛教文献，我充满了好奇。如今，这些思想家和学者的著作也几乎被遗忘了，我其实也无法理解其中的很多内容。在这些哲学家中，最引人入胜的一位是龙树，他甚至对佛陀提出质疑：既然一切心智的构建皆无实质可言，那世上根本就不可能有所谓的"正见"。然而，人如何理解"空"的概念呢，更何况还有"空即是空"的说法？又或者，该如何理解"慈悲源于对空的领悟"？

坐禅也许有帮助，但我无法维持太久。而且我也的确无法承受佛门修行那般严苛的训练——尽管内心不愿承认。我无从得知究竟是什么将海伦引入佛门，但她似乎并没有因为博大精深的哲理和实践的困难而气馁不前。或许，她只是比定期打坐并在家中供奉唐卡的人多迈出了一步。但无论如何，她的皈依在我看来还是过于草率，我想要见她的愿望也淡化了。

第二天，我在城中游览。先前在其他地方见过的那些变化，贝拿勒斯也在所难免：某些隐蔽小巷的深处设置电话亭，贴着满是英文缩写（STD-ISD-PCO）❶的花哨海报；通往河岸的山路旁开了一家比萨店；老城的扩建部分新建了室内购物城，只可惜它们白净的门面全体败给了四周胡同弄巷里脏乱差的街景，里面几乎无人光顾，好奇的游客多过购物的顾客，他们多是附近村镇的农民，面对大理石的地面和玻璃橱窗恭敬有加，如同朝圣。

沉浸在工作之中，我几乎忘了海伦，直到一天早上，我叫来一辆机动三轮小篷车前往鹿野苑。学生时代，我曾在贝拿勒斯住过一段时间，其间总爱去鹿野苑小憩，只求远离印度教统治的都市片刻。在鹿野苑，我步行穿过当地的博物馆——馆内陈列着著名的狮形石雕，它本是阿育王石柱的顶饰——然后躺在一棵有草

---

❶ STD-ISD-PCO，分别代表直拨长途电话（Subscriber Trunk Dialling）、国际长途电话（International Subscriber Dialling）和公用电话亭（Public Call Office）。

坪环绕的大树下,在那斑驳的日影中阅读自己带来的书。我还会到馆区的东边,找一家便宜的路边小馆填饱肚子,之后再回到草坪,睡上一个长长的午觉,直到树枝间的长尾鹦鹉欢快扑腾的鸣叫将我唤醒。此时倍感精力充沛的我会继续看一会儿书,再返回贝拿勒斯。

至于当地的大佛塔,或佛陀连续数个雨季住过的寺庙,或其他各种古庙神殿的遗迹,我从来很少关注。后来,我在玛舒波拉读过专门介绍佛陀的书后,便颇感遗憾,经常想起鹿野苑,并告诉自己之后一定要以全新的眼光重游故地。

几个月前的小镇之旅期间,我就时不时想去实现这个心愿。可当我坐着机动小三轮缓缓地穿行在贝拿勒斯城周边杂乱的远郊时,各路人力三轮车、驴车、电动自行车,以及冒着黑烟的柴油机卡车频频堵塞道路。眼前不断闪过熟悉得让人郁闷的小镇风光——堆积如小山的破铜烂铁、散发着恶臭的池塘、非法架设的如乱麻般的电线、茶棚周围游手好闲又无精打采的年轻人、坐在白气腾腾的大瓮前吃咖喱角的肥胖甜点师傅——我逐渐变得麻木。

道路终于畅通后,机动小三轮开上一条笔直的漫长大路,两旁是成片的酸角树和杧果林。再走几公里就到鹿野苑——那里不仅有鹿园、佛塔、各种寺庙神殿,还有那永远让人殷殷期待的宁静安详。不过,让我感到奇怪的是,自己当时竟没有巴望着尽快到达。

机动小三轮停车后,我径直朝博物馆走去,身后跟了一大群乞丐和兜售矿泉水的小贩。门口的老看守嘴上胡子发白,手握一杆老式的来复枪。馆内光线不足,空无一人。在一间狭长展室的尽头，绕过阿育王石柱便是一座砂岩的石雕，刻的是正在坐禅的佛陀。我站在雕像前，试着回想在书本中读过的信息。

离开博物馆，我去了草坪。时间尚早，草地上还有露珠，但已有三三两两的游客在野餐，他们正打开手中的塑料袋，往草地上铺席子。不远处，有位僧人正围着答枚克佛塔缓缓而行，显然是在行禅。

我想去参观另一座佛塔，它由阿育王建造，就坐落在佛陀为迦毗罗卫城的五位同乡比丘初次讲法之地。根据地图上的标注，我找到佛塔的位置，却只看到一圈环形的塔基，其上散落着残败的供花和燃烧过的香烛等供品。我在它前面站了一会儿，思考接下来该做什么。之后我盘算着步行去答枚克佛塔，然后找一辆机动小三轮回贝拿勒斯城。

还没走出几米，就见一位女尼迎面走来，白人，中等身材，穿一件赭色的僧袍，步履轻快矫健，让我感到既熟悉又陌生。

待她走近，我才恍然认出那是海伦。她剃光了头发，上翘的唇形像是一直在微笑。

慌乱之下，我脑海中最先闪现的念头是：她看见我了吗？

我想藏起来，可惜离我最近的一棵树远在好几米之外。情急中，我只得陡然转身，背对着她，同时将手放在眼睛上方，极力表现得像是在寻找远处的什么东西。

我心中暗暗地半期待着她叫出我的名字，同时脑中飞速盘算该如何回应。

焦急等待中，她已从我身边走过，只留下一阵僧袍窸窣的声音。我直挺挺地站在原地，似乎过了很长时间，我才确认可以活动，但马上又因为自责而几近瘫痪。

回到贝拿勒斯后,羞愧和内疚逐渐消退,我开始专注于写作。我在城区又接连做了几天调查,拜会一些中产阶级。尽管我又去了河边那家书店,但再也没问起海伦。

在玛舒波拉,我从春天写到夏天。那段时间里,大部分日子我都足不出户,除了发呆,就是看书。这趟旅行暴露了我的幼稚天真,我所看见的其实是一个复杂的世界,唯有阅历丰富的心灵才能理解它。这一段旅程表明,我此前只将写作视为私人且缺乏新意的放纵。因此,我基于一种防备之心,下笔时往往尖酸刻薄,含嗔带讽,半是真实,半为卖弄。

我开始正式重新思考海伦出家的决定。如今,海伦的这一行为已彻底抹去她从前在我心中象征的一切——那是一种了解并探索广阔世界的能力,我正是因此仰慕甚至试图模仿她。我认为,她在尼加拉瓜和海地的各种尝试,只是其身为美国人享受诸多特权的不同表现形式,也正是这等特权,方便她成为佛门的尼姑。我感到我俩早已分道扬镳,如果当初在鹿野苑没能避免重逢,结果也只是让彼此尴尬而已。

我想,将来还是有机会再遇见海伦的,只是在另外的时间和地点。不过,眼下我正忙着适应全新的自己,一个略有阅历、自认成长颇多的自己。只是当时的我还没能意识到,我将一次又一次地耗尽这样的自己,它们总会"生灭不已",让一切经验都难以定性,难以从中学习。

雨季拖拖拉拉地持续到9月下旬,我一直在玛舒波拉写那本游记。雨持续敲打着铁皮屋顶,床单永远带着一股淡淡的霉味。屋外积雨若溪,地上泥滩交错,乡间小道穿行其中,路段忽隐忽现。

入夜后，远山的灯光屈指可数。德拉川姆一如既往地在狭长的印刷室里操劳，手指尖黢黑，在印刷机稳定的节奏声中度过一整个悠长的午后。那个驼背老农隔一阵便消失几天，每当我开始担心他病倒甚至去世时，他又出现在果园中。

雨季结束后，我又开始出门散步。街邻的店主看上去都老了点；稍微富裕的人家已有小巧的黑白电视机，旁边摆着各式腌菜坛子，以及一包包的"浪牌"清洁剂。蒙图在他的小餐馆里挪动着庞大的身躯，但他做这些动作时越来越吃力，于是不得不叫儿子尼拉杰帮忙。某天午后，尼拉杰放学比平日早，腼腆地来问我是否了解电脑及其用途，好奇自己是否有必要学习如何操作。他妈妈碰巧就在隔壁，只隔着一层充当门帘的破烂纱丽。听见我俩的对话，她就发了话，说等尼拉杰将来毕业，我有责任帮他找份工作。

村子里架设了一条电话线，涉及主路两旁不少的挖掘工程，于是村里的集市上来了一群鼻平唇厚、皮肤黝黑的矮个子男人。他们衣着褴褛，讲一口奇怪的印地语，每天下午顶着烈日站在及膝深的沟里，满头大汗地工作。他们是来自比哈尔一带部落区的劳工，在印度各地寻找工作机会。他们住在路边的油布帐篷里，就挨着土堆，由妻子生火煮饭，延续了原先在平原林地中的生活习惯。

奶牛在棚里哞哞哀叫，德拉川姆却很少放它们出去活动。我开始向往清净的日子。在我写完那本游记时，玛舒波拉还是初秋，即将迎来一年之中最华美的季节，但我已经盼望着离开。

来这里本是为了掌握当地村庄的全貌，我之前虽然准备继续前进，但也安逸于此。而如今，我已开始躁动不安，渴望全新的视野与体验。由于自信很快能获得更多出版收入，我在那年秋天启程去旅行，首先游历了南印度、果阿和孟买，回到北方后又重游贝拿勒斯。之后，因为要写一本关于佛陀的书，我又去了舍卫城、毗舍离、阿约提亚和拘尸那罗——据说，这些都是佛陀中年时游历过的地方，但具体时间已无从考证。

在舍卫城，有个富商为佛陀捐赠了一座园林，在后来长达二十四年的时间里，佛陀每年雨季最爱去的地方就是那里，其中的一个园子可能是最早的古佛寺建筑群之一，如今只留下了一些残迹。那里的长尾叶猴在木橘树间吱吱叫，还跳到园角栅栏后的菩提古树上。园外干燥的乡村野地上有羊群和灌木丛，还坐落着几座佛塔，其中不少墙砖被偷。在毗舍离也有一座园子，那里的博物馆灰尘厚积，满是残旧的文物。在拘尸那罗，成片的甘蔗地中间突兀地立着一座砖丘，那是佛陀火化的地方。附近的一座佛寺中，还供奉着一尊浑身鎏金的巨大卧佛。

这类佛教圣迹中，有些早已沦为异常乏味的荒凉之地，看上去死气沉沉，还不如路边的神猴庙有活力。尽管亚洲的佛教徒为了重振佛教而煞费苦心地供奉，穿着橙色、赭色、深红色和白色的僧袍，建起崭新的镀金寺庙，但也已经无力回天。

那年旅游结束后，我继续在贝拿勒斯逗留，没有再回玛舒波拉。我思绪紧绷，一时不知道该做些什么，但就是不愿再回到我那几年无所事事的阅读和写作时光。

第二年，当因为几项新闻任务而需要前往欧洲和美国时，我很高兴能够借机离开玛舒波拉。我和维诺德结伴长途跋涉地坐车去尼泊尔时,并没有料到日后还能出国游览其他地方;但眼下的我仍不得不留在玛舒波拉,耐着性子坐等雨季过去:一边盼着雨停,一边担心雨下得太久会造成山体滑坡,导致西姆拉通往平原地区的道路堵塞,让我没办法抵达德里机场。

伦敦的天气很好,人人都说那是多年来最暖的一个秋天。这种围绕天气的家常闲谈,竟也令我莫名兴奋,那种感觉大概就跟初到印度的外国游客赫然看到街上有牛走动的情形差不多。身处一切新奇又让人倍感疏离的异乡,陈词滥调往往就像一根救命稻草。伦敦神秘莫测的秋季、阴沉昏暗的色彩、冷硬泛青的天空、日渐缩短的白昼——这些我之前只在书本中读到的事物,在我刚到英国的头几个小时里有效缓解了我内心巨大的焦虑。

这种焦虑在我长时间的飞行过程中不断累积。在移民通关处排队候检时,我看到官员盘查那些茫然无措的锡克人,语气尖刻得像在审讯囚犯,这种焦虑又再次汹涌起来。我当时还没有自信应付当地的公交,就直接在机场叫了一辆出租车,那是堪称当地招牌景观的黑色老爷车,这对于当时预算微薄的我而言是一笔极为奢侈的开销。

尽管先前有许多报道称,从希思罗机场到西南伦敦的风景"阴郁乏味",但在我抵达伦敦的那天,清晨的空气出乎意料地清澈凉爽,令人心旷神怡——出租车后座的车窗半开着,我借机大口呼吸,恍若置身于喜马拉雅山区。从车窗望出去,满目葱茏,我还在飞机上时就能看到那鲜亮的碧绿,现在置身其中又更感亲切。整个行车过程中,我快活不已,来时的紧张不安已经驱散,愉悦的心情还掩去了路旁仓库和住宅的破旧——这些残败的街景在日后让我倍感阴郁乏味。

我暂住在先前在德里结识的英国朋友家中。在我到达时，里面空无一人，大家都出门上班了。生活在伊斯特西恩郊区这葱茏掩翠之下的静谧小巷中，我很难想象伦敦繁华地带的紧张节奏。我在英国最初住的这栋房子是半独立式的洋房，墙壁上贴着粉色墙纸，地板上铺着厚毯，客厅里摆着一架钢琴。我提着行李上到二楼，按照房主留在地毯上的便签，走进指定的客房。那里有一张单人床、一台暖气设备、一个书架、一幅不知是何内容的挂画。

屋里只有一扇窗户，我赶忙凑近它往外看。尽管十分疲倦，巴不得马上躺下，我还是在窗前站了一会儿，几乎脸贴着玻璃欣赏屋外恍若小型世外桃源的美景：围着篱笆的后花园里，有一间迷你温室和工具棚，草坪两边栽着一溜绣球和牵牛花。院子后方种着一排悬铃木，树叶棕褐泛红，如同一道天然的屏障。我看得入了迷，真想整天都待在园子里，躺在草地上，仰望绵白轻软的云朵缓缓飘过苍穹。

当天下午我没什么安排，但又舍不得闷在屋里休息，于是没待多久就出门四处逛，磕磕绊绊地走到里士满公园。我虽然之前就注意到这块园林在地图上显示的大片绿色，但生活中看惯了印度城市里杂乱的棚屋，从没想过有一天会如此贴近这种城郊美景：林荫大道的两旁都是宁静慵懒的屋前花园，连绵的绿坪蓦然出现在道路尽头；宁静的小池塘边坐着几位手拄拐杖的老人，身旁还有小狗陪伴；数架飞机在高远辽阔的碧空悠然盘旋，像是在遥遥守护着这份美满如画的祥和。

公园密林幽深，我沿着潮湿的小径漫步，在一片茁壮生长的橡树林中停下脚步，将沾在鞋底的落叶剥去。四周巨树参天，与它们贫瘠瘦弱的印度同类完全不同。夜深了，路上的灯光逐渐熄灭，我在返程时迷了路，在旁边的街巷里兜兜转转。那条巷子里的住房都有飘窗，窗内挂着垂帘，偶尔泄出丝丝缕缕的光，落在我这个疲惫的旅客眼中，仿佛泛着家庭舒适与自足的柔辉。

回到住处，我突然很想找人聊聊，就站在看得见后花园的厨房里拨通索菲亚的电话。我是在西姆拉认识她的，她在那里住了两年，为研究帝国时期的城市规划论文做调研。

索菲亚在电话那端略显沉重，说她不久前刚和男友分手，正在努力克服这段低潮期。

我一时不知道该说什么，她之前从未向我透露过私生活。在西姆拉时，她工作很努力，总是滔滔不绝地讲述她发现的关于这座城市形成过程的有趣细节。在我看来，她那份孜孜以求的坚毅果敢，与其说是事业心，不如说是求知欲。

我开始闲聊自己的见闻：空寂的公园里遛狗的孤独老人，客厅面朝荒凉街道的私人住宅，以及等着我去探索的偌大城市等。这些都让我觉得，只有付出巨大的努力，才能拥有这等宁静的中产阶级生活。

索菲亚打断我说："你眼下住的只是郊区，等你见过市中心再说吧。"

第二天我就去了市中心，顺便看望索菲亚，她家就住在市区的肖迪奇。我坐的是城铁，中途每站都有身着深色套装的乘客上下车，他们无论男女一概表情严肃，不少人还手捧《泰晤士报》或《卫报》全神贯注地阅读，令我对接下来的市区之旅生起一抹不祥之感。车窗外，可以看到背阴处长满苔藓的房屋，肮脏的墙壁上爬满了藤蔓和晾衣绳、有三轮脚踏车和玩耍护栏的屋后草坪，还能瞥见灰暗的河流、岛屿、仓库、工厂、平房办公楼等建筑。

和很多人一样，我从前只见过书本上介绍的伦敦夜景。但只有在当地亲自穿过威斯敏斯特宫，走过白厅，进入特拉法加广场——这些地方会让人想起加尔各答和马德拉斯的某些街区——并沿途切实领略河岸上的人潮和楼群之后，才能明白灯光塑造一个城市和赋予其超凡色彩的魔力。

在某些老旧的书报照片中，我发现伦敦的不少景点在风格上与马德拉斯、孟买和加尔各答的极为相似。作为殖民统治区的前哨站，这三个地方多少都受过18世纪中期至19世纪末英国建筑哥特复兴运动的影响。在我心里，伦敦总能让我联想到殖民时代的情景：在那种懒洋洋、仿佛永远都过不完的午后时光，一群印度土著光着膀子，只在腰间裹条布，沿着墙根一溜齐地窝在阴凉里小憩；一位穿戴考究的官员从人力车上下来，街道十分空旷。

我没想到会在这里碰到大批上班族，他们目标明确地大踏步走过滑铁卢桥，伴着高跟鞋在人行道上发出的嗒嗒声。在印度，很少有人看上去那么精神抖擞，即便有，通常也被视为异类。这些上班族从托登罕宫路站涌出，个个沉默寡言，无暇顾及左右，仿佛受到某种巨大惶恐感的驱使，一身非黑即灰的装束衬托着青春不再的苍白面孔。就在他们之中，我带着一丝失望地认出了索菲亚。

在西姆拉时，索菲亚常穿一身长衫加宽松裤的装扮，一口英国腔，在一群于商城大道上悠然漫步的男女之中魅力四射。就我所知，她的家庭背景可谓不同寻常。她祖父出生在旁遮普邦的一座偏远小村，在西姆拉做过苦力，后在英军服役，参加过第一次世界大战的美索不达米亚战役，负伤后返乡。他的儿子，也就是索菲亚的父亲，也曾在军中服役，效力于英属印军，在第二次世界大战中参加过抗击意大利军队的战役，表现十分出色。他在定居伦敦后便有了索菲亚。

索菲亚很少谈及父亲和祖父。她将父辈参加过的战役称为"白人战争"。那时，无论是她的世界观，还是她在闲谈中表达自己世界观的能力，都令我印象深刻。

由于祖父曾在西姆拉做苦力，靠给人扛煤袋谋生，她对该地充满好奇。然而，我们在伦敦重逢的那天早晨，她穿着短裙丝袜、发型齐整，尽管一如既往地得体漂亮，我却几乎不能从人潮中认出她来。她身上唯一保留印度风情的衣着，是一条围巾，但她没有按照印度传统的戴法将它铺展在肩头，只是简单地系在脖子上——这是她个人风格的标志。眼前的索菲亚在她自己的世界里——无论是在伦敦大街上或人群中，还是在伦敦大学附近我俩吃午饭的素菜馆里——已经失去原有的光芒。

那天下午，索菲亚和我聊了很久，低沉的声音透着幽怨——仿佛我俩私交笃厚，但其实并非如此。她说起各种烦恼：自己还只是临时工，同事像是充满恶意的敌人，学者的社交生活太过拘谨，缺乏新意。当我们坐在狭窄的餐馆里时，屋外人行道上的学生正沐浴在异常明媚的秋阳中，一路欢声笑语。

我们一起去了伦敦西郊的绍索尔区。我要写一篇文章，介绍参加过二战的前印度官兵将要举办的一次聚会。他们都是在英国生活了近半个世纪的退伍军人，在英国政府庆祝二战胜利五十周年的活动中，他们觉得自己受到不公对待——澳大利亚、加拿大等英联邦国家的前二战官兵都获得了政府的嘉奖，同为参战将士的他们却无此待遇。

那次聚会的屋里挤满来客，老兵留着浓密雪白的八字胡，拄着拐杖，胸前佩戴着闪闪发亮的军功章，坐在白色的塑料椅上，两眼瞪着空气，直到饭菜上桌才起身活动，依次排好队等在堆满印度美食的桌前。索菲亚在屋里显得焦躁不安，她不满地告诉我，她父亲没来参加这次聚会。索菲亚的父亲的海外事业发展得很好，在伦敦城内和乡下各有一处房产，子女的工作也都安排得不错，所以并不关心其他移民的生活。

我们回到伦敦市中心后，找了家酒馆喝了几杯。索菲亚还在愤愤不平，她说实在受够了住在伦敦的印度人，认为他们都是为求私利争强斗狠且不择手段的人。她的印度前男友就是其中一员。他是一名记者，懂得在试图实现多样性和多元文化的职业圈子里，利用自己外国少数族裔的身份，在这个白人占绝大多数的地方争得自己的空间。他供职于一家左翼报社，原先只是助理编辑，之后很快便参与正式的新闻报道。其间，他的政治观点日趋保守，私生活开始有失检点：购置了一辆萨博敞篷车，还与女上司关系暧昧。

我在听的过程中其实略觉尴尬与局促，虽然我并不能完全理解她说的好多东西——比如购买萨博敞篷车——但也颇为好奇。那就像有人告诉我清晨那群上班族大军在繁忙职场工作之外的另一面，令我感受到其中涌动的各种怪异动机和局促张力，似乎可充作某些年轻作家或专栏撰稿人描写办公室生活的低俗小说素材，我早在报刊上读到过这类文章的节选。那天早晨之后的经历加剧了我的紧张感，如同置身于一部冗长复杂的剧情片中间。

夜色渐浓，酒吧已经满座，客人不时高声爆笑，声音刺耳，索菲亚开始聊她的新情人。他是一名法国记者，二人初识于伊斯灵顿的某次社交聚会。她滔滔不绝,但环境嘈杂,我没法让她听清我说话,就只好作侧耳倾听状,间或点头示意。我想必表现得非常好奇,而她有些喝醉了。

按照索菲亚的说法,新情人对她展开了极其猛烈的攻势,终于令她屈服。"真是烦人透顶。"她这样形容着,语气中却略带落寞。恋爱的那段日子,两人每周约会数次,一起外出看电影或寻找其他消遣,或者直接去男友在伊斯灵顿的住处,让空虚的夜晚不再令人不安。

但问题是,她现在已无法忍受这个法国情人。他既不好阅读,又不喜艺术,为人还很小气,"他从不给我买花,也不送我礼物,厨房里永远要啥没啥。"索菲亚说。

在当晚返回伊斯特西恩的轻轨列车上,满是穿着深色西装、面容憔悴的乘客。我静静地站在他们中间,疏离感更重了。就在那时,我脑海中突然浮现一个画面:索菲亚在幽暗的厨房里胡乱翻找,冰箱和橱柜却空空如也,卧室里传出聒噪的电视声,窗外是我先前在轻轨列车上见过的一排排房屋,屋子里面黯淡无光。

后来,我从英国去了趟法国,接着又去美国。其间,我往返于各国著名的机场——希思罗机场、戴高乐机场、约翰·肯尼迪国际机场和洛杉矶国际机场——宽敞的候机楼里汇聚了五湖四海的游客,有墨西哥人、俄国人、印度人、尼日利亚人、伊朗人、印尼人、菲律宾人、韩国人等,形同五光十色的集市,每每让我觉得新奇。看来,很多人跟从小生长在印度的我一样,渴望见识世界的丰富多彩,无论是商人和学子,还是游客和移民,无一不想尝试突破现今的生活,摆脱狭隘的种族或民族认同,致力于赚钱、求知或追求爱情和自由。

同年稍晚时候，我又回到玛舒波拉。见到夏尔马先生时，他并没有问我旅途见闻等情况，让我着实松了一口气。我也没有主动提起相关话题，更不鼓励他和我聊，因为我那时还没有捋清思路，连自己有何见闻都未必说得清楚。

这种思路不清的状况出乎我的意料。这次出国之前，我其实已经有过不少旅行经验，而且世界观在我前往伦敦之前早已定型。我自以为不同于早年便出国生活的印度人，他们大多是国内上层人士的子女，通常会在英美等国留学三四年，然后回国继承家业。他们所谓的西方生活经验，不外乎一点脆弱的优越感，再加上各种戛然而止的罗曼史与友情共同缔造的五味杂陈的回忆。而我也不是到处乱找教堂、博物馆和纪念碑的游客。我想显示出自己有别于大型印度旅游团里毫无体面地搜罗便宜家电和炊具的买家，但我也绝不是一个不分好坏、急切拥抱海外新生活的移民。

我的动机要浪漫许多。我想沉浸在崇敬的文学巨匠的气息中，与伟人为伍。我想步行穿过巴黎的布洛涅森林，去看看普鲁斯特及其笔下人物追求名誉和爱情的地方；想要拜访新英格兰的康科德镇，去看看爱默生谈论自立的演讲之地；还想到瓦尔登湖附近观光，去看看梭罗翻译佛经和阅读《吠陀经》的胜地。我曾在他们完全无法想象的地方拜读他们的大作，在初读之后便开始构建适合我的自我与生命。

在保存完好的名家智者的故居外，建起了不少礼品店，兜售的纪念品无非是各种瓶装美酒、印有黑眸的普鲁斯特忧郁半身像的遮阳伞，或是带着络须的爱默生严肃侧面照的咖啡杯。我随意逛了几家，店里的商品很有创意，让我想起从前游览印度的著名寺庙时，沿途卖花、香和檀木软膏等礼拜供品的摊铺。

直到很久之后，我才意识到，自己对西方作家和哲学家的热衷一直是基于某种偶像崇拜，从来没有结合当时特定的历史理解他们，比如那些造就并影响他们、又引发他们不同反应的具体事件——旧有道德与宗教秩序的分崩离析、经济和政治革命、帝国的形成与衰败、资产阶级个体的崛起及其独有的欲望和娱乐，等等。我当初仍然以为，在理解一个人时，可以将他与当下制约他的多方力量剥离开来。

我第一次到西方旅行时，真可谓直奔心中的梦想圣地而去。没想到实际见闻带给我的，却是远超预料的惊诧。触目的色情广告、报纸和杂志，我早在印度领略过了；巴黎市郊墙体上满布的涂鸦严重有损建筑外观，我在某部讲述北非移民的电影里见过，但从没想过那是真实存在的；还有美国境内距离康科德与瓦尔登湖不远的郊区购物城和停车场，其荒凉之状让我想起约翰·厄普代克小说里的情节。我从前遇到过的某些老生常谈的社会学问题——诸如生活的机械化、服务于个体欲望的文化等——再次摆在了我的面前，但这些现状不仅无助于澄清问题，还牵扯出更多陈词滥调。

这就是为什么我不愿向夏尔马先生提及任何伦敦见闻的原因。我无法告诉他，我每天看着一大批衣装肃穆、面无表情的乘客从城际轻轨和地铁车厢中鱼贯而出，沉默地大步走向办公区；看着一群群喧闹的上班族在街头巷尾的酒吧餐馆进进出出；或是看着周五晚上夜总会门外排成长龙的客人，还有深夜醉酒的男女一个个跟跄地走回家，推开一排排房屋那扇坚硬的门。我也无法向他解释，为什么人们要把生活分割成便于掌控的零碎小块，而所谓的城市不过是一群基于极少共同兴趣而短暂相聚的孤单个体的集合。

我更无法通过言语让夏尔马先生明白，一个女孩在伦敦独自生活会有何等不如意，或者为他讲述某些像他那般终生乐享乡村生活的人不大可能体会的事，比如只有在大城市里生活才会明白的孤独难耐之感。城市里的人似乎大多过着苦乐人生，那种日子既让人心向往之，又让人沮丧挫败。那种一度吸引我这种游客的大都会的璀璨过往，而今不再散发迷人的魔力。

寻找自我

佛陀在鹿野苑逗留了几周，当时正统宗教的中心贝拿勒斯就倨傲地坐落在距鹿野苑不过数公里之外，但佛陀无意征服它。或许，佛陀已经满足于既有的一切，他有了最早的一批忠实信徒，而且耶舍也成功在同龄伙伴中激起一阵皈依佛教的热潮。

几周漫长的暑期过后，雨季接踵而至。连绵的阴雨导致河流暴涨，大水淹路，出行极其困难。在鹿野苑本就很难找到适合定居的房屋，何况当季的暴风雨十分猛烈，足以掀翻僧众平日用树叶和竹子搭建的草棚。不过，这时佛陀正忙着解决另一个小问题：他要继续发展最初说法时提出的思想，强调系统思考以实现觉悟的重要性，要求比丘严格自省，检视自己的缺点。

在此期间，佛陀最重要的开示，是质疑世人对所谓身份和自我的执着。关于"自我"的理论和关于世界起源的缘起说是佛教义理中最难理解的内容，即便是贴身侍者阿难，聆听佛陀诠释数次之后也未能理解透彻。总之，无论佛陀怎样解释自我的虚妄，我始终能在日常生活中感觉到"我"的存在，更何况这个"我"还得不停地吃喝、睡眠、读写以及思考。我无法否认这种连续性，也无法承认人在一觉醒来后就不再是前一晚的自己。

问题可能出在我最初对佛陀的理解上。我从前多少会视他为笛卡尔、康德、黑格尔那样的思想家,或是推崇一己学说又爱与人辩论的当代哲学理论家。我试图从佛陀的学说中找到某种融贯、系统的形而上学或认识论,但显然,他的教化目的始终在于愈病疗疾,而非破斥或新建任何哲学体系。

事实上,佛陀曾明确表示不信任抽象的思辨。他认为,有些问题与语义和概念形成的网络无关,而且解决办法无法用语言传达。这也是为什么佛陀在面对游方苦行僧婆蹉前来求教时保持缄默的原因。在这个著名的公案中,婆蹉询问佛陀是否存在阿特曼(我)或灵魂,佛陀沉默无语,僧人继续追问:"那么'阿特曼'不存在?"佛陀依旧缄口不答。[1]

待僧人离去后,阿难请教佛陀为何始终保持沉默。佛陀解释道,当对方问及是否"有我"时,如果回答"有我",就意味着赞同那些相信灵魂永恒的人;当对方问及是否"无我"时,如果回答"无我",则表明赞同那些否认自我存在的人。

佛陀一贯主张遵循中道。在佛教创立前,《奥义书》提供了足以慰藉世人的学说,肯定人人都有永恒不灭的"阿特曼",即常住于人体内的灵魂或自我。这个"我"不仅会思考,有知觉感受,还能做出或好或坏的行动,并在肉身死亡之后乐享善果或承担恶报。这样的"自我"是一种绝对的实体,与隐身在千变万化的世界背后不变不易的"梵"一样;所谓解脱,便是实现"阿特曼"与"梵"的统一。

但佛教教义看来不仅否定了《奥义书》关于灵魂或自我永恒不灭的理论,还否定了笛卡尔在宣称自己是"思考之物"——一个能够怀疑、理解、肯定、否定、表达愿意、表达不愿意、想象乃至会产生不同感官知觉的东西——时断定的那个存在于心灵中的"自我"[2]。根据笛卡尔的学说,"自我"是一个具有同一性的实体,具有经验、欲望、思维、想象、决定和行动的能力。它不会随着时间的改变而改变,并且能够在本体论的层面上与其他自我区分开来。

这种观点将个体的自我视为具有同一性的实体,佛陀对此持否定意见称,这与我们在自己身体和心灵内部观察到的事实并不相符,这种将自我与世界和其他自我割裂来看的观点是错误的,而且恰恰是引发渴求、傲慢、自私和幻想的根源。

佛陀的观点听起来很反常识。这主要是因为,我们平时形容大量单一或复杂经验时使用"我"这个词——如"我很难过"或"我很快乐"——都以自我的存在为前提,认为有一个不变的自我贯穿在这些不断变化的经验之中。我们事实上通过这个"我"(即被认为存在于我们体内的那个独立自主的自己)来体验一切,而这些体验又会继续强化我们对自身人格与身份的认知。

但佛陀和他的弟子并没有摒弃"我"或个人、个体这些词语,它们依旧实用,属于约定俗成或相对为真的范畴,佛陀只是否认它们在现实中的稳固性。佛陀的很多教学内容及其与他人的对话,都在反复重申这个问题,他强调道,人很容易误以为拥有一个稳固的自我,对"我的"事物产生渴求。跟笛卡尔将自我视为一个实体的观点不同,佛陀将其视为一个过程,我们称之为"存在"或"个体"的东西不过是一个生理和心理的机器,精神与物质的能量在其中不断结合与变化。[3]

某次在鹿野苑说法时,佛陀极尽周详地分析了他认为构成人类个体的物理和心理活动,他将这些活动划分为五大类,并称之为"五蕴"[4]。第一类被称作"色蕴",指有形体的物质及其各方面的物理特性,如硬度、流动性、热度、运动,色蕴使眼、耳、鼻、舌、身五大感官的运作得以可能。第二类被称为"受蕴",是五大感官与心灵在接触外部世界及其性质之后产生的感觉。第三类名为"想蕴",是感官在接触物理世界后引发的快乐、忧郁或漠不关心的情绪与体验,其中带有各种标签与判断。我们总是在不断地对这些经验进行分类,由此对物理性刺激——如一杯美酒或一记重锤——做出即时的判断。

这些经验反过来会激起欲望、渴求,或触发我们做出某些行为。见到一杯美酒可能会引发一股难以遏制地想要饮酒的欲望,也可能引发联想,催生出不同的欲望和行为。欲望、渴求会促使我们做出行动,这就是第四类的"行蕴"。第五类则被称为"识蕴",是一种基本的"自我"意识,这种意识让我们将自己视作有知觉、会感知和思考的生物。

佛陀宣称,在个体的构成中,一切都不外乎彼此互为因缘、相依共生的"五蕴":身体现象、感觉、分类或辨识、意志活动和意识自觉。这些现象无一不处在持续的变化中,既不能长久,也无法独立存在。无论是全体还是其中的任何一种,都没有任何"自我"安立其中。佛陀还断言,人格是反复无常的,是一系列复杂的现象流、一套程序的组合,而非任何固定的物质,它是一种变易的过程,而非一个确定的存在。而这只是佛陀认为万物在本体上相互联系且始终流变的宏大宣言的一部分。

从佛教的观点看,意识本身也不是"自我"或灵魂,不过是对刺激的反应或回应而已。佛陀指出,意识就是"它依之而起的任何条件(缘)":眼睛与可见之物接触便会产生视觉意识,耳朵与声音接触便会产生听觉意识,以此类推。意识永远都要在接触某种对象时才会出现,绝不会自行存在;客观事物中不存在任何天生固有的意识,正如一首禅诗所说,一个美女,对情人而言是秀色可餐的愉悦,对苦行僧而言是分心的障缘,对一匹狼而言就是一顿美餐。

意识也许具有一种明显的连续性,但感觉和难以驾驭的思绪总是不断地生起又消失,没完没了。意识就是一道瞬息流,由一个个不能单独存在、也毫无实体可言的短暂瞬间组成。它们触发于外界每一个细微的变化,正是这个过程产生了我们所谓的现实。如果把意识分解为构成它的不同集合体(蕴),意识所展现的就是万物变化不止且彼此关联的世界真相,其中并没有某个真实存在的实体"自我"。

哲学家大卫·休谟针对"自我"的看法与佛陀最为接近:❶

> 当我亲密地感觉所谓的我自己时,我不可避免地要碰到这个或者那个特别的知觉,如热或冷、明或暗、爱或恨、快乐或痛苦,等等。无论何时,我无法抓住一个没有任何知觉的自己,也无法观察到知觉以外的其他任何事物。[5]

由此,休谟总结说:

---

❶ 译文参考《人性论》,休谟著,关文运译,商务印书馆2009年版。下同。

> （我们）不过是一些以无法想象的速度彼此连接且永远处于运动与流动之中的知觉的集合体……心灵是一个舞台；在这个舞台上，各种知觉接连不断地相继出现；这些知觉来回穿梭，飘然消逝，混合于数不胜数的状态与情形之中……⁶

休谟所说的心灵的舞台，正是佛陀勉励儿子罗睺罗在禅修中仔细观察的对象。他指出，修行就是为了摒除基于身份认知而执着于"我是"的自负心理。休谟并没有从对意识的分析中发展出实践的意味，但也为后世哲学家理解感觉奠定了基础。将现实视为过程的观点，最早由赫拉克利特提出，之后经由尼采、亨利·柏格森、威廉·詹姆斯乃至现代物理学的发展。福楼拜、波德莱尔、陀思妥耶夫斯基和普鲁斯特等现代文学大师，也都在著作里谈到经验自我的不稳固。

在描写记忆苏醒的文字中，普鲁斯特似乎在暗示，"自我"不过是个方便称呼那些因果上相互联系的经验的名称罢了。在《追忆似水年华》中，小说的讲述者想要成为一名作家，却无法在自己的生活中找到任何连贯性，也无法理解自己那些恋爱、交友、旅行的自我到底是怎么回事。其中有一个著名片段，这人讲述道，晚年的自己放弃了文学上的抱负，在某天吃到一块浸过茶水的玛德琳蛋糕后感受颇多：❶

> 带着点心渣儿的那一勺茶碰到了我的上颚，顿时令我浑

---

❶ 译文参考《追忆似水年华》，普鲁斯特著，李恒基等译，译林出版社2012年版。下同。

> 身一震,我注意到身上发生了非同小可的变化:一种舒坦的快感传遍全身,我感到超尘脱俗,却不知出自何因。我只觉得人生一世,荣辱得失都清淡如水,背时遭劫亦无甚大碍,所谓人生短促,不过是一时幻觉……[7]

那种味道,让他忆起童年住在乡下小镇时,周日清晨也会吃到同样的茶点。小镇及其建筑物,还有它的居民,突然在他的意识里鲜活起来。

> 我感到内心深处有什么东西在颤抖,而且有所活动,像是要浮上来,好似有人从深深的海底打捞起什么东西。我不知道那是什么,只觉得它在慢慢升起;感到它遇到阻力,我听到它浮升时一路发出的汩汩声响。[8]

这就是浸有茶味的小点心给他带来的顿悟:一个被不由自主产生的记忆维系在一起的自我。这个自我出现在特定的经验之中,而且只有在特定的因果条件——气味、味道、声音——之下才会短暂地重现。

> 但是气味和滋味却会在形销之后长期存在,即使人亡物毁,久远的往事已了无陈迹,唯独气味和滋味会留下来,虽说更脆弱,却更有生命力;虽说更虚幻,却更经久不散,更忠贞不贰,它们仍然对依稀往事寄托着回忆、期待和希望,以几乎无从辨认的蛛丝马迹,坚强不屈地支撑起整座回忆的巨厦。[9]

一系列心理和生理现象相互依赖，在特定的时间生起，并随着时间的流逝而消逝。它们形成了某种特定的模式，这类模式使得它们得以再现且相对稳定。三十岁的你确实不同于五岁的你，但无论处于哪一个年龄段，这些你又并非截然不同。赫拉克利特所谓"人不能两次踏进同一条河流"的说法，旨在表明河流和踏入河流的人都会变化；但与前相比，他们并不会变得完全不一样。

正如普鲁斯特发现的那样，在诸多模式的心理和生理变化中，贯穿着某种连续不断的因果关系，而这正是他能够记得它们的原因。5世纪的印度哲学家世亲就曾说过："回忆是针对同一对象的新的意识状态，受制于该对象先前的状态。"

佛陀经常举例解释说，为什么没有牛奶就做不出酸奶，没有酸奶就做不出酪乳，以此类推；在此过程中，一切都无法始终不变，但又没有变得面目全非。正是由于这种持续性，个人才无法逃脱自己的行为所产生的道义责任。按照那先比丘为弥兰陀王所做的解释，一个贼偷了别人树上的杧果，若他狡辩说自己偷的不是那人当初种下的杧果，就纯属强词夺理，因为那些杧果都是当初种下的树结出来的。

佛陀将这种因果律的原理沿用到生活中。有一首关于因果缘起的短偈子，"此有故彼有，此生故彼生。此无故彼无，此灭故彼灭。"[10]这诠释了万事万物何以彼此关联且变化无休，这种变化又如何成为一种稳定的因果过程，而不会陷入混乱和无序。

正如佛陀所开示的：

> 譬如人功，及以麻枲，

木轮和合，以成其绳，
离是和合，即不成绳。

十二因缘，一一分析，
过现未来，无有体性，
求不可得，亦复如是。

譬如种子，能生于芽，
芽与种子，不即不离，
……
不即不离，体性空寂，
于因缘中，求不可得。[11]

佛教还有更加恢宏的十二缘起，讲述生命如何出现、存在和延续，乃至生死无间形同链条的原理：

1. 缘"无明"而生或"行"（造作诸业）。
2. 缘"行"而生"识"。
3. 缘"识"而生"名色"（精神与物理现象）。
4. 缘"名色"而生"六入"（眼、耳、鼻、舌、身、意）。
5. 缘"六入"而产生"触"。
6. 缘"触"而生"受"。
7. 缘"受"而生"爱"。
8. 缘"爱"而生"取"。
9. 缘"取"而生"有"。

10. 缘"有"而生"生"。

11. 缘"生"而生"老死"。

缘起论涉及的术语概念让人费解，但整体十分契合佛陀说法的一贯主旨：不了解现实的无常本性，乃至因无明而执着求取，就是导致生死轮回、不断受苦的根源。正像佛陀告诉阿难的那样：

> 如果所有人对所有事都没有执着——比如说，他不执着于自己对事物的感觉，不沉湎于臆想猜测的观念，不拘泥于僵化的规则和礼仪，也不耽溺于有关心灵的理论学说——鉴于没有了任何执着，那还会有任何生成吗？[12]

既然一切皆空，那也无所谓有，佛陀明确地否定了一个全能的造物主"上帝"。相反地，他认为，之所以有世界，无论是其中的万事万物还是其结构功能，都是被贪婪、傲慢、嗔怒、嫉妒之心驱使产生的行为所导致的结果。佛陀将这些引发行动的原因称作"烦恼"（*klesha*），其潜在的对应物还有愚昧、贪图感官享受、生存欲望、自我执着等。

普鲁斯特认为，感官记忆潜藏在人的内心深处，终其一生，历尽一切性格变化也不会消失。佛教瑜伽行唯识派的思想家指出，人一旦有所行动，其行为导致的记忆残痕至死犹存。他们用了与弗洛伊德学说类似的表达，认为人的一切思想、言语和行为都会在意识之中沉积为一种业力的痕迹，这种意识包藏着过去生生世世残存的记忆，就像是一座桥梁，连通了人的多生多世，而不只是一生一世。

佛陀曾以襁褓中的婴儿为例，说新生儿毫无"性格"可言，没有感官享乐，也没有进犯他人的概念；但婴儿天生就有自己的性情，只是蛰伏在身心之中，成熟后便会左右他的行为。瑜伽行唯识派哲学家世亲曾指出：

> 世界万物皆因行为（业因）而起。行为由内心累积的潜在的烦恼而引发，若无这些潜在的烦恼，便不可能产生新的存在，因此潜在的烦恼是存在的根源。[13]

人作为一种"复杂多样化的存在"，无非是"诸多本能欲求的综合载体"——这是尼采对人的看法。与佛陀一样，他认为人体是一个不断变化的动态过程，掺杂着众多思维、意愿和感觉，如潮水般涨落起伏。人体内汇集着一系列起伏不定的力，爱、恨、性欲、傲慢、狡诈、妒忌等主导其间，"有意识的思维活动也会受制于本能的驱使，被不动声色地引导或强迫进入一些特定的轨道"。

> 我们脑子里现有的逻辑思维和推论过程，与我们自身产生各种毫无逻辑亦不公正的本能欲望的过程和斗争是一致的，我们通常只经历斗争的结果罢了。这个古老的机制就发生在我们内心，既迅疾，又隐秘。[14]

尼采认为，人自降生就有着无异于动物的自然冲动，两者之间的区别在于，人能够在与这些冲动斗争之中产生特定模式，而更高层次的人，即拥有自我意识的超人，则有能力超越这种模式。

这是尼采所理解的"业",他将人视为心理的综合体,是他过往性情的结果,是他所思、所说、所做的结果。

佛陀认为,人所拥有的各不相同的心理总和决定了他们的下一种存在形式——他称之为"名色"(即名与形,表示一个新生命的精神和物理层面)。从前世保留下来的意识,便可直接用于解释意识的存在。

> 缘于意识而有"名色"(也就是基于以往的经验意识而形成人的新生命体)。这个理论应当如此理解:如果(某个亡者的)意识不入母胎,那么"名色"(人的新生命体)还能在其中结胎孕育吗?[15]

除意识之外,生命的缘起还需要其他更加世俗的必要条件,即男女——他们的结合能带来新生命。亡者的意识点亮了新生命,在子宫中燃起火光,这新生命的意识与亡者的意识既同又不同。意识由此得以保存下来,正如物质世界的能量守恒一样,它永远无法被毁灭,而只能转换存在的形式。

只有将"自我"视为某种稳固不变的实体,而不将它看作一系列精神和物质范畴的身心活动,即一条缘起的意识流——就像尼采所部分理解的那样——你才会认为"轮回"是不可能的。按照佛陀的说法,肉身的死亡并不会切断这些身心现象的因果链条。死亡所能中断的,只是身心活动惯于依循的特定模式。每当旧生命结束,遵循新模式的生命便取而代之,而新模式形成的原因正是这种因果链条。佛陀就这样让轮回这回事看起来说得通,但要接纳这一说法仍需借助信仰的力量。

但这种"轮回"说并不是排除个体自由意志的决定论。佛教的世界观确实认为，意志和自由，都与其他现象一样受制于因果律，所以根本不存在所谓绝对的"自由意志"。"自由意志"这个概念本身也无非一种缘起。然而，正像尼采笔下的超人能够超越本能驱动，并打破由它们所形成的模式一样，佛教也相信，人可以在缘起的世界中自由行动，并摆脱生死轮回。

救赎存在于最纯粹的觉悟中，这种纯粹的觉悟要求人了解现象的本质、了解以往的行动如何演变成当前的禀赋并决定意识流在肉身死后的品性。这需要通过禅修才能获得，禅修能削弱先前行为所塑造的先入之见和心理构造。

如下的认知能够最大限度地减少行为的果报：我们没有任何固定不变的实质，只是纯粹基于精神与物质的双重动态过程而缘起的身心活动集合体；当我们意图在彼此互为依存的世界中执着于"自我"，任由本性为空的自我受无知、贪婪、痴迷驱使而追求自我的本质，一旦追求路上受阻，又会更加执着地寻求自我肯定，从而遭受不可避免的痛苦和牢不可破的幻觉。

公元2世纪，龙树进一步发展了佛陀的缘起论[16]。他系统化总结了佛陀对理论与概念的破斥，并宣称所有可知的现实都是被构建的现实，是为了让世界变得有序且能被心智所理解。他还声称，要认识任何事物，不能没有其他事物，必然要联系其他某些事物；就单独的事物而言，它们都空无实质。

在求知的过程中，我们在不同的概念之间游移探寻，但任何一个概念都不可能独立存在，只能缘起于其他概念。分析的理性思考会产生观点和意见，但它们只是在约定意义上是正确的，受制于语言强加的二元对立。推论也会抛出许多概念和二元论，然后将我们包裹在不断增加的观点与成见之中，而真知必须打破心智结构的壁垒，洞穿事物的"空"（shunyata）的本质才能获得。

在龙树看来，唯一正确的观点就是完全没有观点。他对形而上学的质疑，以及认为语言是文化预设的观点，都让他成了人们眼中足以引领当今结构主义和解构主义两大潮流的先驱。克洛德·列维-斯特劳斯在谈到佛陀那"充满决断力的智慧"时所思考的，或许就是龙树曾为心灵去概念化的尝试，"我的文明对于这种尝试唯一可做的贡献，就是对它表示肯定"：

> 每当我们想要理解某个对象，首先就要努力研究另一个完全不同性质的对象，而这会破坏我们对既有对象的理解；当我们研究第二个对象时，又需要努力研究其中涉及的第三个新对象，这会再次破坏我们对第二个对象的理解。以此类推，直到我们需要研究最后一个对象时，就会发现，区别研究对象是否有意义的那条界限竟然消失不见了：一切又都回到了当初的原点。[17]

火诫

作为因果关系网的世界,自我"空"的本质、对稳固的渴望、现象的流变、导致苦厄的原因、通过觉悟终结苦厄的方法——这些就是佛陀在觉悟后的第一周,于鹿野苑初次说法时系统论述的教义。

雨季结束时,佛陀决定返回菩提伽耶,那是他在觉悟前度过六年苦行生活的地方。在去往某座森林的途中,佛陀遇到一群在林中野餐的游客,约三十多人,都是像耶舍及其朋友那样的富家子弟。其中一个富家子带来的女伴趁人不备偷人钱财后逃跑,众人在忙着捉贼时遇见佛陀,于是问他是否看到过一个女人。

当时,佛陀就问,找到一个女人重要,还是找到自己重要?这些人都说,找到自己更重要。听到这样的回答,佛陀就招呼他们坐下,为其讲述圣谛。这些人很快就皈依了。

这段传说再次显示,最初皈依的弟子几乎都来自商人阶层。这个阶层兴起于北印度新生城市群的各处中心地带,出现的时间只比佛陀出生略早几十年。在新的城市生活中,他们已经摆脱当时依旧支配着农村生活的雅利安人的四种姓制度。既有的社会规则已不能约束他们，他们成了新社会里的局外人。

　　他们也像后来在其他地方崛起的商人阶级一样，内心缺乏安全感，找不到自己的知识与精神文化，更别说为它建造宏伟的殿堂。自身创造的财富应当足够为他们挣得相当不错的社会地位，但身为统治阶级的婆罗门不仅拒绝他们的要求，还继续把持着授予信众修行与功德的特权，让这个新兴阶级的成员躁怒不已。在此情况下，佛陀主张个人觉悟、通过个体力量向善，这种教导在他们中间颇受欢迎，得到广泛传播。

　　然而，佛陀在菩提伽耶的弘法并不顺利。与先前教化涉世未深的商人和贝拿勒斯颓废青年的际遇相比，这次的阻力更大。之所以回到自己的开悟地说法，或许是想要吸纳当地的一名年长苦行僧皈依佛教。这位老僧就是优楼频螺迦叶，他住在菩提伽耶的河岸边，是摩揭陀举国崇敬的圣僧。他的两个胞弟就住在相距不远的河下游，兄弟三人连同上百徒众都信仰以祭祀为基础的吠陀宗教。佛陀或许认为，吸引他们皈依可以扩大自身的影响力。

　　但显然佛陀清楚，仅坦陈自身想法的教化方法适用于迦毗罗卫的婆罗门五比丘、耶舍及其一众亲友，乃至森林中那群年轻的富家子，但未必能打动年长的迦叶。在传奇故事中，佛陀曾大显神通三千五百种，如凌空飞行、让苦行的僧人无法点燃祭祀之火等。最后，佛陀直言不讳地告诉迦叶，他尚未开悟，如果他坚持自己那套祭祀和苦行的做派，则永远无法开悟。

　　迦叶及其弟子折服于佛陀超凡脱俗的示范，便纷纷剪掉乱蓬蓬的头发，弃之于河。他们的弃发随流水漂过下游时，被迦叶的两个弟弟和其他弟子看到，他们为了弄清楚正在发生什么，便沿河而上,找到佛陀。佛陀便引导众人来到一座小山岗,在那里做了著名的"火诫"开示。

佛陀这次讲法可谓一种催眠式的说教,T. S. 艾略特在长诗《荒原》中便借用了这一故事。那画面十分具有戏剧性:在菩提伽耶附近的一座小山上,上千名乱发蓬头的苦行僧坐满了整个山顶,佛陀向他们传授一种看待他们所崇拜的火的不同方式——没有比火更好的比喻来形容感官的流变和它们永远在引发的欲望。"一切都在燃烧,"佛陀如是说:

> 是什么在燃烧?眼在燃烧,形式(眼睛所见之物)在燃烧,(基于眼睛的)心智功能在燃烧,眼睛与可视之物、心智功能之间的联系在燃烧,由此产生的感知在燃烧,不论愉快与否,不论彼此,都在燃烧。
>
> 耳在燃烧,声音在燃烧……鼻在燃烧,气味在燃烧……舌在燃烧,味觉在燃烧……身在燃烧,触觉在燃烧……心在燃烧,观念在燃烧,意识在燃烧,意触(可触及的对象引起的思维作用)在燃烧,凡依赖于心智接触而升起的乐、痛、不乐不痛的体验都在燃烧。
>
> 它们因何而燃烧?我告诉你们,是贪欲之火、嗔意之火与痴迷之火,是生、老、死,是忧、哀、痛、悲、惨……比丘们,当睿智的弟子开始这样思考问题,便会疏离眼,疏离形式,疏离耳,疏离耳朵所闻之物,疏离心智功能……通过疏离这些,他便摆脱了贪欲。摆脱了贪欲,他便解脱了。解脱了,他便觉悟到自身的解脱,不再有生死,离欲的修行已经完成,该做的事情已经了结,不再受缚于轮回。[1]

佛陀领着一众新皈依的弟子离开菩提伽耶，前往摩揭陀国的首都王舍城。六年前，他在那里初会频毗娑罗王，并拒绝对方赐予他统帅国军之职的大好良机。这一次，佛陀应邀回访——他曾许诺频毗娑罗王在觉悟之后尽快会面。

频毗娑罗王已听闻佛陀与迦叶三兄弟在菩提伽耶的事，但不清楚是谁皈依了谁。他在本国婆罗门等王公贵戚的簇拥下会见佛陀。会面礼过后，佛陀请优楼频螺迦叶向频毗娑罗王等人解释，为何摒弃苦行而皈依佛教。接着，佛陀又为频毗娑罗王开示，后者表示愿做佛陀的在家弟子，并捐献自己钟爱的一座园林，即距离王舍城不远的竹林精舍。

在竹林精舍期间，佛陀结识了日后与他关系最亲密的两个弟子——舍利弗和目犍连。那时，佛陀显然已名声日隆。舍利弗本是一名沙门，跟随一名叫删阇耶的婆罗门老师。某天，舍利弗在王舍城遇见佛陀的一名弟子，请教对方师从何人。那名弟子便为舍利弗吟诵了一偈，阐述由释迦族乔达摩沙门传授的一则教义，内容艰涩：

> 从因所生之诸法，如来说明其因缘，诸法复从因缘灭，此即大沙门之法。

舍利弗深为所动，回去见到同伴目犍连时，就为他吟诵了这首偈子。二人后来一同去竹林精舍面见佛陀，请求纳他们作比丘，删阇耶门下的其他弟子也都随之皈依。结果，王舍城中谣言四起，传说佛陀已将删阇耶的信众挖走，现在正准备把其他人的弟子也网罗一空。佛陀告诫弟子谣言七天之内就会消散，不必理会。至此，他的僧团已有上千名比丘。

佛经文献不太注重对具体的人物或其生理特征做详细描述。经典通常只说佛陀身形高大，面容英俊，彬彬有礼，谈吐清晰，擅用形象的描述和比喻，甚少提及佛陀在开悟后的状况及早期弘法阶段的成就。若要了解佛陀开悟后四十多年时光如何度过，便只能从各路传说故事中推断。

这些故事展现了一幅辽阔的画面：一位身穿赭色僧袍的出家人名动四方，魅力超凡，带领一小批僧众，赤足游化，走遍印度大平原。不仅国君王侯乐于亲近笼络他，频求他指点开示，平民百姓也纷纷祈求他的救济，以度饥荒和人生困境，还请求他接受女性皈依。

几年下来，佛陀收获了三名最重要的在家弟子：医师耆婆，大商人给孤独长者须达多，还有佛陀的贴身侍者阿难。耆婆后来成了随时应召为僧团提供医护服务的专用医师；给孤独长者在拘萨罗国的首都舍卫城附近为僧团购置并捐献祇园精舍，佛陀中年时曾在此度过多个雨季；阿难则负责佛陀的日常事务，包括打水、清洗饭钵、筛选访客，并协助佛陀与僧团保持沟通。

有关佛陀在此期间演化神通的传说中，最著名的是收服大道劫匪央掘魔罗（其名意译为"指链"）的故事。此人是拘萨罗国的惯犯，会将自己劫掠并杀害的受害者的手指做成项链[2]。政府一直在追捕他，当国君波斯匿王见到这名罪犯时，这人竟身穿僧服，俨然是个已经洗心革面的出家人。但拘萨罗国的民众没有那么宽容，他们一见央掘魔罗在舍卫城内乞食，就朝他扔石头。被砸得头破血流的央掘魔罗向佛陀求救，佛陀就劝告他，眼下所经历的都是过去恶行的恶报，理应忍痛接受，否则将遭受地狱般长期的痛苦。

某次，佛陀在王舍城时，从毗舍离来了一位信使。毗舍离是离车人的国都，他们在跋耆联邦中建立了一个自治的共和国。信使禀报说，城中饱受霍乱的肆虐，还遭遇了旱灾饥荒，请频毗娑罗王祈请佛陀救助离车人。佛陀对跋耆的民主合议制政体表示赞扬，并随即前往毗舍离，在该城礼堂受到民众的衷心欢迎。据经典记载，这之后的毗舍离天降甘霖，霍乱也随之退去。

佛陀在父亲逝世后再访迦毗罗卫，姨母摩诃波阇波提夫人表示，愿意效仿自己的继子继孙弃世出家。不料佛陀的答复却闪烁其词，摩诃波阇波提夫人颇为沮丧。尽管含泪而去，但她实际上心思已决。她剃去长发，穿上僧服，在几个本族女子的陪伴下，开始跟随佛陀外出游化。佛陀去毗舍离城时，她也追随而至，受到当地居民的盛情款待。阿难在佛陀暂居的大厅外发现她已风尘仆仆，双足肿胀。

她向阿难诉说心愿，希望说服佛陀接受女性加入僧团。阿难禀报此事，但佛陀不同意。阿难据理力争："女性如果出家遵行佛陀的教化，是否能终成正觉？"佛陀回答说可以，阿难接着追问佛陀为何不能为在生母过世后负责照料自己的摩诃波阇波提夫人剃度。

最终，佛陀让步了，但提出严苛的"八敬法"❶，夫人表示完全接受。这些条件可以有效地确保出家女性作为尼众（比丘尼）在

---

❶ 八敬法，规定比丘尼要尊敬比丘的戒律，如今有不少佛教徒呼吁废除。

僧团内部从属于比丘众的领导。不过,佛陀后来颇带遗憾地告诉阿难,他原本希望佛法的住世期能达一千年,如今,允许女子加入僧团令其减少了一半,只剩下五百年了。

接纳女性加入一个本限独身男子的教团组织,佛陀的担心是可以理解的。纵观当时的宗教和灵修传统,无论婆罗门还是其他沙门教派,都不曾允许女性在其中占有任何地位,佛陀的这项决定可谓十分激进[3]。佛陀认为,性别不是影响开悟成佛的因素。在早期佛教的一部由尼众写作的诗集中,有这么一首诗:"若心专注无所旁骛,学识如溪缓缓成流,正知正见得法无碍,我生性是女又何妨?'我是女子''我是男子'或'我是某物'——此等言辞只合魔罗,不如留待他来讲说。"[4]佛经中也有记载称,佛陀曾将"只有勤俭持家才算成功女性"等观念斥为世俗偏见。

尽管如此,在佛教的僧团体制中,女性尼众必须始终服从男性比丘众。约7世纪时,佛教的密宗在印度兴起,僧团体制中许多原先依赖比丘主持的教规逐渐被颠覆,尊重女性开始成为开悟成佛的必要条件之一。后来的大乘佛教更将之发展为自身的一项传统,在两性问题上一律拒绝差别对待,这意味着它已摒弃对性别差异的执着。密宗视其最尊崇的女神般若佛母(梵名为般若波罗蜜多)为智慧的化身,而且十分敬重女性瑜伽修行者,视其为拥有独特能力的神女,能够断除贪爱执着,率领修行者追求般若智慧。依据大乘佛教的传统,在佛陀觉悟前为他提供最后一餐的女性善生也因而在佛门中颇受尊敬。

虽然佛陀对接纳女性出家有所迟疑,但这并未影响他与女性友好相处。他最亲近的友人之一维沙卡是一位富有的女居士,她和丈夫、孩子都住在舍卫城,是僧团最著名的大施主,曾为僧众提供诸多衣食药品,还在舍卫城外捐建过一座佛寺。

有一次,佛陀向某个富农婆罗门化缘,却被对方贬斥为游手好闲的懒汉。佛陀回应说自己绝非一个懒汉,事实上,他不仅比这位富农更勤劳,所得的回报也更丰厚:"信仰是种子,苦行是雨水,智慧是我的轭和犁,谦逊是犁耙,思想是辕轭,意念是我的犁铧和赶棒……驱赶我心中烦恼之兽。"只要按照此法辛苦耕种,便可收获"解脱之果"。[5]

佛典中有许多类似的对话,带着一种近乎自负的自信。佛陀从未给人留下故作谦卑的形象,他就像忙碌的医生,言简意赅却毫不客气。他似乎不仅相信自己所说的确为真理,也相信自己的一切言论都可得到客观实践的证明。这可能也是为何他回避与其他沙门正面辩论,避免陷入形而上学的原因。他多次谈到丛生的思潮如同"见之丛林",而他自认早已超然于其外。

他有着贵族般的淡定与沉着,只有发现自己被比丘误解时,平和的心境才会出现波动。他的僧团中有个比丘认为意识在肉身死亡之后仍将留存,并再次进入新的肉身重获新生,因而是不朽的。佛陀听闻后立刻惊呼训诫说:"你这愚蠢的人,你从哪儿听我这样解释过,我不是用种种方法说过意识是相互依赖产生的吗……"

他也曾对自己的亲戚提婆达多动怒。在佛陀觉悟后首次回到迦毗罗卫城时,提婆达多便出家进了僧团,后来却试图篡夺僧团的领导权,被佛陀斥责为失了心智。据说,提婆达多转而又去接近频毗娑罗王之子阿阇世,与其串谋刺杀佛陀。但派去杀害佛陀的人先后都皈依了僧团,走投无路的提婆达多推落巨石想要砸死佛陀，之后又放出野象试图踩死佛陀。最后，无计可施的提婆达多要求比丘遵行更加严苛的戒条，妄图分裂僧团。据记载，提婆达多的计谋无一得逞，最终自尽。

总之，对于外界的挖苦与谩骂，佛陀都能冷静处之，那些声音绝大多数都针对佛陀，主要源于妒忌他的对手，还有那些认为佛教误人子弟的人。有一名婆罗门因为亲属皈依佛门，便辱骂佛陀是"贼人、疯子、骆驼、驴"。佛陀等他暴怒一通之后，突然问他是否有过请客吃饭的经验。对方回答说有，佛陀便问他如何处理宾客吃剩的残羹剩菜。那人说他会自己留着，佛陀就对他说："我对他人的侮辱也是同样的处理方式。我不会接受你的辱骂，你还是自己留着吧。"佛陀事后告诉众比丘，当被侮辱或谩骂时，他不会沮丧或因而厌憎和怨恨对方；当被尊敬或赞美时，他也不会因而兴高采烈。

佛陀不鼓励人们敬畏他，也不愿纵容人们像以往的宗教信仰那样渴望见到圣人或圣像，这种传统的欲望至今还驱使着印度教徒艰苦跋涉，只为得见自己供奉的神或宗教领袖。曾有一个生病的比丘极度想见佛陀，佛陀就问他："见到这具脆弱的身体又有什么用呢？"接着佛陀又安慰他说，只要能够领会他的教导，就等于见到了佛。

佛陀从童年到青年已经习惯了独自一人行动，这或许会让他在教化比丘或为居士讲法上遇到一些困难。他曾坦承想独自一人"像头犀牛那样"四方游荡，而从实际情况看，他也确实曾长期隐没在公共生活之外。

精神的政治

每年一到雨季,佛陀就会前往拘萨罗的国都舍卫城周边居住,在给孤独长者和维沙卡捐献的园林中讲经说法,长达二十多年都是如此。佛陀还曾在摩揭陀的国都王舍城和离车人的首都毗舍离度过多个雨季。雨季前后,他会四处游化。北印度大部分地域横亘在拘萨罗国和摩揭陀国之间,佛陀和他的比丘僧团踏遍了这片广袤的疆土。

如今看来,摩揭陀国的频毗娑罗王皈依佛陀,是佛教史上至关重要的事件。沙门思潮孕育了不少风云人物,包括像佛陀这样自有一套独立见解的开明思想家,不难在小城邦吸引积极的信众。在印度河-恒河平原的边缘地带,分布着很多小型的共和体自治城邦,其中就有佛陀的母邦。这些地方向来崇尚理性与包容,佛陀也许早已习惯这样的氛围。然而,无论是谁,若想要在更广阔的王国疆域里扩大自身的影响,吸引更多信众,都会面临全新的挑战,乃至各种难以预料的问题。

在平原核心地带的城市中,贝拿勒斯绝非唯一对佛教抱有敌意的地方。彼时,婆罗门教在城中仍占据正统宗教的主导地位,其权力主要借助于王室信众的威势。各种谣言表明,王舍城同样存在反对佛陀的势力,即使在频毗娑罗王皈依之后,这股势力仍盘踞未去。印度北部有两个规模最大且实力最强的王国,佛陀在其中之一的摩揭陀仍有效维持了自身对该国统治者的影响力,这一成就比劝化迦叶三兄弟皈依更大,这三兄弟先前信奉的是雅利安移民以祭祀为主的宗教。

看来,佛陀早就知道,如果不能在政治上获得最低限度的保护,仅靠民众的大方施舍,是无法让僧众持续游化四方的。后来,佛陀结识了频毗娑罗王的对手——拘萨罗国的君主波斯匿王——并成了这位贤明君主的良师益友。

波斯匿王曾在塔克西拉❶学习,与佛陀同岁。初次见面,他便向佛陀发难,声称不敢相信佛陀如此年轻便觉悟得道。佛陀则告诉他,有四种事物不能因其年幼而被鄙薄,那就是战士、蛇、火和僧侣❷。

尽管之后成为佛陀的朋友和追随者,波斯匿王并未放弃一直以来的生活方式。他喜好珍馐,娶了四位夫人,其中一位与佛陀同族。但他在供奉僧团上十分慷慨,而且会向佛陀求教有关私人、政治和哲学的问题,有时还拿自己的腰围开玩笑。某次,波斯匿王来见佛陀时喘得厉害,佛陀见状就劝他:

> 人当自系念,
> 每食知节量,

---

❶ 塔克西拉(Taxila),古代学习佛教的中心,亚历山大大帝与玄奘也曾到达此地。
❷ 对于这四种事物,中文世界通行的说法为星星之火、小龙、小王子和沙弥。

> 是则诸受薄，
> 安消而保寿。[1]

波斯匿王听了，立刻要求仆人之后在进餐时以此提醒他。

为了保障僧团的生活福利，佛陀对当时奉行君主制的强国表示支持，而实际上，他似乎更倾向于小型的部落共和体统治或寡头政体，如他的母邦或离车人的国家。离车人曾受助于佛陀，他们集体协商做出影响社会的决定，对个人或独裁统治几乎一无所知。

在佛陀涅槃前后，这些实行共和政体的小国已经式微，在各自的边境与拘萨罗、摩揭陀等大国难免频生摩擦。就在临近佛陀涅槃时，频毗娑罗王野心勃勃的儿子阿阇世扬言攻打跋耆联邦。佛陀在最后一次横跨北印度的游化途中路过王舍城，阿阇世便派来一名使者面见佛陀。这名婆罗门出身的使者转达了阿阇世意欲征服跋耆联邦的计划。这时，为了维护跋耆联邦，佛陀提出了治国的七大守则。

也许，佛陀当时已经预见跋耆联邦的命运，但他还是提出了以下原则，劝勉他们努力奉行，借以维护国家的独立：

1. 人民常集会、多集会。
2. 在和谐中聚散，在和谐中议事。
3. 不将未被视为权威的事情视为权威，尊崇已被古老传统定为权威的法则行事。
4. 尊崇、恭顺、礼敬并侍奉长者，听闻他们的训言。
5. 不强行绑架他人的妻儿，或强迫妇女、童女与自己生活。

6. 尊崇、恭顺、礼敬并侍奉城内外的跋耆塔庙，不废损此前合法施舍或供养的祭品。

7. 为阿罗汉提供正当的护持，使尚未到来的阿罗汉能来此安住，让已经到来的阿罗汉乐于安住。[2]

从这些原则看来，跋耆人组成的是一个小型的共同体，技术水平较低，政体机制也相对简单，普通市民都可以直接参与公共事务的管理。显然，佛陀非常重视保障妇女、老人和沙门僧众的福利。他强调遵从当地的风俗传统，仅就这一点而言，佛陀属于保守派；但同时，他优先鼓励人民经常集会的观点表明，他将政治视为人类社会的必要活动，绝非仅供达成目的的手段，而是集体参与审议和决策的过程。

佛陀用以建立僧团的基础几乎与这七条原则如出一辙。他在母邦本就是统治阶级的一员，有处理政务的经验，而后更是将此等优势有效应用在僧团的建立上。僧团的结构效仿小型共和体，推行集体审议和当面协商的制度。凡遇重大决策，需要僧团成员全体讨论，达成共识方可决议，而非由投票表决确定。无论男女，人人都有权抒发己见，持续辩论直到最终做出决定。

佛陀相信，"只要僧侣经常举行全体集会，就能保证繁荣而不会衰落。"他从未自视为高高在上的僧团首领，也不鼓励任何人在他涅槃后负责这一重担。他认为，僧侣行事应当基于相互间的共识，这对僧团维持生存至关重要。佛陀还强调，各地僧团均有义务维护团结与统一；他允许意见分歧的存在，但不希望它们危害僧团内部的统一，或妨碍僧团的日常修行。无论何时，一旦发生争议，持异议者可自行脱离僧团，另立门户。

僧团的这种体制有别于民主。在民主体制下，大多数人的意见对每个人均有约束力，少数人的意见必须服从国家政体运作的需要。自弘法布道之初，佛陀就非常注重容纳不同意见，承认世人的言谈和实践具有复杂多样性。正是基于这种做法，佛教得以在后续发展中成功避免内部的宗派之争，这种斗争恰恰是基督教和伊斯兰教发展史上的一大特色。此外，因为佛陀注重实践与理论相结合，他的教义得以相对有效地避免教条主义和宗教激进主义的侵蚀。大小乘佛教的分立主要是基于各自关注的立场不同：大乘佛教强调慈悲利他优先于追求个人解脱。因此，天主教与基督新教之间、伊斯兰教什叶派和逊尼派之间的血腥暴力冲突，从未在佛教的宗派之间出现过。

佛陀不仅鼓励僧众以身作则，为在家的僧众做出榜样，可能还曾希望将僧团打造为政治体系和道德领域内的典范。僧团的规则及其对共识和传统的尊重，似乎确实可被视作一个紧密结合的政治组织原型，这种原型或许可以取代难以管理的庞大政体——在这种政体中人被分为两种：统治者与被统治者。

同时，佛陀也知道，君主政体不会按照个人的心愿自动消失，况且僧团组织也远不能代表人类社会整体。这种认知让他成为一名注重效果的实干家，而非革命者。他认为，自己所需要做的是持续说法，让佛教思想扎根世间并日益扩大影响。正因为如此，佛陀才会结交当时的强力君主，还主动接触普通民众，因材施教。

佛教经文中所描绘的普通民众的形象并不讨人喜欢。他们被视作感官的奴隶，无法抵抗寻欢作乐的诱惑，追求名声与荣誉，憎恶默默无闻与责备。他们贪婪好色，极容易受到刺激而做出不道德的行为。他们被苦厄所蒙蔽，对生老病死视而不见，当年老不堪时便抱憾而终，这都是因为他们未能看到事物的本来面目。

不过，总有人不甘于平庸的生活，极力想要摆脱，这时佛陀便将教义中最复杂难懂的部分留给他们参透。同时，佛陀还充分相信，普通民众也能以一己之力改变命运，即使无法开悟成佛，至少能获得更加得体的轮回。他还为在家的僧众讲解道德礼法，即通常所谓的"五戒"：不杀生、不偷盗、不邪淫、不妄语、不饮酒。《尸迦罗越六方礼经》（*Sigala Sutta*）就是讲述这些俗世礼教的长篇佛典，详尽阐释了父子、师生、夫妻、亲友、主仆以及僧俗（即出家人与在家众）之间如何互惠相处的六种关系。[3]

人若能够时刻留意所思所行，则必然品行端庄。高尚的品德就是以既利己又利他的方式待人接物。佛陀认为，慈悲为怀且常行布施（特别是向比丘行布施）是在家众至关重要的两项要求。向托钵乞食的比丘施食，就能解除比丘的饥苦，更能成全施主的善心。总而言之，若心怀仁爱、柔和诚恳地善待他人，不仅能完善自身的道德修养，也有助于激发他人行善。

对于比丘而言，剔除思想上的消极情绪，保持内心的清净无染，是禅修入定的关键前提。但对于在家众而言，他们的修行目标就是保持内心的清净，就像斯多葛派一样，后者认为没有比积极的自我意识更高尚的精神境界。普通人所过的是未经省察的生活，鉴于此，佛陀不引导他们将涅槃这种难以企及的境界作为目标，而是训练他们在精神上的警觉，以达至自知之明。正如马可·奥勒留所言：

> 在任何地方和任何时候，都由你来决定为当下发生的一

切而虔诚地高兴,以公正的态度对待当下的人。⁴

尽管佛陀深知世人受制于希腊人所称的"大众的愚昧",但他依然力图通过比丘的榜样力量解决这个问题。比丘摆脱了普通大众的贪婪、无知、自大和愚蠢,有能力履行自身的社会职责,如制止普通人作恶,引导他们趋于高尚,与他们分享知识,为人排疑解惑,乃至向他们展示解脱的途径,从而回馈养育自己的社会大众。具有更高境界的比丘还会更深地融入社会生活,而非凌驾其上,成为某个统治阶级的成员或隐士。佛教的这种理念在斯里兰卡、泰国、缅甸等南亚和东南亚国家得到落实,虽有间断,但上座部佛教的传统势力在这些地方均占据主导地位,僧团对君主和国家具有一定的影响力。⁵

尽管佛陀没有直接谈论政治,也没有提供诸如柏拉图和亚里士多德等人宣扬的民主论和公民论,但他始终紧跟时代形势,并从中得出了诸多启示。和柏拉图一样,佛陀也认为,社会化的生活方式迫使人类背负无可逃避的社会责任。身处这样的群体环境,便不可能存在任何个体的救赎。事实上,按照佛陀的解释,人的解脱包括进入一种非利己的境界;在如此状态中,人能够体会到一切事物其实互为依存。

但是,佛陀并没有像柏拉图那样区分思考与实践,从而刻意在能够思想的统治者与只知劳作而不事思考的臣民之间营造某种等级的差别。在佛陀看来,思想、言语和行动是彼此相连、不可分割的一体化的身心活动过程。它们既不可能被单独地割裂开来,或一方凌驾于另一方之上,也不可能分属于不同的群体。在涉及人类生存的政治、经济、社会等各方面事务中,能够起关键作用的就是人的觉悟意识和道德实践；在业力法则面前，统治者并不比被统治者拥有更多特权。

柏拉图在西西里独力尝试参政的过程中发现，"哲学王"思想付诸实践之后并不如理论所说的那样有吸引力。[6]他在自己的乌托邦理想幻灭后，撰写了《法律篇》，并在其中缜密地阐释了构建一个稳固的政权所必需的法律的意图和目的。

柏拉图曾在叙拉古和雅典参政议政，而佛陀似乎从未有过类似的从政经验，他既不热衷为（拘萨罗或摩揭陀等）当时的大国君主提供政治意见，也不曾批评他们主掌之下的政体制度。他虽然有广泛且深入的实际参政经历，但并无将之发展为学说理论的热情。他在周游北印地区时了解到的政体模式，包括共和体、君主制，乃至快到晚年涅槃时才接触到的帝国统治，可能远比柏拉图所熟知的多，后者通晓的政体只有城邦制。

佛陀更喜欢讨论统治者统治权的构成问题。他恐怕不会同意，哲学家因为独有且永恒地掌握真善美的真相，便能获得统治权。实际上，佛陀认为，让统治者切实合法地行使统治权的必要条件，并不存在于某些超验的境界或自然界中。理想的统治者应该是转轮圣王，也就是在治国理政方面足以媲美佛陀的人。这样的圣王会按照佛法的道德观，配合仁悯正义的准则实行统治，使其疆域内无压迫，国中的所有城镇居民、宗教人士乃至飞禽走兽等均可怡然共处。如《本生经》中许多讲述理想君王及其统治的故事所表明的那样，正义是统治者权威的唯一正当基础。

佛教的这种认知，与印度理论家所宣扬的君权神授说截然不同。佛教认为，即便是身居王位的国君，也和普通民众一样本是人；国君之所以能居高位，是其自身的行为和别人的行为共同造就的，因此君主所承担的责任理应超过他的权力。君主应当具备的核心素质包括慷慨大度、正直诚实、温和敦厚、自控律己、宽容忍耐等。但只有君主本人正直仍是不够的，他还必须在国家治理过程中落实佛教的诸多慈悲仁爱的原则。在佛陀入灭之后才完成的佛教文献《大事》（Mahavastu）中，便详尽记录了可供国君参考的意见。这部经典劝告国君接纳入境的大批移民，与邻国结友联谊，还要惠济穷人，保护富人。

哲学家龙树曾建议娑多婆诃王扶持医生，建造招待所和休养院，削减高额税收，关怀遭遇天灾的难民，在物资匮乏时提供赈济粮[7]；另一部佛教文献《究罗檀头经》（Kutudanta Sutta）罗列了转轮圣王应当奉行的社会与经济伦理。在这部经中，佛陀讲了一个故事。曾有一位国王为了给自己富有且强盛的王国祈福，想要举办一场盛大的祭祀。这时，一位婆罗门主祭（即佛陀某一世的身份）告诉国王，盗贼和劫匪正在逐步削弱王国的力量，但无论牲祭还是死刑、囚禁等酷刑都不能解决问题，稳固王权、保持国家昌盛的最佳方法，就是为农民补贴食物和供应谷物种子，为商人提供资金，为公仆发放充足的粮饷。[8]

早期，佛教似乎曾为建立某种福利国家提出过各种激进的方案。像阿育王这样的大国君主就曾试图将这类设想付诸实施，至少尝试推行过部分举措。然而，很有可能连佛陀本人到了晚年也觉察到这类方案太过理想化。北印的经济大变革激起各大王国精英的扩张欲望，截至佛陀入灭时，各国为拓展疆土而频发的战事比国家福利制度的推行更常见。

在佛陀入灭前七年左右，摩揭陀国的君主频毗娑罗王遭儿子阿阇世废黜并谋害。阿阇世那时只见过佛陀一两次，却对佛陀十分提防。他的野心都在王国扩张上。彼时的拘萨罗国在无能的波斯匿王统治下已举步维艰，类似迦毗罗卫那样的部落更是日渐危险。在成功夺得摩揭陀国的王权后，阿阇世迅速展开行动：对拘萨罗发起进攻，还在战争中羞辱波斯匿王，接着又开始筹划针对跋耆联邦。

佛陀对周边发生的事知道得一清二楚。虽然波斯匿王是佛陀的信徒，但佛陀对于他的遭遇保持中立态度，不偏不倚。佛陀告诫波斯匿王，应当警惕受辱后的报复心："胜利以生怨，败者苦难寝。只有舍胜败，平静乐安眠。"[9]

可是波斯匿王没有放弃报复，他与阿阇世再度开战并获胜，还俘获了对方的武器和军队。这时，佛陀再度警示波斯匿王：

> 残杀他人者，感召杀己者。
> 征服他人者，亦得胜己者。
> 讥恼他人者，必遭诽己者。
> 如是业轮转，果报总不虚。
> 侵夺他人者，当被他人夺。[10]

在阿阇世与拘萨罗国第三次交战时，佛陀的话应验了。这一次，阿阇世完胜波斯匿王，占领了他的国土，波斯匿王被亲生儿子毗琉璃废黜。

阿阇世越成功，他的道德感就越淡薄。面见佛陀时，阿阇世说起阿耆毗伽派的沙门富兰那迦叶给他灌输的观念：

> 陛下，举凡有人做出种种恶行，如毁伤他命、纵火烧杀、煽动祸乱、屠戮生灵、抢夺劫掠、致人悲痛而心生厌倦……此等实无所谓造罪可言。即使有人用锋利的铁饼将大地上的一切生命屠戮殆尽，堆尸如山，亦无所谓造罪可言……

如果一个国王会附和这种观点，并希望将其作为自己统治的合法性来源，那就意味着这种观点在当时已占据一定的市场。阿耆毗伽派对业力的否定让佛陀颇感烦扰：他公开谴责该派的首领末伽梨·瞿舍梨实为"狂人"，给太多人带来"损害、毁伤与不幸"。

佛陀认为，任何侵略攻击行为，无论正义与否，终归要引发更多的暴力。至于崇拜勇士之类的浪潮，他更是不为所动。有一次，一个职业军人问佛陀，一名士兵在战场上丧生，能否去到天堂。佛陀起初沉默不语，最后在军人的追问下回答道，士兵阵亡后会坠落地狱或投生为畜。

佛陀还特别反对商人的军火贸易。数个世纪过后，欧洲的武器制造业已发展为一项强有力的实体产业，促使第一次世界大战转变为工业化进程，足以动员各国全体民众，倾尽一国的人力物力大事生产。虽然佛陀本人的战争体验只限于在北印一带目睹的战事，但他早已看出大国之间爆发战争的危险迹象：从部落共和体中崛起的王国，其权力已经被少数统治者所掌握，臣民对自己生活的控制权被剥夺。

帝国与民族

佛陀入灭后不久,阿阇世便攻取了跋耆,还洗劫了毗舍离城。阿阇世在佛陀入灭后的情况大都罕为人知,其子嗣的情况就更加不详。根据古希腊外交使节麦加斯梯尼的记录,摩揭陀在公元3世纪再次进入史册,并且是当时北印的超级大国。在旧都王舍城的南边,阿阇世王建起了大名鼎鼎的华氏城,这座新城控制着恒河流域绝大部分的沃土与河港;规模较小的城邦要么已经消亡,要么成了它的附庸。

在佛陀入灭之前,小城邦与部落共和体便渐遭吞并,各大王国纷纷崛起,首先诞生的就是摩揭陀。在波斯,居鲁士大帝正式掌权的时间仅比频毗娑罗王略早了十六年。居鲁士先是迅速攻占了爱琴海沿岸的多个城市,继而征服了古代最伟大的都城巴比伦,之后又将注意力转向中亚。由他一手缔造的阿契美尼德王朝是中亚自古以来最宏大的帝国。居鲁士吸引了众多仰慕者,其中不乏王朝的敌人,包括希腊人。不仅希罗多德热情洋溢地记述过居鲁士的丰功伟绩,色诺芬这位力谴雅典民主制的苏格拉底门徒也曾在《居鲁士的教育》一书中,感叹这位大帝是理想的君主,盛赞他坐拥强权而不失宽容大度,理应成为希腊人效仿的对象。[1]

阿阇世很可能也对本国西部这个正在崛起的王朝有所耳闻。不过,即便阿阇世想过效仿居鲁士大帝,他的关注点也从未落在宽容大度的美德上。无独有偶,著名的马其顿王子亚历山大也没有认真吸取居鲁士一生留下的诸多教训,反而有意识地步其后尘,同样用攻城略地的方式成就自己的"大帝"之业。

亚历山大大帝是我在学生时代最早接触的西方名人。历史教科书上经常提到他的波斯名字——西坎德尔,还说他只用十二年就征服了西方人已知世界的大部分版图。公元前326年,他率领远征军进入印度旁遮普地区,好像是要进军摩揭陀国,并在当地与印度国王波拉斯展开了远征诸役中最重大的一战。他先是建立了多个希腊殖民地,后来又在印度的西北部建起数座新城。

希腊与印度的首次接触已经没有相应的纪念象征。亚历山大在马其顿时曾师从亚里士多德,据说还曾在皮浪等其他不少古希腊哲学家门下学习,皮浪甚至还可能随同他去过印度。希腊人极度震惊于印度所谓"天衣派"的修行方式,这些无家可归的流浪汉奠定了印度在西方人眼中的形象。这些印度人毫无常人的欲望和野心,更漠视传统习俗和他人的看法,过着近似古希腊哲学家倾心推崇的生活。据说,皮浪选择遁世隐居,就是因为听说有个印度人坦承自己在频繁出入宫廷之后便丧失了教书育人的能力。

时隔很久,出于一次偶然的机会,我了解到亚历山大在远征印度期间的另一段奇遇。[2] 从希腊史学家普鲁塔克描述的亚历山大形象来看,这位大帝是一个将文明带给低等种族的开明征服者。某次,希腊士兵将他们俘获的十名天衣派修行者带到亚历山大面前,这位大帝向每一个俘虏提问,回答错误的人将被处决。

　　修行者都表现得很英勇。亚历山大问其中一人,人如何行事才能获得他人由衷的爱戴。那人回答道,人必须自身足够强大有力,但又不能让他人过于惧怕自己。

　　朴实无华的言辞显然打动了亚历山大,他旋即派出自己的哲学家,去拜访当地苦行修士中最年长也最负盛名的丹达米斯,这位哲学家介绍亚历山大为宙斯之子,并邀请丹达米斯效仿一路追随大帝的西方史学家和哲学家,加入亚历山大的阵营。

　　丹达米斯答复道,他和亚历山大一样同为宙斯之子,而且他十分满足于当下"那些供我栖息于其中的树叶,那些为我提供美餐的植物,以及任由我饮用的水源"。出于一种遁世苦修的心理,丹达米斯又问前来的希腊信使,为何亚历山大要如此长途跋涉。

　　亚历山大的答复如今已无从可考。他身后总有像普鲁塔克这样的史学家,津津乐道于大帝征服四海的丰功伟绩为后世带来的深远影响:古希腊人大都是地中海一带的原住民,亚历山大开辟的疆域将他们引向更为广阔的世界,远至波斯和埃及。和拿破仑一样,亚历山大也招募各路专家,他们擅长的领域包括勘察测量、工程规划、建筑设计和编年纪事等。他带领这些精英踏上戎马生涯的漫漫征程,极尽所能地想要流芳千古。他一手缔造了庞大的希腊殖民地,将帝国版图从地中海延伸到中亚,并鼓励贸易和文化交流,一个跨越洲际的世界文明由此崛起,为后世的罗马和拜占庭帝国奠立基础。埃及古城亚历山大港的缔造者同样是亚历山大大帝,它后来发展为早期基督教在精神上的首都。公元前3世纪,麦加斯梯尼整理各种寓言故事和神话传说,将之汇编成首部欧洲史,不过其中的内容只有部分真实可取。希腊在印度西北部的殖民地将古典的希腊－罗马艺术引入印度，为后来著名的犍陀罗佛像造型艺术奠定了基础。这种艺术造型的晚期代表作，就是2001年遭阿富汗塔利班政权摧毁的巴米扬大佛。

在普鲁塔克的笔下，亚历山大是伟大的世界文明缔造者，是被征服的蛮族的大恩人与教化者。后来的史学家修正了被普鲁塔克理想化的亚历山大形象，转而从军事策略和现实政治的角度，为其开创的帝业歌功颂德。实际上，研究亚历山大的生平与性格，应该让世人重新审视征服的代价和亚历山大在历史上的崇高地位，以及史学家的道德偏见。

公元前335年，即亚历山大执政的第一年，希腊城邦底比斯爆发反抗他统治的起义。亚历山大夷平了整座城市，屠杀六千名市民，还将幸存者变卖为奴。公元前334年，亚历山大启程东征，从此变得自负且残忍。在波斯帝国的古都波斯波利斯，他洗劫并烧毁了一百多年前大举入侵希腊的薛西斯一世那辉煌华美的宫殿。在击败大流士三世之后，他开始幻想构建一个完全由波斯人和马其顿人组成的统治阶级。为了培养这一优等种族，他和一众部下与八十名波斯女子进行婚配。之后他怀疑位高权重的副统帅帕曼纽，于是将他处死，还杀死了他的仆从。[3]

一系列的成功让亚历山大越发不可一世。当军队接近印度时，只是因为途中某次酒后的争吵，他就亲手杀死了最亲密的战友。他穿戴起波斯王室的皇服，还要求前来觐见者必须完全遵循波斯宫廷的繁文缛节，向他致以敬意。亚里士多德的甥孙、史学家卡利斯提尼拒绝卑躬屈膝，结果被监禁，后来遇害身亡。

到了印度，军队已然精疲力竭，亚历山大只好带领大军返回西方，但其统治手段暴虐如故，依旧是任意处决外加大肆屠杀。在波斯，他装扮成希腊酒神狄俄尼索斯的模样盛宴一周，酩酊狂欢。他自己一贯热衷于膜拜诸神，还要求全体希腊下属务必将他奉若"神明"。众人表面服从，背地里却颇多讽刺，还在斯巴达城中明令宣告："既然亚历山大想要成为神，那就当他是个神吧。"然而，荣膺神明之誉的亚历山大并未放缓发动野蛮战争的步伐。公元前323年，他在巴比伦饮酒作乐时身染重疾，仅十天后便不治而亡，年仅三十三岁。

这个心灵逐步腐化的人，在印度时邂逅了某些苦行僧（也许是佛教徒），受到对方温和的训斥。根据史学家阿里安的记载，这些苦行僧在亚历山大经过他们身旁时，蹲在地上用力拍打自己的双脚。当被问及如此动作有何含义时，他们说，亚历山大四处征战，但他本人实际占用的土地也不过是双足所踏的面积；和天下所有人一样，他总有死去的一天，"尽管野心勃勃且无所顾忌，不惜跨越千山万水，远离家园，不仅让自己遭遇重重困难，还将苦难强加到他人身上"。⁴

亚历山大在印度时也不乏仰慕者，只是迄今尚未在印度本土发现任何相关史料。普鲁塔克提到过一个名为山德罗可土司的年轻印度人，他曾主动向亚历山大示好，说愿意为打败当时摩揭陀国的君主而效力。这个年轻人就是孔雀王朝的创立者旃陀罗笈多。据说，他出身卑微却宛若初生牛犊，抱负远大，对征服摩揭陀国志在必得。在亚历山大返回西方后不久，旃陀罗笈多就推翻了摩揭陀当朝君主的统治，并吞并了印度中部的一部分地区。接着，他又向希腊将军塞琉古发起进攻，后者试图在亚历山大死后收复本属帝国疆域的印度版图。旃陀罗笈多在战斗中打败了塞琉古，迫使对方签署了一份和平条约，从而终结了希腊人对印度西北部的威胁。原本已经相当庞大的帝国进一步扩张至如今的巴基斯坦和阿富汗的部分地区。

和亚历山大一样，旃陀罗笈多攻城略地凭借的也是武力和战略。不过，仅靠武力来维护帝国统治的困难，亚历山大若非英年早逝，想必亦能体会到。帝国的版图越大，文化与经济多样性就越复杂，饱受帝国压迫的小政治团体也就越难驾驭。在精于筹划的婆罗门谋士考底利耶的辅佐下，旃陀罗笈多的野心丝毫不逊于亚历山大，他渴望定都华氏城，掌握绝对的中央权力。

为实现这一抱负，他蓄养了一支庞大的军队，还组建了网布四方、以暴虐强悍著称的间谍机构。至于他流传后世的所谓传统治国之道究竟取得了多大成就，并不为人所知。旃陀罗笈多在位时，希腊使节麦加斯梯尼曾入宫朝觐，根据他的说法，华氏城可谓一座优美之都，宫殿也十分奢华，但国君整日疑神疑鬼，唯恐遭人暗杀。直到公元前269年，旃陀罗笈多的孙子阿育王继位，帝国也仍未实现和平。

倒是孔雀王朝的第三代国君阿育王，在奋力争夺继承权的同时推行新政，首度尝试大力倡导佛教理念，以佛教理想中的转轮圣王为治国理政的楷模，希望借此兼顾征服和统治。

阿育王涉政的机缘源于帝国的一次统治危机。当时，他被父王派遣到印度的西北部平定塔克西拉的叛乱。当地被亚历山大征服后一度沦为希腊殖民地，不久又被摩揭陀吞并。面对抗议摩揭陀帝国官员压迫的民众时，阿育王似乎颇为宽容。此后，他再度被派遣到印度中部的乌贾因担任地方总督或代理执政官,这段经历在他继承王位之后很有帮助。

但是,帝国总是需要新的资源,树立新的敌人,这就意味着更频繁的征服与镇压。形势所逼之下,又或许是出于打通一条海上贸易路线所需,阿育王在执政的第九年,对迦陵伽国(今印度东部沿海奥里萨邦)发动战争。他之后命人在全印各地的阿育王石柱和山崖岩面刻下法令,其中最著名的《摩崖法敕》第十三章记载称,在征服迦陵伽的诸次战役中,共有十五万人被放逐,十万人被杀,在战争中丧生的人更是这一数字的数倍。

征服迦陵伽期间,面对战争带给人类的重创,阿育王第一次进行了反思。他意识到,战争会残酷地破坏历经几十甚至数百年方能建立的社会和人际关系,破坏让人即便身处逆境仍可据以维持尊严与生存意义的风俗传统,若缺少这一切,人类只会滞留于野蛮不化之境。

《摩崖法敕》第十三章称:

> 当一独立之国被征服……国中所居一切人等,无论婆罗门、沙门、其他宗派者或在家居士,尤其是其中对长者、父母、恩师温顺,待朋友、知己、同僚、亲族、奴隶、仆人得体正当且尽心竭意者,皆会蒙灾受难,遭遇杀戮,与所爱之人同承别离之苦。即便有人侥幸脱险,即便心中的仁爱情意不曾减损,亦难免为朋友、知己、同僚、亲族的不幸遭遇而痛苦。[5]

印度史上,肯为身陷战乱的平民命运而忧心的君王实属罕见。

史诗《摩诃婆罗多》就是一部暴力无情、令人胆寒的战乱史:成千上万的人无辜丧生,连名字也不曾留下,而所有亡者在权力角逐者的眼中全部活该牺牲。但阿育王看到了战争如何导致所有人蒙受苦难。这些法敕表达了他深切的痛悔:

> 今于迦陵伽战乱中遭遇杀害、死亡或俘虏者,即便只有百分之一或千分之一人遇难,(阿育王)亦悲痛不已……(阿育王)希望一切生灵皆乐享安全、自律、公平与幸福……(并)相信,一切胜利中,最上者无过于佛法的胜利。

为此,阿育王在治国理政中坚决推行诚实守信、慈悲仁爱和戒杀止暴的行动方针。他说自己不愿"希求名声、荣誉",如其在《摩崖法敕》第一章中所指出的那样,"若人对于法不能具足无比爱慕欣求之心,不做深切内省之观想,缺乏极大之恭敬信顺、极大之谨慎怖畏,乃至不肯付出极大之精勤努力,则殊难获得现世及后世(之真正利益安乐)"。

他想要全然公正地治国理政,因而宣称愿为臣民鞠躬尽瘁:

> 无论在进食,抑或身在后宫、内房、饲兽房或銮驾御辇,甚或在皇林禁苑,皆当闻有关苍生政务之上奏……务以增进一切世间之利益为要务,而此之根本即是励精图治于政务之裁断。[6]

他适时调整了祖父旃陀罗笈多作为帝国创建者最初设立的严苛律法,使之更加缓和变通。他的法敕明确表示要尊重奴仆侍从,尊敬为人师表者；倡导不同宗教团体和睦相处，恭敬相待，协商对话。此外，他还植树造林，凿井挖泉，建造可供旅客使用的休息站，又告诫下属密切关注臣民的需求，尤其应当关注穷苦之人。

然而，与某些佛典文献所载情形不同的是，阿育王在征服迦陵伽之后，既未立即皈依佛教，也不曾抛弃帝位遁世出家。尽管佛教彼时仍在印度众多宗教和哲学派别中占有一席之地，但即便在阿育王执政时期也未能成为国教。阿育王接受佛教的过程是渐进的，耗用至少两年半的时间，即便后来接受佛教，也只是在实践中有选择地加以应用。

阿育王实施的原则非常契合佛陀宣扬的德行精神，但其中的绝大部分成就仰赖于阿育王自身的创新才能。究其原因，部分无疑是因为他目睹了迦陵伽之战的惨状，此外则应归功于广受拥戴的开明治国之方。他让国家意志体现出高尚的道德观，希望借此吸引宗教信仰和文化习俗各不相同的广大臣民，让他们在现世享受和平与友爱，进而引导他们展望来世的美好愿景。

阿育王还将佛法视作可助其拓建世间帝国的手段。据说，他曾派遣使团前往斯里兰卡和中亚弘法。根据斯里兰卡的传说，阿育王的儿子摩哂陀约在公元前 240 年将佛法传入斯里兰卡，建立当地首座佛寺；阿育王的女儿则从本国菩提树上剪下一枝小树杈，栽种到该寺中。据某篇法敕记载，阿育王宣称，佛法已经征服统治叙利亚、埃及、马其顿、昔兰尼、伊庇鲁斯等地的希腊诸王。但这只是他一厢情愿的想法，亚历山大的一众继任者不大可能兴致勃勃地聆听来自遥远印度的中道说教，就连阿育王的继任者都很难接受劝化，之后的历代帝王更是没人效仿，他们通过征战寻求荣耀，信奉那些将战争和侵略美化为国王正当行为的传统印度经典。在亚历山大声名显赫的时代，阿育王逐渐沉寂，一度在历史上隐没不见，直到19世纪一批英国业余学者破译了他的法敕。

无论如何，阿育王都算不上笃信佛教，而且就其君主身份来说，他也不可能彻底地成为佛教徒。这样看来，也就难怪阿育王没有废除死刑、实行裁军，也没有在帝国疆域内推行联邦制。事实上，他新建了一个中央集权式的官僚体系，用以监督佛教改革的实行。

现代有些多愁善感的人道主义者相信，民主和自由可以强加给充满欲望、不满和痛苦的民众。相比之下，阿育王身体力行地倡导广大臣民与他一起提升道德情操的做法显然务实得多。然而，尝试在实质上非佛教式的帝国中贯彻佛教的理念，这番壮举的效果也就可想而知了。

阿育王自己很可能早就意识到了这一点，所以坦陈"善是难为"。更何况，人很容易因为自身之善和一己善行而沾沾自喜，他在某项石柱法敕中坦陈：

> 一般人只知一己善行，常想着"我做了善事"，却完全看不到自己的恶行，不会想到"我做了恶事"，或者认为"这的确是（我的）过错"。人实在很难在这方面有所自省。[7]

阿育王开启了佛教文明昌盛的先河，佛教因而历经千年繁荣而源远流长，尤以在亚洲的传播最为隆盛，对众多的本土文化影响深远。柬埔寨吴哥窟寺庙群中建于12世纪的巴戎寺、缅甸蒲甘古城中建于11世纪的宝塔、印度尼西亚爪哇岛上建于9世纪的婆罗浮屠。这一座座伟大的古建筑遗迹说明，佛教的理想早自阿育王时代即从印度传出，并且从未停止。佛教还使西藏社会及其土著文化产生了巨大变化，而西藏人在7至8世纪一度被认为是残忍的战士和扩张主义者。泰国迄今仍保留着一项传统习俗，那就是由国王亲自在曼谷的盛大庆典上供奉著名的翡翠佛像。据说这尊佛像来自印度，身上佩戴的一件珠宝来自那先比丘，即那位曾与弥兰陀王有过著名对话的印度和尚。

阿育王在印度真正的继任者是迦腻色迦王，后者是一名虔诚的佛教徒，所辖疆域包括印度西北部和中部一带。公元1世纪，迦腻色迦王在位期间，印度与中国和中亚各国的贸易往来十分兴盛，迄今所知的第一批佛教使团即是在此期间穿过克什米尔的喀喇昆仑山脉前往中国的。

据记载，佛教最伟大的哲学家龙树曾受到娑多婆诃王朝多位国君的扶持，这一王朝在公元2世纪统治印度中部和南部地区。在公元4世纪早期至6世纪中期的笈多王朝统治阶段，其他佛教哲学家如无著、世亲、陈那等人的著作此后遍布中国、朝鲜、日本各地的寺庙和大学，桑奇窣堵坡及其雕刻，以及今天比哈尔邦的那烂陀大学也在这一时期竣工。

根据7世纪到印度取经的中国僧人玄奘的记载，尽管印度北部和西北地区许多曾是佛教中心的古城已衰败荒芜，但在国君戒日王的统治下，当时的印度社会及其政治环境始终保持着自由开放的风气，玄奘对此十分钦佩。戒日王同时信奉佛陀与湿婆，不仅举办佛教哲学辩论会，建造佛寺和佛塔，还资助创办那烂陀大学。时至近代的19世纪，还有一位信奉佛教的君主——斯里兰卡的揭帝·悉利·罗阇悉诃国王，原先虔信湿婆，之后转而力图实现阿育王的正义理想,复兴斯里兰卡的佛教僧团,宽恕当地试图谋杀他的僧团首领。

有许多统治者都深受佛教的影响,他们的施政纲领承认人类信仰和言论的多元复杂性,强调对话沟通和非暴力原则的重大意义。而现代社会的佛教徒对佛法的理解还远未达到这一深度。在20世纪80年代的斯里兰卡,在不少佛教僧人的支持下,僧伽罗民族主义分子与泰米尔印度教分离主义分子爆发了激烈的内战。最为恶劣的是,20世纪初的日本佛教徒曾支持本国的军国主义,后者引导他们的国家对亚洲开展了一场种族灭绝式的帝国主义大屠杀,最终又导致本国因灾难性的美日冲突而损失惨重。

经过长达数个世纪的闭关锁国,日本自19世纪中叶开始对外开放,却旋即发现面临的对手是正在急速壮大的西方帝国主义列强。对此,明治时期统治者的解决方案也正是绝大多数亚洲国家的统治精英后来在面临类似难题时采取的办法。他们宣告自己的国家以往腐朽衰弱,强调必须对国家机构和国民实行现代化变革,并给予他们一个核心的发展目标。1868年后,日本充分发展科技,增强国力,并着手准备帝国扩张计划,借此在追赶西方的道路上迅速超越了所有其他的亚洲国家。

公元8世纪从中国传入日本的禅宗佛教起初屡遭明治统治阶级的责难。佛教被认为是愚昧落后之学,是日本封建时期的残渣余孽,必须在国家不断发展前进的过程中尽数抛弃。但当代知识分子中的佛教徒凭借自身信仰日臻壮大,逐渐演变为国内的一股先锋力量,试图以此扭转佛教饱受诟病的局面。众多佛教僧人成为新兴国家主义的卫道士,声称禅宗佛教与武士道精神完全契合。

禅宗佛教最终在20世纪的日本成为进步、理性和政治统一的"吉祥物",象征着日本在精神和文化层面上优越于其他亚洲国家。

彼时的日本刚刚确立本国的现代化进程,正日益表现出意欲发展为军事强国的特点。它首先取得了两场惊人的胜利,即1895年的甲午战争和1905年的日俄战争,继而又将势力扩展到中国的东北和台湾,以及朝鲜半岛。许多日本佛教的宗派领袖毫不犹豫地支持军国主义,如禅师释宗演于1893年代表日本禅宗前往美国芝加哥参加世界宗教大会,向美国民众介绍禅宗时表现出民族主义倾向,比同时与会的两位亚洲禅师辨喜和达摩波罗更加明显。他拒绝与托尔斯泰联名上书谴责1905年的日俄战争,还在1906年的某次演讲中,面对美国听众讲述日本佛教徒为何不相信个人主义,以及为何"为达目的不惜性命",以牺牲自我昭显"对死亡更为崇高的诠释"。

在1912年,这位禅师极力为日本侵略中国东北的行径辩护:

> 只要战斗出于一个公正而光荣的理由,所谓战争就不是什么恐怖的坏事⋯⋯尽管会有许多人遭遇事实上的肉体毁灭,心灵遭受重创而破碎,但从一个更加广阔的角度来看,这些牺牲者无疑都是在心灵的圣火中涅槃的凤凰,所有亡者都将从郁积的灰烬中重获新生,超凡脱俗,光耀无匹。[8]

四年后,印度诗人泰戈尔访问日本。在当地巡回演讲期间,他敏锐地观察到日本有一大批知识分子沉浸在生搬硬套的外国民族主义热潮中难以自拔。那时,悠游甚广的泰戈尔年过半百,阅历丰富。他的诗作《吉檀迦利》尽管因英译本措辞华丽而颇有堆砌之嫌，仍为他赢得了 1913 年的诺贝尔文学奖，还引来叶芝等欧洲艺术家和其他各界精英的仰慕。泰戈尔美髯垂逸，黑眸洞视，早已是众多欧洲人心目中印度精神或说东方之魂的不二代表。

1916 年，泰戈尔到日美两国做巡回演讲。彼时，距离曾令听众倾倒的辨喜演讲已经有二十多年。面对泰戈尔这位神秘的东方圣人，来者所盼望的也许是一番略带浮夸的高谈阔论，结果泰戈尔讲的是他认为各国均须正视的全球化问题，尤其是欧洲民族主义——它引爆了一场世界大战，相关的争执也从未休止。

19 世纪 80 年代，正值欧洲各国为争夺殖民地、建立帝国、圈夺市场而竞争加剧之际，尼采在著作中针对民族主义大众政治问题发出警告，提醒世人慎勿对"民族的心灵疥癣和血液中毒而感到愉悦"，它们正导致"欧洲各国人民像惧怕传染病一样彼此隔离和封锁"。[9] 欧洲国家以亚洲和非洲为战场展开恶斗，将弱势民族的利益损耗作为相互竞争的必然代价。他们虽然时刻准备开战，但实际上根本不打算动真格。长久以来，凭借欧洲政治家玩弄的现实政治——也就是被尼采怒斥为"高官显达操控之下的病态伪善"——而得以维持的世界和平，终于在 1914 年被打破。

截至 1916 年，人们认清了一个事实：各国原本预期快速制胜的局面已不可能出现。交战的各方往往就隔着几条战壕，面对面地僵持数月却毫无进展；欧洲国家面对亲手打造的庞大死亡机器束手无策，完全不知道该如何停止它的运转。至此，战争本身已演变为机械化的工厂作业，德国作家恩斯特·云格尔形容参战的亲身经历，它有着"涡轮机似的工作节奏，嗜血而动"。[10]

借由各种最新科技成果的应用，战争造成了无以数计的伤亡和难民，人类为自己邪恶与恐怖的暴行付出了史无前例的惨烈代价——太多堪称20世纪重大历史事件的战争（西班牙内战、第二次世界大战、朝鲜战争、越南战争）、大屠杀（亚美尼亚大屠杀、犹太人大屠杀、红色高棉对柬埔寨人的大屠杀）和大规模的难民迁徙（印度人、德国人、希腊人、俄国人），使得记录这些灾祸的统计数字成为衡量世间苦难的通用标准。

在日本，泰戈尔赞扬西方社会一直以来所追求的信仰、思想和行动自由，同时谈到"西方文明向世界提出了至今没有完整答案的棘手难题"：

> 个人与国家之间、劳动者与资本家之间、男人与女人之间的冲突，物质贪欲与精神生活之间、民族有组织的自私自利与人类崇高理想之间的冲突，同商业和国家等庞大组织密不可分的一切丑恶的错综复杂的事物与人类要求单纯、美好和完全闲暇的天性之间的冲突。[11]

同样是在日本，泰戈尔面对一大批疑虑重重的听众，指出了隐藏在大和民族主义情绪中的诸多危险因素。他说，"种种迹象表明"日本的"社会理想终将败于政治之手"，还提到国际局势中颇具讽刺意味的一幕，即欧洲直到日本实现军事化才开始重视日本。谈到西方社会着力构建的政治文明时，他认为，在这种文明形态中，国家只是一个抽象概念，人与人之间充斥着功利的实用主义关系，这类文明的"根基就在于排他主义"，人们乐于排斥异己，甚或不惜将他们彻底根除。他还指出："对于日本而言，危险之处并不在于模仿西洋文明的外在表象，而在于将西方民族主义的发展动力纳为己用。"

泰戈尔担忧的是，民族国家的概念已然融入日本文化，并且根深蒂固。它原本只是一个抽象概念，如今却在贪婪和征服欲的驱使下，发展为某种神圣且排外的宇宙秩序。它营造出某种内在的同质性，排斥一切外在的异质性，将世界割裂为"我们"和"他们"。它给出了某种单一的真理与道德，力图成为人类生命中的认同、目的和意义的唯一来源。换言之，它要成为某种轻易就能令人献身的存在。

泰戈尔发表这番演讲时正值第一次世界大战期间，他知道欧洲大众对战争的态度最初大多是颇为欢迎的，也许他们以为可以借此摆脱一直以来被迫从事却早已厌倦不堪的常规的机械工作。恩斯特·云格尔就曾坦言："在安全有所保障的时代成长起来的我们，都对不寻常的事物有所渴望。"他写道："我们原先都以为，战争最终会带给人类一些伟大、强盛而庄严的东西。"到处都是满怀爱国热忱以至于激动得昏了头的人。对此，西蒙娜·薇依形容称，"国家，作为世人仇恨、厌恶、嘲弄、蔑视和恐惧的对象"却要求他们绝对忠诚于它，全身心地自我克制，最大限度地牺牲奉献，而它也确实获得了其所强求的一切：仅在1914至1918这几年里，国家的收获就已超出原先所有的预期。[12]

泰戈尔随后从日本前往美国，继续巡回演讲。在美国的演讲中，他以宽慰多过担忧的语气表示，印度"还从未有过真正的民族主义意识"，并主张"印度无须在西洋文明优越的领域与之竞争"。他还不无揶揄地提到日本的报纸，其中有社论将他关于日本模仿西方的发言称作"落败民族之诗"。

此后的发展势态证明，泰戈尔当时没有在意这类打击是明智之举。他已觉察到日本洋溢的胜利氛围，这种感觉使得日本在20

世纪二三十年代发展为强有力的军事大国。为了同英美抗衡，它发动侵华战争，占领大片中国领土，还趁法国战败侵入中南半岛，之后在1941年对美国发起攻击，后者在四年后向广岛和长崎投掷两颗原子弹，结束了西方主导权在全世界范围内经受的最严重挑战。

事实证明，泰戈尔担忧日本民族主义倾向的洞见颇为精准，但在看待印度的问题时似乎过于乐观。印度独立后，力争发展成为现代化的民族国家，而阿育王的仁慈统治最多只适合作为某种浮夸的谈资。1947年后，尼赫鲁－甘地家族主政，其间，印度基本上还依赖着英国殖民者遗留的那套陈旧体系。冷酷无情的官僚统治结合独裁政权，发展出了一个高度中央集权制的国家。它一面宣称要推进民主与经济的发展，一面却以最高主宰者自居，凌驾于国计民生之上。

独立后，自由印度对付异见人士的手段比旧日的殖民统治者更加狠辣。它通常以捍卫民主和国家安全的名义使用暴力，最显著的例子就是对克什米尔地区采取的行动。克什米尔位于昔日阿育王帝国最北端的一片喜马拉雅山谷，那里曾是印度的佛教中心。进入公元世纪后，印度的翻译家就是从这里启程，历经数百年将佛教传入中亚和中国。

14世纪时，伊斯兰教通过中亚和波斯的传教士传入克什米尔谷地，与当地既有的印度教和佛教文化水乳交融，形成了特征鲜明的克什米尔宗教信仰。后来，此地名人辈出，产生过不少同时深受印度教徒和穆斯林敬仰的高人、隐士、圣者、诗人。克什米尔的居民自古喜好和平，罕有重大战事冲突，他们往昔生命中蕴藏的这种温良特质——这个疆域相对狭小又自我封闭之地曾经孕育的易碎成就——后来演变得面目全非，取而代之的是巴基斯坦输送或训练出来的伊斯兰激进组织，还有印度尤以凶残暴戾著称的安全部队。

1987年秋，十几岁的我第一次前往克什米尔谷地。从小生长在印度平原区，我早已习惯闷热多尘的天气、平坦无垠的风景，以及明艳得几乎刺目的色泽。在我想象中，克什米尔谷地凹陷如盆，拥有世界上所有的曼妙美景：柔和的光线、凉爽的空气，以及温和的湖光山色。但少年时那次旅行带来的失望，让我再未踏足克什米尔。

那时我去了克什米尔的乡村，那里有一排排森然罗列的杨树，放眼望不见尽头。穿过几处苹果园和大片水稻田，再踏过凉爽小溪中的鹅卵石，就来到了一个无比宁静和幸福的地方。那是克什米尔的首府斯利那加，一座中世纪古城，有着密布的街巷、木结构的清真寺、挂着鲜肉的摊铺，还有狭小幽暗的杂货店，里面整齐摆了一排纸质玩具，店员灵巧的双手铺开色彩明丽的波斯地毯，露出精美绮丽的图案。

达尔湖畔坐落着莫卧儿王朝历代帝王建造的台地园林，亭台楼阁、雕梁画栋、潺潺流水环绕其间，年轻的情侣在撒着花生壳的草地上幽会，他们既未接吻也无搂抱，甚至久久没有交谈，只是快活地坐在一起。

我原本并不太关注克什米尔人，虽曾感叹于他们充满异域风情的白皙肤色、长长的羊毛披风，还有他们对待印度游客略带嫌憎的态度，但也仅此而已。那次游览结束后，我很少想起他们。

记忆中，无论是兜售披肩和地毯的当地小商贩、出租司机、小渡船的船夫、数不尽的票贩子，还是屋顶覆满玫瑰的土屋顶下两颊通红的孩童，仿佛都是为了延续我对克什米尔的那一丝怀旧之情而存在。

直到多年以后，我才觉察当初的自己在政治上如何懵懂无知；而此前，印度与巴基斯坦已在克什米尔地区两度爆发战争。巴基斯坦成立于1947年，当时正值英属印度解体，印裔穆斯林脱离印度，单独建国。对于人口以穆斯林为主的克什米尔谷地，巴基斯坦始终主张拥有领土权。

我首次游历克什米尔时，正赶上它最后一段太平时期，转眼十五年过去，它便陷入了战乱。时至1987年，新一代的克什米尔穆斯林接受了更良好的教育，也更善于表达自己。他们开始对谷地缺少民主政治且经济发展落后的状况表示愤怒，但印度政府并未伸出援手。事实上，在印度议员看来，在让克什米尔与他们所谓的"民族主流"看齐之前，必须先根除当地独具一格的文化。

当局的做法很快引发强烈抵抗。最让被殖民的人民恐惧的，莫过于本土文化遭受外来文化的强势入侵，以致彻底湮没。克什米尔同阿尔及利亚、伊朗和埃及等地一样，受困于现代化、外来文化入侵和就业率失控等问题，这种焦虑感逐渐演变为对本土宗教信仰的怀疑，当地人感到不仅穆斯林处境艰险，伊斯兰教本身也岌岌可危。

2000年春，我为了报道巴基斯坦支持的一场反印叛乱，再次前往克什米尔。那是自1987年之后的首次故地重游。当时，包括激进分子、军人和当地平民在内，死亡人数已超过三万。我住的大酒店原本是克什米尔大君的行宫，能够俯瞰达尔湖，而我是酒店里唯一的客人。

此前,不足两公里之外的某个集市遭炸弹袭击,十七个平民丧生。沿途的几乎每一辆车上都直挺挺地戳着几把机关枪,枪口对外。军队占领了林荫道两侧的酒店,把它们变成了军事掩体。斯利那加城中满目疮痍,断壁残垣和新修墓地随处可见。人人面带愠色,神情紧张,只能在封闭阴冷的房间中发泄愤怒和悲伤。

后来我得知入住的那家酒店旁边曾经是印度最恐怖的审讯中心之一,名为"老爹一号",里面阴森恐怖,燃烧着正往下滴油的轮胎挂在空中,下面是裸背朝天的激进分子嫌疑人。有记者告诉我,酒店里经常能听到从那里传出囚犯的号叫声。得知此事的当天,我就搬出了酒店。

在克什米尔住了约一个星期后,我又了解到,有一伙身穿军服的不明身份者趁夜溜进当地偏远的村庄祈提星普罗(Chitisinghpura),将三十五名锡克人带到村里两处不同的地点,命令这些受害者站成一排,然后举枪冲他们开火。

祈提星普罗位于喜马拉雅山麓,坐落在一片面积不大的空谷中。周围密布着松林、胡桃树和悬铃木,一条清澈凉爽的小溪穿谷而过。岸边有一间用粗木搭成的淋浴小屋,牛群在那附近吃草,旁边光秃秃地立着几棵柳树。村民种植苹果、杏和水稻,还有人兼营客运。村民在周边挣钱后,在村头和村尾分别建造了专供锡克教徒礼拜的场所——带有庭院的穹顶祈祷厅。

祈提星普罗村给我的第一印象是如此自给自足、宁静安详,让我不禁想起玛舒波拉,如今却陷入国际地缘政治的泥潭。印度政府说,刽子手是巴基斯坦人或受巴基斯坦支持的伊斯兰激进分子。参加电视访谈节目的媒体和战略专家猜测,那些激进分子屠杀锡克人的目的，是要向美国时任总统比尔·克林顿传达某种信息。惨案发生的当天清晨，克林顿总统行将抵达印度开展国事访问，而他在早些时候曾将克什米尔称作"全世界最危险的地方"，在访谈节目谈到印度时，还视之为伊斯兰恐怖主义的受害者。

惨案发生后的第二天上午，媒体和当地政要来到事发地。我见到了一位隶属印度边境安全部队的中级军官，这支部队是准军事组织，旨在打击克什米尔地区的反印叛乱活动。军官是印度教徒，身材矮胖，举止彬彬有礼，但他一上来就拒绝与克什米尔记者对话，并对我说他宁愿和印度教记者沟通，穆斯林记者不可靠；还说他在克什米尔驻扎了很久，了解穆斯林的叛乱行为，预计未来会有大批锡克教徒逃离克什米尔，躲避被屠杀的命运，就像从前的印度教徒在遭遇穆斯林分离主义分子的针对性攻击后也曾大规模逃离。而他本人对此并不感到担心，事实上，他倒是希望他们离开。

这位军官还称："首先得在克什米尔孤立穆斯林，然后就可以放手对付他们。"他认为，凡是支持巴基斯坦分离主义分子的人都是叛徒，对付巴基斯坦的党羽绝不能心慈手软。以他本人为例，他在克什米尔居住六年，从来没有放过一个被抓获的分离主义分子——办法就是酷刑折磨，然后处决。他说，凡属于印度"民族完整"的问题，都不能妥协，必须让分离主义分子归顺，而唯有暴力才能终结他们反抗。

克林顿总统结束访问印度的第二天，印度政府宣布，军方在克什米尔地区名为潘察尔森（Panchalthan）的偏远村落采取军事行动，击毙了残害锡克教徒的巴基斯坦杀人犯。次日，印度报纸刊发了政府提供的多张黑白照片，图中有几具部分烧焦的尸体，身穿印度军服。

这些据称是恐怖分子并被击毙的巴基斯坦人很快就下葬了，整个事件似乎到此为止。不料过了几天，就在这五个新亡者的坟墓附近，一些克什米尔村民发现了从前属于他们多名亲人的私人物品，而这些亲人都是在那次惨案后不久，在家里遭人绑架失踪的。村民挖开墓坟，尸体已被肢解且严重残缺，其中的一具不见了人头。尽管如此，他们仍毫无困难地认出了自己的亲人。

后来的某天下午，我去了潘察尔森，在山上找到村民挖坟验尸的地方。从那里眺望谷底，可以看到村中一座座干草覆顶的小房子，气氛祥和平静。微光闪动的水田里，头上缠着彩巾的农妇正在地里插秧，唱着传统的民谣。暮色降临，她们就纷纷盘坐在自带的克什米尔地毯上，轻啜着金属茶壶中煮好的咸茶。

遭遇印度安全部队绑架的受害者共五名，其中有四个来自这样的村庄。军队把绑来的村民带到陡峭的山中，在牧羊人的棚屋里冷血地射杀他们，然后用绳索套住死者的脖子，挂在木头柱上肢解，再浇上汽油点火焚尸。处理完这一切之后，军方便通告各国媒体，声称死者是巴基斯坦恐怖分子或伊斯兰激进分子。

我采访过一位当地警官，很多克什米尔人都怀疑他参与了绑架和杀害村民的活动。初次见面时，他坐在铺满地图的巨大办公桌后，整个人显得和蔼可亲，温文诚。采访期间，我大部分时候不得不绞尽脑汁地发挥想象，尝试将对方频频的微笑和优雅的举止，与先前听闻的残忍无情的形象联系在一起。

这位警官是克什米尔人，是当地的穆斯林。他出生成长的村子与我到访过的那些村庄并无不同。他一路打拼才坐上如今的位置。我原以为,出身背景会让他同情克什米尔的穆斯林。我有一位记者朋友也是克什米尔人,还是个虔敬笃诚的穆斯林,我将自己的想法说给他听时,对方回答说:"那是个利欲熏心的事业狂。那种狂人无所谓宗教信仰。"

其实,这些事业狂也是有信仰的,只不过形式不同。这位穆斯林警官与我在锡克人屠杀案现场认识的那位印度教军官一样,也谈到了维护"民族完整"的必要性。我还请教过其他几位长官,问他们如何看待印度在统治克什米尔时不断攀升的成本问题,也就是当地成千上万的死难者、残疾人、孤儿寡妇等战后问题。这些长官都认为应当保卫克什米尔,谨防巴基斯坦方面恶毒地设计策反。这就是他们爱国的责任心,必要时就应该为此采取暴力行动。他们还辩解说,自己只是服从上级指令的执行者而已。

这些人多数都享有诚实的名声,与之相比,贪污腐败分子反而更容易让人理解。这些军官远在印度的家人为其人身安全担惊受怕。在他们宽大的办公桌上,通常摆放着木制相框,上面的照片见证着他们被生生割裂的家庭幸福。在他们的装甲吉普车上,我还见过印度电影歌曲的盒式录音带,就混杂在各式自动步枪、机关枪和手榴弹等武器弹药之间——那是有关爱与死亡的忧伤之乐,他们却用来与惨遭折磨和屠戮的受害人分享。他们怎么会以国家或民族的名义去毁灭其他人类,又怎么会将自身的犯罪行为与"民族完整"这等含义不明的抽象概念混为一谈呢?

尼采在晚期撰写的笔记中将科技先进的现代化国家描述为"有组织的非道德性"存在,并且想要弄明白"它何以有能力驱使大众做出个人或许决不会同意去做的事"。尼采的回答毫不含糊,甚至想专就此题详加论述："通过分散责任，区分命令的发出与执行；通过置入服从、义务、王侯之爱和祖国之爱等美德；维护自豪、严苛、强盛、仇恨、报复"❶之类的情绪¹³。西蒙娜·薇依也曾在第一次世界大战结束后追问，国家是如何成功"将自己树立为这个世界的绝对价值，或者说，将自身营造为崇拜对象"。

这些问题在上个世纪六百万犹太人惨遭大屠杀之前就在欧洲广受议论，对于印度而言还十分新鲜但迫切。其中的讽刺也昭然若揭：欧洲之所以诞生为所谓的全能国家，显然是因为要保护某一种新型公民的利益，这些公民被认为能够追求自身利益并为自身做出选择。

"个人"概念在印度出现得比欧洲晚得多，对这个传统社会而言固然新鲜。托克维尔认为，"我们祖先的语言中根本就没有'个人主义'这个词，它是后人为了使用而创造出来的，实际上，在我们祖先的时代，个体不可能游离于群体之外，没有人愿意把自己看作绝对孤立的存在。"自从基督教开始传播，多个世纪以来，家庭、教会和地方社区常常限制了人类的视野。人们的权利与义务由群体界定，绝大多数人被既有的地位和亲属关系牢牢束缚着。

在 19 世纪欧洲爆发政治和经济革命之前，大部分欧洲人经历的那些实际问题，直到 1947 年仍在影响印度社会。彼时，声称代表印度人民的中产阶级民族主义者从英国殖民者手中接过一整套控制庞大国家机器的管理权。尽管印度有苦行僧和隐士，而且，无论从哪方面看，他们都可谓是最早凸显个体价值的先驱，但这个国家几乎从未有过托克维尔所说的那种"个人主义"。大多数人

---

❶ 译文参考《权力意志》，尼采著，孙周兴译，商务印书馆 2007 年版。

都是用种姓和社区身份界定自身，鲜少有人享有选择的自由——据说那正是现代人个体价值的核心所在。

在印度告别英国殖民者后，深受西方影响的本土统治精英力图改变这种现状。然而，让尼赫鲁等人甚感恼怒的，除了印度人被动忍受贫穷的消极态度之外，还有在他们看来由宗教权威所维持的封建压迫。尼赫鲁坚信，通过在大众普及世俗教育和社会主义经济体系，足以让社会底层最穷苦、受压迫最深重的印度人实现自身的现代化转变，成为欧式的理性个体。

他几乎毫不犹豫地认定，对于绝大多数印度人而言，只要给他们足够的时间和充分的激励，就能让他们摆脱旧有的身份，成为堪比欧洲人的群体。换言之，他们也能穿着时尚，在工厂或办公区工作，享受城市的生活环境，组建核心家庭，开私家车，定期参加选举并纳税。欧洲的实践证明，这种有能力自主生活的世俗个体组成的群体，本身就足以构建一个现代化的民主国家。但当时印度刚独立不久，这类人几乎不存在，创造这样的人——即有效地生产本国的公民——就是国家的责任所在。

五十年后，印度仍理直气壮地声称，它在拯救克什米尔这类地区的公民。但这种有能力自主生活、为国家所需的人——只为满足和提升自身物质需求而生活的人——在哪里？纵观印度既有的文化传承和灵修传统，很难找到这样的先例。所以，在这个国家，对尼赫鲁这样追求现代化的改革家而言，一种特定版本的欧洲史就显得非常重要——我从小了解到的就是这种含有诸多设定的历史，并且在毫无意识的情况下接受了它。

这段历史始于欧洲的宗教改革。加尔文和路德痛斥教会的闲散与奢靡。教会将上帝塑造为遥远而神秘的造物主，早已预定了人类获得救赎或被罚入地狱的命运，人类必须为了上帝的荣耀而努力工作，创建造物主在地上的王国。而改革后的基督教宣扬谦卑和勤勉，教徒甘于苦行且不辞辛劳，可谓自由企业和经济个人主义的先驱。

这期间，新兴的资产阶级崛起，他们将追求世俗的成功视作自身获得救赎的表现，某种程度上导致中世纪的生活方式遭受冲击而分崩离析，为人类开启充满个人选择的一方新天地[14]。如果接受这些选择，就意味着个人需要投身于冒险开拓的征程。随后的数百年，一套描绘人性的崭新词汇应运而生，人开始由个人选择、个体欲望和自我改造的能力界定。

欧洲启蒙运动是康德称之为"人类脱离自己加之于自身的不成熟状态"的另一步。大卫·休谟、约翰·洛克和亚当·斯密等哲学家认为，人拥有天赋的权利，可借此独立地存在，满足个人欲望，追求目标，或为自身利益而行事。但问题在于，要如何解释这些彼此有别的个体怎样共处，自律的自我在追逐自身利益的过程中如何与其他自律的自我相联系。

新的世界观认为，人的行为动机是自利的，就算是在关心他人，也是基于一种被启蒙的自利。现代政府的出现是为了将个人利益转化为一套权利和义务的体系，并制定平等适用于所有人的法律。政府是一种单一的、至高无上的权力，它将所有权力集于一身，使个人加速脱离对家庭及其所属行会、教会和社团的忠诚关系。同时，欧美国家的政府在一定程度上弱化其自身的集权，让人得以全面发挥自己的个性。他们通过民主程序加强对政府的监督，并由统治者与被统治者共同商定法律，个体的自由因此有所保障。

自由概念，挣脱社会传统限制的个体解放，在行动、职业、言论、宗教信仰和个人财产上的选择自由，这些措辞看上去都非常宏大。这就是为什么像我这种出身的印度人很难挑战这种观点，即认为绝对的、非人格化的现代民族国家可以把个体从旧锁链中解放出来的观点。

纵观 17 至 19 世纪的欧洲，休谟、伏尔泰、狄德罗和马克思等思想家成功激发了人类把握境遇而免遭其奴役的潜能，让人心生敬仰。根据休谟和亚当·斯密这两位著名的苏格兰启蒙思想家的断言，世人的命运问题看似有了令人欣慰的解决之道。

然而，正当某些印度人沉迷于遥远的欧洲用以衡量人类潜能的新兴世俗标准，期盼着能在后殖民时代的印度充分将之付诸实现之际，这样的解决之道显现出了它特有的讽刺意味。印度已经因为无止境地追求增长而遭受一些意想之外的后果：人们欲望倍增，以需求至上为荣，一己快乐是终极目标，谋取私利已成流行原则。在这样的道德环境中，无论攻克异族还是征服世界，均属合法。

我们都崇敬伟大的欧洲思想家，却鲜少知道其中很多人早已预见并列举出了所向无敌的资产阶级为扩张权力所需的政治、经济和哲学主张。我们也不知道，这些伟人一方面为自由且有抱负的个体出现而欢呼，另一方面也对这种个体的性格和动机产生复杂的疑惑。

马克思出于对意识形态领域多方面因素的思考，有充分理由担忧人类无穷的欲望可能导致的结果。他认为，"现代的资产阶级社会……曾像变魔术一样积累了极其庞大的生产和交换资料，现在它却像失去了魔法的魔术师，再也无力对付自己用符咒呼唤出来的魔鬼。"

即便是自由贸易的倡导者亚当·斯密，早年也不无疑虑地追问，像财富和权力这等"人类极欲追求的宏大目标"，究竟能否让人免于"焦虑、恐惧、悲伤、疾病、危险和死亡"。他还指出，认为"只要让超出自身实际所需的欲望得到满足，就能获得幸福"的观点具有欺骗性。他推断，"天性或许以这种方式来欺骗我们。这种蒙骗不断唤起并传承着人类勤劳致富的动机。"毕竟，

> 正是这种蒙骗，最初促使人类耕种土地，建造房屋，创建城市和国家，在科学与艺术的各个领域有所发现，有所创新。这些科学和艺术提高了人类的生活品质，使之更加丰富多彩；完全改变了世界的面貌，将原始森林变成丰饶沃土、适宜耕种的平原，又把沉睡荒凉的海洋变成鱼米之仓，变成连通陆地国家的海上通道❶。¹⁵

斯密相信，任何社会一旦约束自身的需求，就会让最贫穷的成员遭受伤害。他断定，只要条件允许，自由贸易就能克服穷困和匮乏，实现富足与安逸。他设想了一套自然自由体系，生活在其中的人既可以自由地创造财富，也可以自由地竞求财富。

斯密在人类生存发展与竞争等问题上颇富影响力的远见，演化成了崇尚帝国征服论的思想体系，迄今仍是大量国际政治活动的推手。不过，它在欧洲也遭遇过质疑，对它抨击最为猛烈的是

---

❶ 译文参考《道德情操论》，亚当·斯密著，蒋自强等译，华中科技大学出版社2016年版。

卢梭。我只知道，他是极权国家这个概念最初的理论奠基人，对毫无节制追求欲望的社会中的道德缺失感到绝望。他认为，在一个由商业与金钱、嫉妒与不平等构成的社会中，它的成员只能是彼此敌对的陌生人，因此国家有必要对其实施管束。

卢梭认为，人类也许曾经生活在简朴与平等之中，但农业和金属制品的发展使人类卷入越来越复杂的关系。而后，私有财产的观念更是将人类导向争斗、妒羡、嫉恨和剥削，促使天性善良、富有同情心的人更加依赖他人，但这种依存关系中夹杂着伪善造作与贪腐堕落，前所未有地加剧了人的不安和恐惧。

卢梭希望带给人类的，是他心目中超越社会环境的真正的自由。奇怪的是，他相信国家是实现这个目标的唯一途径，并明确指出："唯有国家的力量才能保障其成员的自由。"[16]国家体现的是广大民众的意志，即卢梭所谓的"普遍意志"，也代表政治共同体的意志，这种意志归根究底是构成国家的民众的个人利益，普遍地服从这种意志便形成了社会契约。"每一位公民"都只有"绝对地依靠国家"才能"完全独立于其他人"。

在卢梭的设想中，他期待有一种绝对的个人自主权，让人自由地发挥个性。这种设想使得国家化身为某种完全超凡的神秘现实——既是将人从社会中解放出来的救世主，又是让人获得道德发展的先决条件。如此一来，所需要的就是"每个人基于自身的权利和能力，尽其所有也尽其所能地绝对服从"。

卢梭这样写道：❶

---

❶ 译文参考《论政治经济学》，卢梭著，王运成译，商务印书馆1962年版。

> 懂得如何根据人本来的样子来对待他们，是件好事，但更好的是，让他们成为需要他们成为的那种人。最绝对的权威要能洞悉人的内心深处，不仅关心他的行动，也要关心他的意志。[17]

正是卢梭的这些抽象观念——假想中的平等也好，将国家视作道德的保证、人类灵魂的工程师也罢——为日后的法国大革命、希特勒的法西斯主义等恐怖暴行，乃至20世纪出于好心的各式现代政权，创造了滋生的条件（尽管这样的后果与卢梭本人的初衷相比，实乃差之毫厘而谬之千里）。然而，这些暴行和政权在宣称改造人类的同时摧毁了人类。当尼采将国家界定为"有组织的非道德性"存在，并想要弄明白"它何以有能力驱使大众做出个人或许决不会同意去做的事"时，这些滔天的罪行恰恰为他提供了详尽的答案。

然而，这也不符合我所了解的印度史。纵观印度的革命历程，胜利通常都不属于受压迫者和品德高尚之人。诸如自由平等、睦邻友好之类的口号，也没有引导人走向和谐乃至天下太平，反倒产生花样更多、负担更重、形式更为复杂的阶级压迫。

马克思主义的构想给人以极简而巧妙的美感。马克思认为，人都是贪图物质享乐的实用主义者，其劳动成果决定了自身的价值，人可以利用所学的技术增强把握自然的能力，终结工厂劳作对自身的奴役，从而建立一个高效的现代化社会。在这样一个社会中，全体公民（而不只是少数人）可以平等分享管控经济创造的福利。

在最开始接触这套构思精巧的蓝图时，我不曾对它有过任何怀疑，从未想到它是一位才华横溢的知识分子在逃亡伦敦的生涯中十分乐观主义的构想。这套构想所涉及的辩证法实在令人震撼：资产阶级在推翻封建君主制后，也将被无产阶级推翻。它将人类塑造为自身集体命运的缔造者与塑造者，赋予其核心地位；还肯定地宣称人有能力改变世界，增强理论的可信度，断言历史能够诠释过去、预言未来、揭示出理性的狡计，并说明世界为何存在优劣之分。

至于让亚当·斯密也甚为挂虑的"焦虑、恐惧、悲伤、疾病、危险和死亡"，马克思则甚少置评。他只展现一幅令人满怀希望的现代远景。在马克思的展望中，人不必为自身的任何缺陷而心存愧疚，也不用在内心中纠结如何向善，因为人生来就是善的，只要他扮演好自己的历史角色。

我当初并没有想到，除了阐释自利群体或阶级，马克思并没有提供其他任何道德准则。历史的发展规律虽然解释了为何工人阶级最终会取得胜利，却没有表明，为什么这个阶级或它的革命群体在价值观方面就应该比它所推翻的阶级更好地服务于人。

1922年，俄国诗人奥西普·曼德尔施塔姆不仅公开谴责佛教是虚无主义信仰，对欧洲产生负面影响，而且希望回归18世纪法国理性主义哲学家"图式化的理智和权变的精神"。抱持类似想法的并非只有曼德尔施塔姆一人。时至20世纪20年代初，仍有众多西方艺术家和知识分子为一战的九百万亡灵痛心疾首。他们认为，俄国革命的爆发正是启蒙运动普世的世俗价值观所致，这一依靠科学改造社会的启蒙运动将如曼德尔施塔姆所期待的那样，彻底动摇佛教这种旧时代非理性主义的统治。

恰恰是在20世纪20年代，正当这些艺术家和知识分子以为愿望快要实现之际，斯大林开始以一种"图式化的理智和权变的精神"，推行他的一系列五年计划，以及其他诸多有利于苏联实现农业集体化和国家工业化的方案，雄心勃勃地想要实现苏联的工业现代化。

20世纪30年代末，曼德尔施塔姆被流放到西伯利亚的劳动集中营，成了斯大林统治下数百万受害者的一员。至此，过度追求理性的思维模式已显现出多种恶劣的后果——大屠杀、强制性劳改和迁移。然而，在那个官僚主义的国家中，人们竟相信这些恶果是争取更美好的未来所必须付出的代价。但这些消息过了很久才传到印度这样的国家。

再往后，对科学的不信任，连同20世纪初即在欧洲获得深化发展的历史进步观，一并传入印度。一战期间，几百万名军人深陷战壕，在泥泞中摸爬滚打，其中一个名叫弗朗茨·罗森茨威格的炮兵在写给家人的明信片上痛斥"吞噬"人类的"理性"，声称"唯它能够横行于世而独存"。

> 当枪炮齐发，盲目无情的死亡疾至眼前，就让人像爬虫一样在毫无遮拦的大地上蠕行吧，好快快躲进厚土之下的壕沟；就让人狠狠地感受势不可挡的死亡之威吧，否则他将永无可能知晓：一旦死去，他的"我"也就只剩下一个"它"；因此，就让他声声泣出如骨鲠在喉的那一个"我"，向那个无情到敢以如此超乎想象的毁灭方式威胁人类的人大声疾呼。[18]

罗森茨威格写道："面对这一切悲惨的情景，哲学只能一脸空洞无知地蠢笑。"战争粉碎了欧洲有史以来历时最久也最繁华的和平生活，这让战后法国诗人保尔·瓦雷里等众多欧洲作家和知识分子心生疑虑：欧洲的历史、理性主义和科学发展历来都令人颇感自豪，恐怕正是这种本土自信心给他们带来了前所未有的大灾难。

> 我们都亲眼看见勤勉的劳作、扎实的学养、严苛的纪律，竟滋养出种种骇人听闻的结果。没有如此众多的美德善行，也就不可能产生如此众多的恐怖暴行。毫无疑问，正是仰赖于科学，才会有如此众多的生命在如此短暂的时间里惨遭杀戮，如此众多的财富被浪费，如此众多的城市横遭毁灭，与之等量的道德品质同时也被牺牲。如此，"知识"和"责任"没有罪过吗？[19]

卢梭、斯密、马克思和瓦雷里等人关注的世界史大事件——诸如市场经济社会中个人作用日渐重要；旧有道德体系破坏后，新兴群体间爆发的利益之争；中央集权制国家的创立；世界各地不同种族遭受的征服劫掠，当地资源遭遇有组织的剥削利用；为颠覆国家政权和攫取私有财产而进行的暴力革命等等——仿佛都与佛教扯不上什么关系。

我在印度尼西亚的婆罗浮屠游览期间，读到过一本泰国僧人派发的小册子，里面印着佛教仁爱观的名句。佛陀曾吩咐前来听法的在家信徒依据这些教诫养成良好的思维习惯：

任何存在——无论是柔弱还是刚强，无论是高大还是矮小，无论是细微还是粗野，无论是可见还是不可见，无论是生者还是胎儿——都愿他们心中喜乐。

愿彼此无欺瞒，无轻贱，无人因愤怒或恶意中伤他人。

愿一人无限的仁爱遍及世间，上下纵横无碍，既无怨恨亦无敌。[20]

读着这些句子，我不禁想，佛陀如果看到东帝汶村民被迫列队遭遇机关枪扫射的惨剧，会做何感想。在佛陀看来，年老、疾病、爱欲、执着、死亡等众所周知的自然过程，无一不是真实苦厄的证明。如果佛陀能够见证20世纪，见证人类从古至今不断强加给同胞的极苦境遇——各种战争、饥荒、大规模杀戮，乃至犹太大屠杀、古拉格等等——又会给人类开出怎样极端的诊断和处方？人们总想当然地以为，佛陀是在一个相对单纯的时代背景下强调仁爱的必要性，若是面对当今这样史无前例的复杂时代，面对人类极度严峻的巨大磨难，恐怕佛陀也要手足无措。

但实际上，佛陀所处的时代同样苦难深重，而且那时可供人们转移目标以减轻痛苦的手段比今天还少。那时，人们也被迫从生养自己的土地上连根拔起，进入城市，饱受旧社会秩序崩溃之后的孤独无依；同样饱受外来征服与战乱之苦，像拘萨罗和摩揭陀这等大国就曾组织大军侵吞小的部落共和国，就在佛陀入灭前仅数年，他的母邦连同整个释迦族也在这样一场战争中被毁灭。

佛陀并非不了解有组织的贪行、战争、种族灭绝，相反，正是它们让佛陀预见了不道德的个人主义的危害，当时这股思潮正在印度迅速兴起，且反映在了同行的政治观点和哲学思想中。在某种程度上，这些现象也恰恰表明，佛陀为何急切地试图动摇人心中那个被误以为独立自主或稳固不变的自我。

佛陀所说的自由，并不等同于让人从种姓制度和社团环境的既有束缚中解放出来，这种自由极易导致虚无主义，忧愤而起的欧陆民众就是其中一例。当这些人发现，自己曾经笃守的信仰、职业和地位，在拥戴资产阶级个人精英成功登场的过程中损毁殆尽，便感到个人身份实属负担而非解脱。挫败感和厌憎心促使他们追求更多的平等，或拉低高位以求公平，甚至不惜掀起暴力革命。这些无根且欠发达的个体，只得默默地谋求相互依存，最终演变为欧亚大陆先后出现的极权国家中主要的组成部分。

佛陀见证了北印新兴社会与经济力量催生出来的新人类，他的信众主要来自城市的中心区，那里的人最深切地体悟到自己的新身份如何变成一种负担，因此很容易被鼓吹虚无主义的新思想所吸引，如否定业力的阿耆毗伽派。他们想要挣脱传统的道德体系，宣称要自主把握生活，而佛陀觉察到其中的危险。

这种自主把握生活论的根本前提是，他们有能力选择、追求并满足自身欲望，因此也就有能力主宰其个体性。佛陀之所以质疑，部分原因就在于它的危险性。而在如今这个以操控大众为荣的时代，这种假说早已深植于现代文明的根基。

为解决这一问题，佛陀从剖析特定现象入手，阐明人何以总是受制于自身欲望（即贪爱的各种习性）的驱使和限定，至死方休。以此为切入点，佛陀的选择与众多现代思想家可谓不谋而合，但佛陀并不认为这类习性能够塑造个体性或让人得到幸福。

人的"自我"囿于本身的主体性,将世间的每一种表象都视作可以为己所用或谋利剥削之物,却又拒绝认可其他人的主体性。这导致人的"自我"与大自然和他人发展出了一种纯粹如工具般的关系。"自我"在追求欲望时,世间的一切都被降低到"物"的水平,要么充当满足一己欲望的助力,要么成为满足欲望的障碍。偶尔的欲望满足便会增强自我意识,使人更加确信"我"有别于他者,这种信念使得"自我"继续陷落在贪婪、仇恨、愤怒等情绪的缠缚中。

佛陀曾尝试逆转这个过程,其方法是倡导人们在思想上树立一种警觉意识,从而动摇因欲望而执着于独特不变的"自我"的错觉。即便只是短暂地观察内心不断涌现的欲望和思维活动,也能够明白所谓的"自我"何以是一个过程而非不变的实体,何以历时弥久却始终没有单独的个性,何以在被人认为是不变时只能导致痛苦和挫折。

佛陀希望极大地改变人在体察自身个性时所持的观念,让人们了解,世间每一样事物都处于某种因果链条的过程中,不可能孤立独存,万物皆需互依共生,无论是人类自身还是物理现象。

面对受欲望和需求增长驱动的市场经济社会,亚当·斯密也颇感担忧,唯恐它有朝一日因失控而陷入混乱,乃至暴力横生。因而,他希望生活在其中的居民有能力区分自身的欲望与真实的需求。不过,与其说这是破解斯密称之为"欲望骗术"的可行之法,还不如说是一种乐观主义的态度表达。

佛陀的出发点,是受冲动和欲望左右的人作为生物的形象——这一生物形象也启发了亚当·斯密与霍布斯。但他或许会对如下预设产生疑惑,即个人的冲动和欲望会以某种方式带来理想的国家和社会,还会使人具有更加强烈的自我意识;而佛陀的尝试是要揭示,不加抑制的欲望如何导致人疏离自然和社会。

这也部分解释了佛陀为什么没有试图设立能够容纳这种个人欲望的道德和政治秩序。他希望建立卢梭所谓"德性统治"的国度,却并不认为能够通过某个盲目的政治组织付诸实现;他强调统治者要行事公正,但不愿让一个面目模糊的实体成为仲裁者,统治孤独而恐惧的臣民——他们彼此坑害,因而希望拥有一个高高在上的君主。人都误认自己有一个实在而独立的"自我",但正是这种错觉,让人将国家和社会这样变化不定的组织视为真实持久的实体,并依附其中。

鉴于佛陀本人的阅历,他恐怕不会反对卢梭的判断——当人没有可供利用之物,仅以小团体的形式群居,且几乎只能全神贯注于谋生时,生活的确简单得多。佛陀很可能会同意,是私有财产的观念导致人与人之间的敌对和不平等,但考虑到技术革新和人类对舒适和空间日益增长的需求,他也会承认这种变化是不可避免的。尽管僧团奉行的是财产公有,但佛陀并未声言反对私产。

佛陀倾向于小型的政治共同体,政务的决定权属于全体成员。即便在北印的诸多大国兴起时,佛陀仍希望保留小型社团和社群,防止他们被巨大的非个人力量压倒。他希望通过建立僧团,提供一种生活模式或传统,同时也是一种灵修方法,让背井离乡的人重新融合共存。

他也不曾将明显属于私人的精神领域从更广大的人类世界中分离出来,事实上,僧团并非长居莽野丛林,而是生活在市中心附近，因社会责任而与在家信众保持紧密联系。佛陀不太可能有充分的时间思考现代观念，比如自由——个人在履行对社会和国家的义务之后，在私下享有的权利。

和卢梭一样，佛陀排斥自私自利，重视慈悲心的价值，但这种慈悲心不同于法国和俄国革命中的同情观念，后者的根基在于一群不被允许追求自身利益的抽象、孤独、愤怒个体的团结。佛陀的慈悲心不曾因阶级或种姓差异而有所预设，它源于佛陀对每一个活生生的人从身至心的全面关怀，致力于扭转人们对政治乌托邦的追求，将他们的注意力导向日常生活，并在日常行为中践行这种慈悲心。

佛陀认为，当一个人不再固守某个特定身份的"自我"，就不会再执着于悔恨过去或沉迷于计划未来。只要不再因为对过去和未来想当然的预设而裹足不前，人就会全身心地活在当下。

佛陀一贯强调立足当下的原则，引导绝大部分佛教徒有效规避了功利主义的陷阱。换言之，他们不会为了构建更好的世界和追求某种预想的未来而无情地牺牲当下。然而，这一原则并没有成功拯救现代社会的佛教徒，他们为了追求政治乌托邦造成了诸多恶果，给20世纪带来毁灭性打击。

出生于1926年的越南僧人释一行禅师在成长过程中看到自己的国家被民族主义者和亲美分子分裂和蹂躏。在一场导致数百万越南人和上万美国人死亡的内战中，他坚持以非暴力的方式谈判和对话，最终被迫离开越南，于1966年前往美国。

柬埔寨的佛教徒也遭受了巨大损失。上个世纪70年代，在美国猛烈轰击之下的混乱中，出现了红色高棉。其领导人波尔布特梦想建立一个卢梭式的乌托邦，每个人都拥有自己的小农场。他的干部摧毁医院和学校，强迫医生、老师和工程师去农村做体力活。在短短五六年间，近三百万柬埔寨人遭受饥饿、过度劳累、酷刑和处决。在1979年被推翻之前，这一政权摧毁了三千多座佛教寺庙，五万僧侣中只有三千人幸免于难。

面对现代社会出现的恶行，佛教徒的表现乍看之下也许令人难以置信。佛门高僧马哈·哥沙纳达在柬埔寨的战火中失去了所有家人，后来成了国家重建过程中影响重大的人物。在联合国关于柬埔寨未来重建问题发起的多国会谈中，哥沙纳达坚持将红色高棉的成员纳入进来。他主张，要终结的只是彼此的敌对行为，而不是敌对分子。他强调："我们必须谴责罪行本身，但不该仇恨犯下罪行之人。所有心术不良者，恰恰是最需要我们给予仁慈体贴的对象，必须将他们也一同纳入我们的仁爱中。"

无独有偶，缅甸的佛教民主人士昂山素季也有类似的仁爱之举。她曾多次遭缅甸军方软禁，前后长达十几年，却拒绝领导民众通过武装斗争反抗军方的统治。

这些现代佛教徒深受佛陀的影响，他们不约而同地宣称他们的胆识、勇气和乐观源于另一位仁者的启发。尽管这位仁者并非佛教徒，但他始终坚持在黑暗的政治世界奉行佛教的原则。

爱因斯坦曾哀痛这位仁者的离世，在悼词中说："我们的后代将无法相信，这世间真的有过这样一个人。"不过，在莫罕达斯·卡拉姆昌德·甘地所处的时代，人们也有过类似的怀疑。他在南非时，曾领导一小批常遭压迫的印度少数族裔反抗种族歧视，当地政府在一份机密报告中评价说："此人凭良知而做出的种种行为……还有那种既合乎伦理又才智出众的态度，仿佛是某种神秘主义混杂了精明机心的蹊跷产物，让思维正常的普通人感到费解。"

泰戈尔尊称甘地为"圣雄"，意即具有伟大心灵的圣者。这个称呼表明，甘地是一位圣人，是印度悠久宗教传统的一部分。他在很多方面都堪称圣者，而且是一位富于实践精神的活动家。正如甘地自己所说："对真理的追求不能只躲在洞中进行。"他这样的情操即便是佛陀也会表示赞同吧。作为印度反殖民运动的领导者，甘地终生都在不断奋斗，力图在谬见丛生、暴力肆虐的政治领域落实他的道德观。

甘地出生于1869年，彼时距离英国彻底征服印度已过去半个多世纪。在他的成长历程中，传统的社区生活虽已遭到英国殖民主义的侵袭，依然在各式部落、教派、种姓和宗族生活中沿袭下来。甘地在1948年去世时，已获独立的印度即将步入快速的现代化进程。这位圣雄也曾和佛陀一样，直接体验着外界急速的变化，其生命与洞见展现了自己独特而深刻的体悟。

很多与甘地同时代的人都乐观地相信，印度在政治上的独立极其有利于治愈本国的创伤。在甘地的追随者中，有不少像尼赫鲁那样的西化派精英。他们认为甘地对现代产业革命等西化进程的拒绝，简直如堂吉诃德般不切实际，因此对他感到绝望。然而，在甘地看来，印度才刚刚摆脱英国的统治，获得解放，若国民不能反躬自省以重新自我评估，国家的独立也就失去了本有的价值。正因为如此，甘地经常会彻底退出各式自由解放运动，经年累月地深入民众，与农民、妇女乃至那些被视作不可接触者的低种姓在一起，全身心地投入到为他们服务的社会工作中。

甘地也和佛陀一样偏爱小型自治政体。他不仅对民族主义抱持十分谨慎的态度,对印度在 1947 年从英国人治下继承而来的那套过度集权化体制亦有颇多怀疑。这并非因为甘地为人古怪,他是最早接受西式教育的印度人,早已认识到外来文明的强行入侵会如何彻底迷惑本国民众,令国人丧尽尊严。相比行政和法律改革等问题,甘地谈及的更多是手纺车、保护奶牛和乡村民主的必要性,他认为这些才是真正需要印度人实现自治管理的事务。他很可能会赞同俄国基督教思想家尼古拉·别尔嘉耶夫的观点,后者曾断言:"人将自己界定为公民,不仅模糊了他在另一种存在秩序下作为自由精神的概念,还遮蔽了他身为劳动者和生产者的视野。"[21]

甘地相信,一个曾经沦为亡国奴的民族,应当基于本民族的传统创建自己的新身份,重树民族自尊,这至关重要。他认为印度必须找到适合本国的发展道路,不能一味模仿西方的民族国家及其军事和经济模式。如果印度也像日本当初那样试图模仿并赶超西方,实际上就已经是认输了。

要知道,敌人从来不是英国人或者西方国家,而是人类自身亘古既有的贪婪与暴虐,其强大影响力导致世界各国在政治、经济、科学等不同领域的现代体系都遭遇空前的道德危机。

为此,甘地采取的政治举措是"非暴力不合作",试图以此改变国内斗争的游戏规则。这一理念后来启发了马丁·路德·金和纳尔逊·曼德拉。非暴力不合作的关键在于心灵上的觉知和自控力。参与这场运动的人面对暴力原本有权采取报复行动,却主动选择弃权,并积极地净化自己的思想,使之在冲突中摆脱愤怒之情和敌对之心。这就像佛陀所理解的那样,一个人的所思所想与他由心而生的行为至少同等重要,甚至前者更重要。非暴力不合作主义者试图以此方式赢得压迫者对他们的尊重,并将对方转变为能够平等对话甚至达成政治合作的伙伴。

在甘地看来,针对英国殖民者的政治运动并不同于民族解放斗争,后者往往是一场零和博弈,可以清晰划分出赢家和输家。他劝导印度人民,不仅要避免将统治他们的英国殖民者妖魔化,而且要促使对方参与到本国民众的自我反省和净化进程中来。他希望通过"非暴力不合作"促成英国统治者内在的转变,直至他们也像遭受其压迫的民众一样产生某种觉醒意识,对殖民主义的罪恶有所觉悟,让他们知道有组织的剥削曾如何影响剥削者本身及受害人,造成双方的苦难。这种个体的觉醒意识有可能调和不同民族和国家之间的矛盾。如果缺乏这种意识,无论民族还是国家,都只能困守在敌对的猜忌中。南非的真相与和解委员会在当地种族隔离政权垮台后也曾效仿此法。

佛教认为,苦厄普遍存在且无尽无终,甘地基于这一认识,将自己的政治行动建立在慈悲的基础上。在实践中,他拒绝将政治视作为达预定目的(独立、革命、政权更迭等)而不时耍弄的手段,或将之作为一群专业精英为了想象中的社会公益而在小圈子里自行持守的目标。他不仅将道德义务纳入政治行动,还尝试将政治作为某种可持续发展的公共及私域进程,将其视作个人的良知意识,而非某种可以任意决定的公意。

对于甘地而言,非暴力不合作并不是纯粹可供利用的另类手段,就像恐怖主义那样。甘地的这种政治理念既是一个人的生存方式,也是这个人与自己的心灵乃至他人的自我互动关联的途径,是某种持续的精神自我觉醒。甘地知道,如捷克剧作家、政治家瓦茨拉夫·哈维尔在散文集《生活在真相中》所说,"政治政策越少衍生自具体的、人性的'此时此刻',越是聚焦于抽象的'有朝一日'上,就越容易沦为奴役人类的新形式"。[22]

一度生活在极权统治下的瓦茨拉夫·哈维尔提出"反政治的政治",主张"政治不该是权力与操纵的伎俩,不该是驾驭人类的统治术或让人互相利用的技艺,而应该是有助于人们寻找并实现有意义生活的手段,一种保护和服务于人的方法"。甘地曾将这一主张付诸实践。

就这一点而言,政治与个人的精神生活密不可分。它是人类活动的一方舞台,培育人性的基本面——那是我们被现代世界冷漠无情的权力体系驱赶进入的私人领域——爱与友谊、团结互助、同情和包容,这些才是哈维尔笔下"建立有意义的人类社会的唯一真实起点"。[23]

无论统治人们生活的是什么政体——英国的还是印度的,资本主义的还是社会主义的——人都应当保持一份道德的自由,即在日常生活中做决定的自由。要正确行使这一选择权——即持守佛陀所说的正见和正思维——也就是过一种既符合道义追求,亦遵从政治需要的生活。同时,那还意味着一个人要以他的良知为基础,承担起自身的政治责任,为自己的行为负责,而不应将之拱手交予某个团体或政党。

甘地也和哈维尔后来一样,凭直觉意识到自己所面临的不只是推行体制变革,更为迫切的是要抵抗"匿名的、非个人且无人性的非理性力量,这种力量包藏在不同的意识形态、体制系统、组织机构、官僚主义、虚言假语和政治口号之中"。哈维尔坚信这是根本任务,是"我们必然面临的局面,无论东西方"。究其原因，这种力量无论以多少种不同的形式表现——消费、广告、压迫、技术也好，陈词滥调的说教也罢——它们终归都是"狂热主义的血亲、极权思想的源泉"，而且早已充斥于现代世界的政治、经济体系，步步紧逼，压迫于人。

这也是为何哈维尔曾经将西方的冷战斗士的努力，比喻为"一个极欲摆脱丑陋的女人企图摔碎让她自曝其丑的镜子"。他在文中预言："即便他们赢了，恐怕之后又会在当今没人愿意承认、更没人能够想象的某种激烈斗争中，像今天的手下败将一样惨败。"

甘地了解，"真正深刻且持久、又能让局势向着良性发展的变化，不可能同样源于传统政治构想的胜利，那种构想终归是一种外在的理念。换言之，它只能是结构或体系上的概念而已。"面对人类百余年残酷而拙劣的革命斗争史，哈维尔写下了他的信念：

> 这种变革只可能源于人类的存在，源于人在世界中的地位的重新确立，源于自身及他人乃至与整个宇宙之间的关系。如果未来的人类想要创建一套更好的政治经济体系，这体系将比以往任何时候更有必要源自人类社会深刻的生存与道德变革。

然而，无论佛陀或是甘地，他们的典范力量都不足以遏制印度追捧现代政治的老一套伎俩。1947年，印度终于迎来姗姗来迟的国家独立。仅仅数月之后，印度教民族主义分子纳图拉姆·戈德森就刺杀了甘地。

戈德森和众多鼓吹现实政治的理性主义者一样，对于甘地将道德伦理纳入政治实践的尝试困惑不解，而且倍感愤怒。他在法庭上的陈述异常清晰，他解释说自己之所以刺杀甘地，是为了清除印度"老旧迷信的习俗"，包括"灵魂的力量、内心的声音、心灵的纯洁、禁食斋戒、祈愿祷告"之类的信仰[24]。他认为甘地所倡导的非暴力不合作主义只会"将国家导向毁灭"，唯有除去甘地，印度才会"自由地沿着理性的道路前进"，他认为"那才是建立健全国家的要务"，一个健全的国家必须"务实，有能力打击报复，并拥有强大的武装力量……"。

甘地遇刺半个多世纪后，我在西印度的浦那市结识了纳图拉姆·戈德森的弟弟戈帕尔·戈德森。他曾伙同兄长和其他数名印度教民族主义分子刺杀甘地，并因此被判监禁十六年。他独居在一套狭小的两居室里，窗外是繁忙的商业街，屋里积了厚厚的一层灰尘，蒙在散乱的文件和书堆上，蒙在花环装饰的相框上，框中的老照片就是与刺杀甘地的凶手当年的合影。戈帕尔如今已是八十三岁的耄耋老人，我面前的他仿佛一个早被时代忘却抛远的弃儿。

不过，在戈帕尔看来，印度近期爆发的数起事件，已充分印证了印度教民族主义事业的正确性。古吉拉特邦的印度教民族主义分子屠杀两千多名穆斯林的惨案表明，印度教徒正日益尚武且爱国。无论印度本土还是全球各地的穆斯林都在四散逃难。印度既然有了核武器，也就不惜动用。伴随着印度的日益富强，巴基斯坦也缓步趋向内耗和崩溃。戈帕尔还提醒我说，印度副总理阿德瓦尼在鼓吹巴基斯坦解体。

戈帕尔指出，印度不仅早已背弃甘地，还几乎实现了其兄长当年的理想，认为纳图拉姆·戈德森并没有白白牺牲。纳图拉姆生前曾要求，等到印度重归完整时再将他的骨灰撒入印度河——雅利安祖先曾顺着这条河来到印度，如今这条河流经巴基斯坦。半个多世纪以来，戈帕尔一直在等待这一天的降临，期盼着那个能让他带着兄长的骨灰盒前往印度河的时刻。如今，他觉得不必再等太久。

西方的佛法

正当我开始感到所处的世界日渐停滞且狭隘时，走出印度的旅行帮我摆脱了这一切。我去到新的地方，结识新的朋友，乐在其中，在出发之前我还怕旅行会很糟糕。后来，出于采访工作的需要，我有机会短途出差，收入颇为丰厚，终于让我摆脱了一直以来堪称重荷的经济压力。

短途采访让我结识的人越来越多，重返玛舒波拉的机会也越来越少，即便得空回去，每次停留的时间也很短暂，仅够我在那孤寂的乡村小屋中完成新闻稿。

我从未与夏尔马家签过租约或合同，因为根本就不知道该怎么做，只好基于夏尔马先生最初的报价，间或付一笔固定的租金。多年过去，我增加了自己付租的金额，但夏尔马家没人主动提过房租的事。夏尔马先生在收款时总是略显尴尬，常常会说建造小农舍的初衷不是为了赚钱，并反复强调它就是一处专门招待学者和作家的地方。但我仍然会觉得自己太过依赖他的善意，特别是远离玛舒波拉时，我时常担心耗尽他的善意。我忍不住猜想，夏尔马先生也并非十分富有，有可能在某天被迫出售房子。

如今，即便距离当年在玛舒波拉生活的日子已有多年，每当想到那间属于我的木屋，我都难以相信自己竟然如此好运。但我始终不能保证那屋子还为我留着，以至于每年冬天结束，我都会带着不祥的预感回到村子。

有一次，我回到玛舒波拉，发现德拉川姆不仅结了婚，还和妻子吉里贾一起把家安在了我那间乡村小屋的下面，就在原本用来堆放苹果的那间小储物仓里。夏尔马先生还特地为他们加盖了一间小巧的淋浴房，添置了一张双人床、一只高压锅、一台燃气炉和一个煤气罐，外加杯盘碗盏之类的餐具。塞进许多家居用品后，小屋顿添生机。

日复一日，我的小屋下面不时传来高压锅冒气的"哒哒"声和各种香料味、德拉川姆和吉里贾压低嗓门的说话声，还有全印广播电台放送的老片插曲。这一切让我渐感熟悉和安慰。

某年夏天，我回玛舒波拉小住。听说夏尔马先生的母亲一周前去世了，他陪父亲潘迪特吉老先生刚去了哈德瓦，在那里将母亲的骨灰撒入了恒河。据说他们在平原地区有诸多不快的经历，主持火葬的婆罗门祭司行骗有术，途中某地检查站的警务人员索贿等，为了保证旅程的顺利，潘迪特吉老先生不得不求助于政坛老友——拉姆普尔地区的前任地方长官。

母亲过世后的第十三天，夏尔马先生在自家门前的草地上办了一场宴席。村里很多人前来吊唁，到明亮的帐篷下问候相关亲属，商铺店主穿着他们最好的衣服，略显拘谨。新一期的梵文杂志《圣光》推出特刊纪念夏尔马先生的母亲，封面用了老人的遗照，那是我在某个愉悦的夏日午后为她拍摄的。刊中还登载了多篇悼文，撰稿人是她的丈夫潘迪特吉老先生和他们的儿女。

潘迪特吉老先生在文中赞美爱妻，谈到20世纪二三十年代的贫困状况。当时，他还只是个四处求职的梵文老师，在困境中得到爱人的支持与鼓励。其他亲属也同样表达了敬佩之情，赞美老人的慷慨仁慈。读了这些文章，我惊叹受恩于老人的人数众多，他们因她的言行而深受触动，甚至人生大为改观。我也因此明白，即使人生像她所经历的那般深受局限，也可以像她那般努力付出而不虚此生。

此外，玛舒波拉还有许多变化，尽管我当时并未完全意识到。有些熟人成家立业，有些远走他乡，从前总是吸引我漫步流连的野花厅酒店已遭大火焚毁。一天晚上，我去了那家酒店的原址，只见残垣黢黑，废墟一片。在已成焦土的花圃中仍有鲜花盛放，还有身着喜马偕尔当地民族服装的游客在花丛中拍照。

夏尔马先生换了一口假牙，看上去老了许多。他的父亲自然更显老态，我常看见他在阳台上打坐冥想，鲜少出门活动。某日傍晚，夏尔马先生带了侄子威亚尔来德拉川姆家帮忙挤牛奶。威亚尔提着满满一大桶鲜奶回家时，夏尔马先生就顺道来看我。关于我的诸多旅行经历，以及我为何频繁离开玛舒波拉，夏尔马先生一如既往地不在意。他关心的话题围绕着去年冬天降雪的多寡，以及它如何预示了当年的苹果收成。他又提及天气的不可预测，并常常归咎于现代社会及其对进步和新鲜事物的无尽需求。

年复一年，能见到夏尔马先生的时候越来越少。我始终认为，在玛舒波拉生活是进军广阔天地的必要准备期。那时候的我总觉得未来有一个职业作家的角色等着我扮演。如今，几乎就在不知不觉之间，随着撰文的报酬日渐累积，我的愿望也得到了实现。

成为一名自由撰稿人之后，我逐渐习惯于每年在伦敦长住一段时间，那里的生活安和平静，波澜不惊。我每天大部分时间忙于工作，不时拜会出版商、编辑、经纪人和其他写作者，有时还要去英国广播公司的演播间，与社会各界的学者、智库专家和记者交流对国际时事的看法——这些新闻通常都是坏消息，似乎来自距离伦敦十分遥远的暗黑之地。

我从最初的作家梦里逐渐清醒。写作者并非如我想象的那般，要表现出某种高度智慧的境界，并以一种痛苦或苛责的态度看待日常的社会与政治活动。当人们将我视作成功且自信的人时，我会突然感到不安，对自己的作品患得患失，担心它们的销路、宣传和发行，并愤愤不平地计较同行的出版业绩。写作和其他职业一样，本该是孤军奋战的追求，却难免被职场的妒心所污染（但也许这才是常态）。

但我不能抱怨太多。为了在伦敦站住脚跟，我也曾奋力打拼。这座贵为帝国中心的大都市，不仅是我个人命运的塑造者，更是现代文明的主要源头。正是它，用冷酷无情的手改变了我父亲远在穷乡僻壤的命运，也让我目睹了它的辉煌成就：效率、法治、多元包容的文化。

我珍视身为自由撰稿人的自由——这是一种边缘职业，离开都市世界是不可能的，而这种都市世界的自我维持需要外界的信息，因此会有剩余的财富用于供养我这样的人：自由撰稿人、学者、记者、智库专家等。但我不敢与其他写作者相提并论，只能自喻为伦敦城的外来户，就像最初在欧美机场见过的那些阿拉伯、非洲、伊朗和南亚移民一样，他们投奔此地本是为了追求财富，却仿佛被困在了小商店、报刊亭、迷你出租车和隔断间。

我住在东伦敦的一所公寓，附近常有留着长胡子的年轻孟加拉人，他们在大街上宣传激进的伊斯兰教思想，还有不少在家信众做伴，都是些好勇斗狠的白人少年，身穿运动衫，兜帽扣在头上。而如果没有文学梦、没有写作与反省的习惯，我很可能难以招架这些人。

我只想守在书桌旁，做好自己熟悉的本分，不想费劲打通那层捉摸不透的人际隔膜——那种陌生的疏离感透过人们的面孔、举止、着装、住房散发出来。幸运的是，在我刚到伦敦时，在地铁站口面色僵冷的人群中认出索菲亚的那一刻起，这种疏离感便开始消融。

我一贯认为，以史为鉴能够让人明晓事理。多年来，我一直喜好搜寻有关伦敦的书。在我看来，没有哪一个城市比伦敦更频繁地出现在书里。自从有查尔斯·狄更斯、亨利·梅休等高产的编年史作家专门为这座城市立传以来，在以往两个世纪间，几乎每一个到访此地的亚洲人，特别是印度人，都难掩内心的激动，务必要写下对它的倾慕、敬畏，以及偶尔夹杂其中的恐惧和厌恶。

久负盛名的伦敦迄今屹立不倒。它曾是一个帝国的首都，曾有成千上万的人离开它的保护网，前往亚非大陆和加勒比海等遥远之地，只为将最偏僻的疆土一并纳入它错综复杂的贸易和工业体系。还有成千上万的移民来此扎根，寻求它的庇护，期盼功成名就。如今，世界上几乎没有任何地方不知道它的语言和法则。第一次从飞机上看到蜿蜒流经伦敦城的泰晤士河时，我脑海里盘旋着吉卜林的名言："泰晤士河无所不知，无所不晓。"就在离我住处不远的地方,有高楼大厦坐落在街巷之中,照例散发出一种阅历丰富且无所不能的压迫感,那里的银行家和商人曾决定着印度的命运。

在伦敦市区的各处广场上,竖立着当年殖民地政要和军官的雕像,频频唤人追忆帝国的往昔。那些雕像的名字很容易让我联想到某些地方或事件,例如北印某段运河的开凿或1857年的印度民族起义。这类记忆同样存活在另一些人的心里——他们胡须满腮、略带凶相的面容可能出现在国家肖像馆或仿帝制的哥特式议会大厦和圣潘克拉斯车站。至于帝国曾经建在加尔各答和新德里的宏伟大道和狭长街巷,还有威严耸立、意欲震慑当地人的纪念碑,在伦敦却不见踪影。我心中鲜活的那段往事,也不再为绝大多数的英国同龄人所知。

从书本上得来的知识让我对伦敦的了解仅限于抽象的历史概念,如这座城市的帝都身份、工业革命史,还有英国(特别是伦敦)比世界其他地方都更早承受的社会剧变——小型手工业和贸易的消亡、人口与贫民窟数量的增长、数百万人的蒙昧与穷困问题。这些知识很容易让人误以为,伦敦就是一系列毗连的村落,牛津街和汉普斯特德之间只有一片开阔的原野。

不过,这种错觉并没有延续太久。与时俱进的伦敦将自己的现代史——产业革命和二战经受的大轰炸等伤痕累累的过去——都设法收集到了博物馆中。在伦敦东区,乔治王朝风格的狭小房间里,昔日的吝啬气息全被抹去,用以迎合投资银行家的需求。同在该区的廉租公寓楼被翻修成富有的概念艺术家的工作室。还有一座座动用产业资金或帝国财富建起的殿堂丰碑——英国国家美术馆、皇家阿尔伯特音乐厅、皇家学院、白金汉宫,以及独具古希腊风情的独栋市政厅——无怨无悔地陪伴着麦当劳、必胜客等大众餐饮店，构成一幅更加商业化的帝国盛景。

而在印度，往昔从来不曾消失，甚至可以说迄今犹在，从未远离。但欧洲不同，那里的教堂古迹吸引的大多是手持相机和随身听的游客，修道士、骑士和游吟诗人早已被吸纳进传统文化工业之中。至于我从小就仰慕的历史名人——蒙田、尼采、福楼拜、普鲁斯特、爱默生、托尔斯泰——他们曾是社会的边缘人，与主流的政治经济价值观格格不入，还动辄对之横加抨击，却因为有幸生在那繁荣自信的时代，所以已化身为西方文明的代表，即便是他们的孤寂、忧郁、苦痛和激情，也以经典名著的形式化为高雅文化中冰冷的文物。

人们谈起这些历史名人时，通常都会用"原创""新颖""与众不同"之类的赞美之词。同样的赞美也多见于现代科研成果，后者是人类成就中更有声望的领域。社会异常庞大且系统化的扩张与消费机制似乎吞噬了一切，包括那些曾与它对抗的少数个体。

立足于当今五色斑斓的时代回顾过去，蕴含着无穷无尽的事件的历史长河很容易被简化为漫长进步道路上的一系列不同阶段。知识分子确实具有一项技能，可以像科学家那样，从一个庞大的整体中提取出某些事实，再将它们按一定顺序排列。至于人类苦思了两千多年的伦理问题，历史也提供了大部分的正确答案。

某次，在英国广播公司的演播间，智库专家、业界权威、学者和记者热烈地讨论，在那些曾让少数几个西方国家攀上财富之巅的步骤——宗教改革、启蒙运动、工业革命、民族主义、民主、公司资本主义等——中，伊斯兰世界、印度、中东（简言之，即东方世界）到底完成了其中的哪几步。

当我结束这番混乱的分析，走出演播室时，数辆黑色出租车已等候在外。回家路上，看着兴奋购物的人迷醉般走在牛津街上，我脑海里不断回响着演播室里的对话。那声音我从前就在印度聆听过，它丰富的音色和语调、富含理性的建议、蕴含其中的智慧，无一不曾令我心生仰慕。我有时候会想到那些学者的祖辈，想到他们当初如何以文明、进步、历史、社会主义、自由市场、科学、发展、世俗主义等名义征服并重塑世界。到底是什么把这些征服者带出了他们自己的世界？我对自己的这种表述方式感到颇为惊讶，我想知道这些企图以自身的构想重塑多元人性的改造者，为人类这个概念赋予了什么新的意义。与古代的希腊人、中国人和印度人相比，在他们凭借一己的强大展开暴力征服，却自诩引导他人走向幸福时，他们塑造了什么样的人类精神面貌？

还是美国文化让我更觉自在，既不用粉饰过去，又方便做回自己。尤其是在新英格兰、弗吉尼亚和加利福尼亚，我可以放纵自己对孤独和美景的热爱。当飞机在肯尼迪机场降落时，当苍茫陆地上安详矗立的城市高楼闯入视野时，我发现我对美国的这种情感像是内心中荒谬的一记刺痛。

你可以指责美国，指责它梦怀宇宙、追求享乐的价值观是一种骗术，指责它掩盖城内的毒品和暴力问题、对远近敌人的无情镇压，这些指责都很容易。但是，对当年那些饱受磨难的移民而言，美国建国所受的创伤好像已成为遥远的过去，许多人可以把目光放远，不再像很多其他地方的人一样，为食物、住所和安全等基本生活保障而苦苦挣扎。

到美国后，我才重新思考佛陀和佛教方面的问题。那时，距离我最初游览喜马拉雅山并对佛教产生兴趣的日子，已经过去近十年。此前，欧洲探险家的经历让我意识到佛陀诞生在印度；如今，美国的佛教徒让我了解到佛陀在现代社会的新角色。

2000年年底，我长期旅居英美两地，其间在旧金山周边的一个禅修中心住了几天。那时的我虽然工作如常，却倍感压力和倦意，从前激励并塑造我大部分成年生活的事业心锐减。我还养成了一种习惯，喜欢回想在贝拿勒斯和玛舒波拉的日子，那时候的我整天都很逍遥，只管读书和做梦。

在旧金山，怀旧情绪促使我去找海伦——我当年在贝拿勒斯的邻居和朋友。最后一次在鹿野苑见到她时，我还曾试图藏在树后。我当时觉得她与印度的众多西方游客一样，沉溺于特权之中——有权有势的西方国家给他们的独一无二的特权，让他们可以随心所欲地择定自己未来是成为佛教徒、印度教徒，还是做基督教传教士、共产主义者。后来，我回想起海伦对我的种种善意，让我为自己的胆怯懦弱和自以为是感到羞愧。

那时，我已逐渐了解到，人一旦决定离开原本所属的高度组织化社会，将会承受何等强烈的刺激——即便他在事到临头选择以明显荒谬的方式率性而为，以图减压（通常而言，人都难免如此），其所受的磨难也不会因而减少。为了取得成就，为了一些转瞬即逝的微小功绩，人会不断拼命奋斗。迫使他不得不努力的理由很简单，就是要维持一种生活方式，好让他的社会身份（也就是日渐固化的社会角色）得到认可。所有这一切，我不仅已在自己的生活中有所体会，而且感触日深。

同时，我也开始理解美国人特有的精神生活：在一个崇尚物质利益的社会中放纵无度和失意沮丧——毒品、破碎的家庭、有失公允的经济、冷漠迟缓的司法体系，乃至人们对政治的鄙薄嘲讽——会如何让大众转向宣扬末世灾变的神启论，多半成为基督教基要派的信徒；以及，在达到满足之前，精神冲动要如何跨越过多种陷阱。

在旧金山与海伦重逢时，看到她一身赭色僧袍置身于加州繁华多彩的购物区和五光十色的人群中，我仍然感到尴尬。在见面的星巴克咖啡店，我比她更在意四周不时瞥来的好奇目光。看到我点了印度茶，海伦颇显惊讶，她不知道美国的咖啡店里也有这种饮品，它的口味非常接近贝拿勒斯河岸石阶上的小摊贩兜售的甜腻奶茶。聊起贝拿勒斯，我想起了当年的自己——天然拙朴，把她屋里的花生酱和橄榄油视作遥远世界异域风情的象征。而今，我们的角色对调了，我身处曾经属于她的世界，甚至比她恣意得多，真让人觉得讽刺。写作让我成功跻身安全而麻木的中产阶级——那个工作、娱乐、消费的世界，那个海伦本该承袭却奋力逃脱了的世界。

海伦带我去了旧金山湾区的索萨利托市拜访她父母的家。那是一栋长方形豪宅，俯瞰湾区拥挤的游艇。晚餐时，我们的餐桌上点起了蜡烛和线香，菜式全素，搭配意大利夏巴塔面包，据海伦说那来自当地一家佛教徒经营的知名面包房。晚餐前，海伦隔桌牵起我的手，用藏语低声念了一小段餐前祈祷词。她的父亲是名律师，大概是想缓解自己的不安，向我详细询问印度的法律制度。她的母亲声称自己是一名佛教徒，并且谈到自己正打算尝试禅修，她的一个朋友发现那是一种很不错的心理疗法。对面的海伦几乎没怎么吃，只是微笑着朝我眨眼，她在稍后告诉我，接纳自己的父母是她生命中最巨大的变化之一。

拜访海伦父母之后的那周，剩下的几天她都很忙，我之后再也没能见到她。对于海伦而言，皈依佛门并不像我以为的那样与世隔绝，相反，她似乎比以往更加深入地参与到世界之中。她加入了两个组织，一个是专门面向晚期艾滋病患者的救济院，另一个是关怀无家可归者的收容所。此外，她还有一份兼职，协助一个论坛以佛教特有的方式促进世界和平与正义事业。

她说，研修佛教让她醒悟到，致力于政治与社会改革离不开人的内在转变。人心如果始终充满"贪嗔痴"，改造社会就只能是空谈。她送了我几本书和宣传册，那是她所服务的生态保护组织和政治机构的介绍材料。浏览后，我惊异于它们竟以相当轻松活泼的形式向世人传播那宏大的宣言。

其中一本指出，佛教与理想的生态环境之间有一种天然的契合，并引述垮掉派诗人加里·斯奈德的话说："人类自以为正迈向他们的终极目标（天堂？地狱？），他们将地球这个行星作为戏剧的舞台——草木动物仅仅是道具，大自然不过是巨大的供应补给站。"其中还引用英国经济学家舒马赫的话，赞美佛陀为世人指明了一条"唯物主义的轻率和传统主义的僵化之间的'中道'"。

另外一本小册子宣称，人类在现代科技的辅助下，为了追求一己私利，给环境造成了全球范围内的毁灭性后果：森林覆盖率减少，天降酸雨，臭氧层出现破洞，以及食品污染。

小册子还指出，生物及生态学领域的科学探索发现，不同生命互为依存的关系早已证明，任何事物都不可能独存。为此，它以跨国公司的运营为例，恰如其分地阐明了这种依存关系：在西方消费者挑选咖啡、鞋子、牛仔裤等产品时，他们细小的决定如何影响隐藏在消费链背后、远在洪都拉斯和孟加拉等地的商品生产者，每一个人又会如何与全球劳务及贸易市场牵连。尤其是西方军火商，他们总是利用亚非国家的战事或部族矛盾，引发难以数计的冲突，由此维持经营，获取丰厚利润。小册子呼吁人们关注看似简单的佛教理念，即世间之所以存在不幸、不安乃至暴力，究其根源，正是因为人的"贪嗔痴"。

我从前常去的西姆拉小书店就有许多类似的刊物。几年前，我就是在那里初读佛陀，开始接触佛法。刊物的名称多以"禅"或"佛教"等字眼开头，结尾则配以"心理分析""心理疗法""科学""生态"等词。这类标题的读物通常更能引发外国游客的兴趣，但其中少有或根本没有介绍佛陀生平的内容，而涉及佛教或环保的书，其论调又与夏尔马先生的说法惊人相似。

我经常关注或了解的写作者和艺术家，如作曲家菲利普·格拉斯、作家查尔斯·约翰逊、学术评论家贝尔·胡克斯、画家弗朗西斯科·克莱门特，大都在杂志上发表过有关佛教的文章，他们本身也都是佛教徒，或至少对佛教心怀倾慕。他们的作品激发了我对佛教的好奇心，但我其实并不了解佛教对当今这个时代的西方社会有何影响。

很久之后我才发现，作为世界上最古老也是最晚发展为普世信仰的一门宗教，佛教在20世纪的发展堪称迅猛，超过基督教和伊斯兰教。基督教最初起源于罗马帝国的一个偏远省份，其后经历一千五百多年的发展，才仰仗欧洲的帝国主义和殖民主义者成了世界宗教大家族中的一员。伊斯兰教的普及则依靠跨国贸易商和武力征服者。佛教也同样经历过漫长的历史发展，才实现了全球化的传播。

从前旅居英美时，我从未参加闭关禅修之类的活动。在我看来，如果一个人非得专门找个时间，跑到某地冥思苦想，或者须经专家指导才知道如何静坐，那实在是奇怪。那是西方独有的划分时间的方式，就像他们硬要把闲暇限制在周末一样。

可偏偏就有那么一天，我突然渴望放松，远离尘嚣。于是，我去了旧金山附近的一个禅修体验营。在薄雾弥漫的晨色中抵达营地后，我发现大部分成员的目的和我一样。

营地的规章制度不胜枚举，身穿黑色僧袍的僧人面容严肃，似乎是这些规矩有力的贯彻者。进入禅修大厅时必须先迈左脚；走向自己的座位时，必须向指导法师鞠躬致意；禅修结束时，必须鞠躬九次；还必须背诵影印在一张纸上的祷文，其开篇如下：

> 观自在菩萨，行深般若波罗蜜多时，照见五蕴皆空，度一切苦厄……❶

其末尾如下：

> 故知般若波罗蜜多，是大神咒，是大明咒，是无上咒，是无等等咒，能除一切苦，真实不虚。故说般若波罗蜜多咒，即说咒曰："揭谛揭谛，波罗揭谛，波罗僧揭谛，菩提萨婆诃。"

这些看似高深莫测的仪式让我想起小时候在邻家婚丧嫁娶上

---

❶ 此为大乘经典《般若波罗蜜多心经》的起首段落，以下则为其结尾段落。

见过的场面。虽然主仪祭司嘴中念的经咒我一个字都听不懂，也没发现在场有谁懂，但每个人看上去都很严肃，仿佛只要咒语入耳，便都心满意足。

这些仪式的目的，是让来此禅修的人集体屈从于老旧的神秘事物，但我无法感知它们与我从小成长的世界有何关联，也不曾在成年人的世界依赖它们过活。因此，在那次加州禅修期间，当我先迈左脚进入禅修大厅，再对着一个空空的座位鞠躬之后，发现自己很难停止思绪，也就不足为奇了。我朝指导法师的方向敷衍地点了个头，就径自走到空旷大厅的后排，拣了个空位坐下。祈祷时，我只是动动嘴巴随着众人默念一番。有个美国僧人穿行于一排排坐禅的男女中，检视每个人的姿势并给予意见，还在我的座位旁停下，面带狐疑地审视了我一会儿。

禅修营的学员除了美国白人外，还有不少其他族裔，包括越南人、泰国人、韩国人、中国人和日本人等。他们都是旧金山湾区附近的中产阶级和上层人士，三四十岁，停在停车场里的都是宽大的轿车和运动型多用途汽车。绝大多数学员似乎不曾参加禅修营，连最传统的坐禅姿势都掌握不好，无论跪坐或平躺都需要垫子。但大家的学习热情很高，很快就都做得中规中矩，还纷纷表达对彼此的赞赏与钦佩。正式致辞欢迎我们的法师妙语连珠，惹来阵阵衷心的欢笑。漫长的坐禅每告一段落，学员就会趁课间休息到餐厅小聚，用各种语言交流，气氛活跃。

我忍不住揣测学员禅修的目的。东亚人的后裔大概知道祖先的佛教传承。自19世纪末以来，随着日本移民定居，加州逐渐有了佛寺。稍后到来的越南、泰国、柬埔寨等东南亚国家的移民，也将本土信仰带入异乡。这些移民按照原有的佛教传统，建起了富于民族特色的庙宇，也形成了相应的风俗礼仪，方便信众定期祭拜。如此一来，他们也能像在老家村镇的祖先那样，享有自己的族群认同感。

但参加禅修的富人寻找的，似乎不仅仅是共同族群带来的安全感。传承自他们祖先的信仰无法满足他们在美国生活形成的特殊需求——只有一种美国化的佛教才能满足这种需求。

这趟加州行让我首次接触到美国不同流派的佛教，它们名称各异，如日本禅、内观禅、藏传佛教、入世佛教❶等，均各成一宗，下有分支，不同教派的领袖都宣称有正统的宗系传承。美国白人佛教徒以禅修为核心行法，亚裔佛教徒则偏重佛教的仪规。至于这些宗派的教化范围，则取决于它们各自吸引潜在信众的能力。

经营这家禅修营的禅宗信徒在太平洋沿岸山区有一家静养所，还在旧金山开了一家著名的素食餐厅。在旧金山，连锁经营的大型书店里都摆满了有关佛教和其他东方哲学的书籍，还有《佛法生活》和《香巴拉》之类的杂志，我曾在印度见过这类刊物，出于好奇浏览过其中诸如《佛教徒如何休假》和《佛教的投资理念》等文章。当地许多书店都专营佛教书籍，不少专卖店还出售佛教徒喜爱的各种"小商品"（价格不菲的靠垫、蒲团、燃香、音乐光盘等）。这些书店里通常播放着藏地特有的歌曲，门口还有写满了字的告示板，贴满各类禅修营和瑜伽班的开业通知，与新建的禅宗面包房展开激烈竞争。

---

❶ 入世佛教（Engaged Buddhism），倡导佛教徒应努力将教义和修行应用于社会、政治、环保、经济等领域中。代表人物为越南的一行禅师。

这情形就如同整个加州（特别是湾区一带）都有了信仰佛教所需的绝大部分条件——尼采称之为佛教的"前提"：

> 佛教的前提是非常温和的气候，风俗中高度的温顺和自由，没有军事活动；高等阶层，甚至学者阶层是运动的发起者。人们将快乐、宁静和无欲无求视为最高目标，并且达到了他们的目标❶。[1]

这次旅行的途中，我还听闻有关美国佛教界不同流派的闲言碎语。在旧金山开办禅修营和面包店的美国人，不仅喜欢开着豪车四处兜风，还同一名已婚女子有染。藏传佛教的某派领袖染上艾滋病，却依旧生活放荡。这些传言足以让人对拥有四百万信众的美国佛教界生疑。

面对大众的责难，当地佛教界不得不民主化，把领导权交给集体而非个人。为此，他们不得不接受女性参加小规模的佛教活动，接纳男女同性恋和双性恋的皈依者。由于戒律被认为过于严苛，美国的佛教法师不得不重新调整定位，以普通民众为对象，适应当地缺乏寺院的社区的现状。看上去，美国的佛教不得不适应一套从根本上有害于它的文化预设。

美国佛教界这种难以协调的现状，显然比其他任何地方都更为严重。托克维尔在19世纪30年代初期就曾指出，欧洲人之所以能在广阔无垠的"新大陆"创建崭新的工商业社会，其立足的根本就在于个体的自身利益。很多人文理念——诸如人类个体既是

---

❶ 译文参考《敌基督者》，尼采著，余明锋译，商务印书馆2016年版。

历史的创造者，也是文明与进步的载体；人人都需要自治等——最初就是在美国扎下的根。美国独立战争表明，美国早法国一步踏上捍卫人权与自由的道路，提出了共同的人类理想，即满足人的生命权、自由和追求幸福的权利。托克维尔认为，在美国，"人类的道德与智力活动"最先走上了"营造舒适感和提升大众福祉"的道路。在美期间，他重点研究了法国大革命的教训，那次武装变革后来变质为一场暴力恐怖运动，最后带来一个高度中央集权的半独裁政府。托克维尔那时已准确地预见到，所向披靡的美国引领人类走向了自我认知的巨大变革，欧洲也将拥抱这一巨变。

美国独立战争的丰功伟绩让托克维尔深深仰慕，而后一百五十多年的世事沧桑也确实证明，他有着非凡的先见之明。彼时，美国即将迎来大批在本国遭受迫害的移民，还将数度领导世界人民与欧洲的法西斯主义和亚洲的独裁政体展开决战。因此，在20世纪末，美国作为一个国家可以令人信服地宣扬崇高的道德目标。两次世界大战和一场冷战已迫使德、英、俄等称雄上个世纪的老牌欧洲帝国彻底衰落。美国已是西方文明最有力的捍卫者，同时也成了西方文明最伟大的代表。

人类的才智在美国这片土地上得到了前所未有的充分发挥，一切都只为服务于工商业和政治。同样也是在这里，人类前所未有地展现了自身追求进步的能力：科学家首次成功析出原子，将人类送上月球，赢得抵抗顽疾的重大胜利，通过一系列DNA研究开启解答生命存在之谜的探索之旅。至于西方在前两个世纪便许诺的幸福和自由，在这里更是看似前所未有地唾手可得：望不到头的公路、廉价的汽油和便利的加油站、汽车豪宅、音乐和电影，无一不让兑现诺言显得易如反掌。

纵观佛教在美国的发展，也许唯一能让佛陀惊讶的，就是他的佛法竟然长存至今。佛陀认为，佛法和世界上所有的精神与物质一样变化无常，没有自在的实体，即他已经预言了佛法在未来会消失。但他也会同意，他的教法难免受到特定因果缘起的影响，使得佛教在美国的传承形式迥异于中国和日本。毕竟，佛教最初能够获得信众的响应，部分原因就在于它的兴起恰逢北印文明的成熟。而后，佛教历经辗转才得以传扬四海，以不同的形式融入世界文明不同的文化。

为方便在北印不同社会形态和异族文化中推广佛法，佛陀一贯擅于因材施教，比如他最知名的教学公案之一，为卡拉玛人做的开示。据说，卡拉玛人的国家位于印度大平原文明的边缘地带，是一个独立的部落共和体，和包括佛陀母邦在内的其他部落共和国一样，迫于帝国征服、商业活动和便捷的通讯方式等多种因素，面临渐被吞噬的命运。该国原本单纯紧密的社会组织，连同其中界定清晰的道德体系，也随之日趋衰亡。这就解释了卡拉玛人为何难以抵抗路过的沙门僧宣扬的新智慧，也说明了佛陀在一个村庄小憩时，为何一群卡拉玛人会接近他。

卡拉玛人告诉佛陀，近期常有形形色色的游方苦行僧和婆罗门光顾，宣讲己派的学说并攻击其他教派。这些四处游辩的僧人数量可观，个个都鼓吹自己的理论，让卡拉玛人不知该听信于谁。

在佛陀的时代，知识界崇尚激辩式的学术交流，佛陀将这种百家争鸣的气氛形容为"见之丛林"。他告诫卡拉玛人不要偏听偏信：

不可风闻他人口传之说便信以为真，不可盲从传统便信以为真，不可妄听谣言便信以为真，不可因有经典作为依据便信以为真，不可因符合常识的逻辑判断便信以为真，不可依赖所知哲理做出的推论便信以为真，不可执守自己的知见便信以为真，不可单凭常理或外相便信以为真，不可因某事物似有可能便信以为真，不可因某沙门是自己的导师或权威便信以为真。

随后，佛陀还为卡拉玛人开示了自身明辨是非的重要性，但并未坚持唯有纯粹的理性才是获取知识的最佳手段。理性只能产生于道德法则。个人必须彻底反省自身行为背后的意图及其给他人带来的后果。佛陀喜欢谈论的"善"（*kusala*）概念十分重要，它既适用于冥想（指以正确的方式修行），也适用于道德规范。道德上的善，是指能够明辨事物的善恶。只有这样，抉择时的烦恼才能减少。

当你们自身已能够辨明是非，知道哪些是笨拙之法，哪些是善巧之法；知道哪些是当予责难的罪过之法，哪些是无可非议的清白之法；知道哪些将招致无益和苦厄，为智者所反对，哪些将带来利益和福乐，为智者所称赞……当你们自身能明辨是非，卡拉玛人啊，你们自然就能做出取舍，拒绝其中一法而遵从另一法。

佛陀希望卡拉玛人通过道德辨析，自己得出结论。这一观点说不上有什么独创性，内容与他之前说法颇有类似，如教人不杀生、不偷盗、不唆使他人作奸犯科等。但佛陀已认识到，既然道德礼法已无力通过传统习俗发挥原有的惩戒作用，就只能从实际的个人经验中推演出来。当版图扩大的帝国不断吞噬像卡拉玛人的家园那样的部落小国，传统习俗在新兴的大世界中丧失了威力，个人只能依赖自身新发掘的理性。尽管这种理性的力量通常是自利者的工具，但它同样可以用来怡情养性，引导人们过一种合乎社会道德的群体生活。²

在美国的新英格兰，托克维尔游览当地村镇时印象最深的就是民众富于道德感的自治精神，那正是他希望法兰西能够呈现的新气象，他认为那时法国破坏既有宗教信仰的行动操之过急。他诘问道："一旦约束社会关系的政治力量松弛，必要的道德约束又没有相应地加强，这样的社会怎能逃脱毁灭的厄运？"他还指出，尽管早期美国人信奉笛卡尔主张人应当根据个人判断行事的学说，但他们也曾想方设法地将宗教精神融入已有的自由之中。他认为，在个人主义和唯物主义盛行的社会，无论从道德伦理还是精神层面考虑，宗教都是影响民众的重要力量。尽管佛教在现代美国社会扮演的角色还极其有限，但它正发挥着与美国早期市民社会中的宗教相同的作用。

佛陀早以独有的现代视角洞悉了人及其原有的理性和反省能力，他的洞见在提出之初便表现出了极端灵活的适配性。它没有教条的束缚，所以能跨越政治与文化的藩篱广泛传播（正像佛陀本人穿梭于不同的国疆族域一般），还能入乡随俗，适机求存。公元纪年开始后，在最初的几百年间，佛教随着商贸活动的发展首先传入中亚，之后传至中国，与其本土影响深广的道教相融并存。

公元四五世纪时，佛门的出家人和学者开始向中国的精英阶层宣扬佛教。时至七八世纪的唐朝，大乘佛法在中国进入鼎盛发展期，富人还大兴土木，建起金碧辉煌的佛寺，祈求善报。中国禅宗的一支东传至日本，形成日本禅。日本的道元禅师曾来华学禅，于 13 世纪归国复兴日本禅。如今，距离佛教首度繁荣发展已有上千年，佛教突破亚洲古老的边界，进入疆域辽阔的"新大陆"，在那里，史上最显赫富有的精英似乎在用它重新迷惑现代世界。

早在 19 世纪 30 年代初，托克维尔就在思考，为什么生活在物质极大丰富的民主社会的人会特别焦虑不安。他剖析的视角可谓非常接近佛教的贪爱论：❶

> 美国的居民如此看重现世财富，就好像自己会长生不老一样。他们恨不得一下子就把能弄到手的东西全部弄到手，给人感觉好像他们时刻担心还没好好享受生活就离世了。他们什么都想弄到手，但到手之后不会紧抓不放，而是很快就把东西扔掉，因为他们又看上了新的东西。³

托克维尔还阐述了追求平等怎样引发人心的忌恨，让他理解"何以人享受着安逸的生活，却时而对它深感厌倦"。他指出，民主社会中享受生活的人热情更高，数量更多，但同样的道理，"他们的希望更易落空，欲望更常受挫，心灵更躁动不安，焦虑也越发深重"。

---

❶ 译文参考《论美国的民主》，托克维尔著，曹冬雪译，译林出版社 2012 年版。

正是这种焦虑，导致20世纪60年代的一些西方中产者吸毒、滥交，并通过《易经》《道德经》《薄伽梵歌》《西藏度亡经》等意外流行的畅销书，追求东方宗教与哲学带来的神秘体验。知识分子和艺术家受佛教吸引，本能地乐于接近它，特别是日本禅。日本学者铃木大拙的著作和专门研究亚洲宗教的英国作家艾伦·沃茨的书籍，更让日本禅与心理分析联系在一起。佛教最初披着新教理性主义的外衣来到美国，如今被视为强调自发性和创造性的自我表达，鼓励人们抗拒权威和传统。

杰克·凯鲁亚克在1954年创作的一首诗中写道：

> 以汝心为灯，从汝心所向——
> 是为如来如是说
> 但也许，有那么一天
> 突然之间就传来
> 广播电台的惕厉之声
> 要人们务必听从
> 自动收音机里
> 频频传出的他人之说[4]

铃木大拙在20世纪50年代任教于纽约的哥伦比亚大学，前后约有六年，金斯堡和凯鲁亚克都在纽约见过他。他还经常发表演讲，作曲家约翰·凯奇和精神分析心理学家艾里希·弗洛姆都是他的听众。1956年，安可书屋（Anchor Books）出版了铃木大拙的著作《禅与生活》，存在主义作家威廉·巴雷特为该书作序，并借此指出禅是引导现代人摆脱存在困境的一条解脱之路，无论科学还是西方形而上学，都不曾为这种困境提供确切或有意义的解答。

1958 年，凯鲁亚克发表小说《达摩流浪者》，讲述了一场"伟大的背包革命，参与者是成千上万甚至上百万的美国年轻人……他们全都因为禅而几近疯狂，一边四方游走，一边捕捉自己脑海里无缘无故闪现的念头，将之录为诗作"。这部作品向美国年轻人介绍了类似佛教寻求精神解脱的理想。同年，艾伦·沃茨刊登在《时代》周刊的一篇文章评论道："一时之间，禅宗佛教益发流行。"

美国人早期对佛教的兴趣，大多来源于一种极度特殊形式的禅，在这种禅宗之中，佛教被个人化，剥去了道德责任，可与吸毒和心理治疗混杂在一起，不需要自律和制度。这些特点有部分残留至今，但到 60 年代末，受 1965 年美国修订《移民法》的影响，一波来自泰国、韩国、日本和越南等地的新移民带来了形式各异的佛教信仰，让美国人逐渐了解到更多佛教门派。

随着藏人在美国的影响力不断扩大，佛教以另一种模式在美国发展起来。总体而言，20 世纪 60 年代的美国佛教，尤其是日本禅，仍以关注个体感受为己任，致力于满足人们摆脱高度理性世界的压迫等个人需求。即便在八九十年代，佛教已通过不同宗派的弘扬和媒体的广泛传播融入美国的主流文化，它的侧重点仍然在面向普通民众的教化上。但是，佛教的"轮回说"与"业力说"在美国已不再扮演以往的核心角色，这与此前它们在亚洲的情况十分不同。一本影响颇广的书总结道，对于很多美国皈依者而言，佛教最初传入当地时"并不是一种宗教信仰"，而是"存在主义的、具有治愈作用乃至解脱功能的不可知论"。[5]

佛陀为卡拉玛人说法时曾指出：当人迫于无奈，必须适应变幻莫测的社会环境时，即便身在其中感到万分困惑，他也依然有能力监控自己的习惯和动机。正试图发明一种适合自己的佛教的美国人，发现这一点十分有用。这就像加里·斯奈德在1969年发表的一篇散文中描写的那样："冥想就是要你潜入内心，亲身一遍又一遍地体察佛教智慧，直到它成为你常有的意识。道德会逐渐通过个人榜样或负责任的行为纠正你的生活方式，最终引导你走向与所有存在的真正的合一。"

禅修已成为美国人学佛的核心实践，尤以毗婆舍那（内观禅修）最为常见。这并不仅仅因为佛陀重视禅修。时至如今，禅修是佛教仅剩的几种修行方法之一。作为一种古老而神秘的体验，它能够有效地缓解压力，让人在日常的工作环境中，在面对自身的责任时摆脱紧张、暴躁的情绪，让意识从循规蹈矩但负荷过重的状态中解放出来。同时，禅修还有一点好处，那就是不强求信众专注修行而罔顾自身生活所需。无论是喜欢用禅修代替心理疗法的"新时代大师"，还是乐将此法介绍给企业员工的公司经理，这点都是他们学到的经验。

克服虚无主义

佛教在美国可谓满足了当地人的各方面需求。它最初以某种理性宗教的形式传入,但接纳的人很少,直至20世纪60年代,这种情况才有所转变。在那段纸醉金迷的日子里,佛教再度改头换面,以日本禅宗的神秘主义形式,成为心理治疗和瘾君子喜好的流行替代品,或说标配装饰物。

临近20世纪后期,佛教开始尝试进入美国主流社会,不仅吸引了当地的白人和亚裔,也引发了非洲裔和拉美裔等更多族裔的关注。它饱受政治抗议和道德伦理的考验,且日趋商业化和商品化。

佛教常以精致优雅且自立自救的面目出现,坐禅冥想成了最受欢迎也最切实可行的修行方式。然而,美国受众鲜少探究佛教义理中形而上学和认识论的内容,其部分原因在于,他们自幼接受的是人人生而平等的思想——这种意识即便不算一种信仰,也可谓一种执念。在他们看来,佛教核心教义的"业力说"和"轮回说"都是令人担忧的危险话题。

佛教在美国的发展,深深震撼了当地人既有的政治意识,极大地冲击了他们心理和情感上的既有习惯。

人们并不清楚佛教究竟将以何形式在美国落地生根。在这里，当地人对现代世俗文明表达的不满，大都演变成了保守的政治运动和基督教的基要派运动。不过，既然佛教能以看似与自己矛盾的面目不动声色地立足于当地文化，还能在推崇自我奋斗、乐观精神和个人行为的环境中日渐扩大自身的影响，这一现象在两千五百多年的佛教史里已经十分引人注目。

早在 19 世纪末，尼采就曾明确预言，当科学与进步摧毁西方人曾经信仰的超验世界、上帝以及上帝赋予人类的价值观，当他们对引以为豪的丰功伟绩有了清醒的认识之后，佛教将如何恰逢其时地吸引他们的注意。

尼采同时还极为明确地预见了西方人立下丰功伟绩所需付出的代价：古老的道德伦理和确定的宗教信仰俱遭摧毁，大众社会崛起，在利用国家和技术手段推行的新式管控与统治模式下，开启一个"妖魔化的战乱时代，时局动荡，暴乱频仍"。

尼采将宗教信仰的终结称为"最可怕的消息"，并预言说："人类势必耐不住孤独，转而投靠那已被打翻在地的'主'，并为他之故，爱上那盘踞在他神殿废墟中的蛇……"

他宣称自己早已认清那条给过欧洲人信仰慰藉的蛇：进步、历史、理性、科学。他指责进步是一种"错误观念"，认为应当摒弃实为吹嘘行骗的黑格尔历史观，不相信人类在掌握更多有关世界的理论知识之后便能疗愈"生存的创伤"。尼采认为，所谓现代科学，就是世俗化欧洲的另一种信仰，是他担心将毁灭世界的虚无主义的一个面向。这种观点在第一次世界大战之后变得十分常见，那场大战证明，科学一旦没有了道德规范的钳制，就会沦为最具破坏性的工具。

同时，尼采还指出，他那个时代的人都痴迷于经济的快速增长，殊不知，如此心态只会掩盖生命徒劳无益的真相，耗损人原有的价值。功利主义便是19世纪诸多空洞宗教的替代品之一。

> 我所反抗的是一种经济学乐观主义：仿佛随着所有人不断增长的开支，所有人的利益也必然会增长。然而，在我看来情形恰恰相反，所有人的开支将累积成一种总体损失：人将变得更加渺小——结果则让人再也无从了解如此浩大无际的进程最初的目的究竟是什么❶。[1]

在尼采看来，生命和世界本无价值，是人类用神明、历史、进步之类的概念，为它们粉饰了一层意义。没有什么东西比我们的"欲望与激情世界"更真实，"我们只能在自己本能欲望所构筑的现实中升沉起伏，不可能有所超出"。尼采认为，人类首先得摧毁自我发明的各种价值观，才能面对世界，肩负起命运赋予自身的艰巨任务。一旦这个世界抛开神明、历史、科学之类的信仰，即便它没有了明确的意图，却"很可能比我们原先自以为有信仰的时候有意义得多"。

尼采藐视现代人的一切信仰。他所关心的，是如何让欧洲人还原这个有意义的世界本来的面目。他认为，基督教及其世俗替代品（诸如进步、科学等理想）在两千多年的发展变化中早已让

---

❶ 译文参考《权力意志》，尼采著，孙周兴译，商务印书馆2007年版。

世界面目全非。他担心，绝望和倦怠感会让欧洲人轻信那些宣扬"消极虚无主义"并鼓励人暗自跟随大众的宗教与哲学。

尼采相信，佛教思想对身心疲惫的欧洲人实为一种"危险"的诱惑，之所以有此一说，部分原因在于他本人也对佛教心怀仰慕，称佛陀是"生理学家"，"治疗低落沮丧的世人、后世的人类……以及那些日渐善良温和、过于聪颖但又更容易感受痛苦的人"。他还言简意赅地做了一番描述，表明佛陀为何要在那个传统信仰崩溃、虚无主义兴盛的时代疗治人们倦怠的心灵：❶

> 他的办法是：露营，漫游，节制，挑选膳食；慎酒；同时谨慎面对一切产生胆汁、加热血液的情感；既不为自己也不为别人操心。他倡导那些要么给人平静、要么带来快乐的想法——他发明手段来戒除他人。他将善良和友好视为有益健康的……他的学说所要抵制的无非就是报复、厌恶和怨恨的感受（"冤冤相报何时了"：整个佛教中动人的口头禅……）。²

尼采本人为消除虚无主义而构想的方法，旨在塑造擅于在无意义的世界中自我创造的"超人"。超人身处一个毫无价值观、方向感或目标的世界，不仅能够生存其中，而且学会了如何爱它。尼采经常谈到"艰苦""孤独"和"奋斗"之类的话题，而亲身经历的痛苦让他领悟到，生命唯有克服自身的种种逆境才有意义。

这一番领悟对于改变同时代人的天真想法不无益处。那时，

---

❶ 译文参考《敌基督者》，尼采著，余明锋译，商务印书馆 2016 年版。

大众相信人性本善，虽最终难免平庸无为，但只要不断改善生活或进行技术革新，就能获得幸福——这正是尼采力图驳斥的观念。但尼采是骄傲的独行侠，无从得知自己推崇的"超人"要如何融入人类的社会生活。如果说马克思的理论过于强调社会价值，令个体价值受到贬抑，尼采的做法则正好相反。他所倡导的超人意志，就是要把人从灵魂缺失乃至碌碌无为的现代生活中解放出来。可是，他也没能跳出自身所处时代的局限。

某种程度上，尼采所谓的"超人"只不过是欧洲人在本土宗教衰微后日益视若珍宝的"自我意识"，以及它自高自大的个性表现。为了超越自我，尼采同样显示出了现代人骄横狂妄的特征：拒绝接受任何限制；试图抹除上帝与人类之间亘古既有的差异。毋庸讳言，他所极力阐释的"自我克服"论，实为一套意欲彰显人类伟大不凡的陈腐之说，他还列举了尤利乌斯·恺撒、切萨雷·波吉亚❶和拿破仑作为超人的范例。

尼采确实有惊人的先见之明，却没能预见到其所秉持的"超人"道德观——自视甚高、艰苦奋斗、敢于牺牲、藐视传统礼法等——在上帝已死、一切皆可的年代，竟演变为真正意义上的虚无主义思想。希特勒等现实版的"超人"横空出世，不惜动用一切可用资源，从人才、劳工，到自然环境乃至足以招致死亡与毁灭的巨大官僚体制，只为了将自身意志强加给世界。他也没能预见，人类研发出具有毁灭能力的技术，但也正是这些技术（而非人类本身）将他视为一切生命之基的人类意志转化为权力，又经

---

❶ 切萨雷·波吉亚（Cesare Borgia，1475—1507），教宗亚历山大六世之子，曾任巴伦西亚主教、枢机主教，一度称雄意大利中部，是马基雅维利写作《君主论》的主要灵感来源。

过一个无穷无尽且无明确价值观、方向感或目标的过程,让虚无主义成为普遍现象,不再局限于欧洲或西方。

在临近精神崩溃时,尼采仍痴迷于尝试摧毁他称之为"种种错误信念"的人类谬见,其中最重要的,就是人所执着的某种稳固不变的身份——"自我",人正是通过"自我"区别自身与外界,并在此基础之上进行分析和体验,归纳总结有关"自我"的程式,并企图改变之。

在尼采的佛教观中,"死亡、变化、变老、成长等,所有这一切都在生成",即处于过程之中³。人总在追求权力,试图掌控自身与世上一切混沌,于是编造了一张充满"概念木乃伊"的网,用理性为永恒不断的变化构想出了统一性、实质性和持久性。通过这些谬见,人就能将自己的世界变得可以理解,也堪以忍受。

尼采赞美赫拉克利特的发现:❶

> 永恒的唯一的生成,只是不断作用和生成却并不存在的一切现实事物,完全变动不居,赫拉克利特所教导的这个学说是一种可怕的令人昏眩的表象,其影响近似于一个人在地震时的感觉,即丧失了对于牢固的大地的信任。把这种效果转化为它的对立面,转化为崇高和愉悦的惊异,这需要一种惊人的力量。

尼采始终认为,佛陀是消极的虚无主义者,因而他没能认识

---

❶ 译文参考《希腊悲剧时代的哲学》,尼采著,李超杰译,商务印书馆2018年版。

到佛陀绝非沉湎于东方的虚无之中，而是提供了一套切实可行之法，引导世人实现自我升华，让人们了解如何学会冥想，将欲望无尽、无比不安又挫败懊丧的心态转化为对无常的体认。佛陀是从贪嗔之怨中获得解脱的觉者，正如一个"超人"，不仅解除"道德习俗"的束缚，还掌握了"把控自身乃至把控命运之力"，这种力量早已"渗透至最深处，化为本能"。

和尼采一样，佛陀也试图重申人类天然的尊严，不求助于形而上学、神学、理性或政治理想主义。尼采本人也承认这一点❶：

> 他用一种严格的回归和对人格最精神化的兴趣来反抗他所感到的和在一种过度的"客观性"（即个体兴趣的弱化、重点的丧失、"利己主义"的丧失）中表现出来的精神疲劳。在佛陀的教义中，利己主义成了义务："唯一紧要之事"，"你如何摆脱痛苦"调整和限定了全部精神食谱。⁴

这就是佛陀本人所关注的"自我"克服。其立足点在于佛陀真实不虚的洞察力——他深知，即使囿于社会环境，囿于诸多难以理解的客观因素，人类依然拥有自我作为的选择余地，实现自身的存在意义，向他人传达缘起的本质及事物相互之间的依存性，追求合乎伦理的生活。佛陀的所有教义不仅被西方的佛教徒重新挖掘出来，也得到一些伟大精神领袖与知识分子的呼应，这些人生活在尼采所预言的狂暴乱世之中。

---

❶ 译文参考《敌基督者》，尼采著，余明锋译，商务印书馆2016年版。

圆寂之旅

佛陀入灭时，世寿约八十岁，在那个绝大多数人活不过三十岁的年代，已经算是长寿。他生活得十分谨慎，每天午睡，过午不食，常泡温泉。然而，佛陀在晚年亦患有数种疾病，像是背痛和胃疾等。他曾教导比丘在禅修时仔细体察身体，感受它的脆弱和污秽。他本人也对年迈的肉身体察入微，还曾说自己的身体要靠绷带维系。他的同时代人都先他而去，他最亲近的弟子之一摩揭陀国的频毗娑罗王也被亲生儿子阿阇世谋害。佛陀的故乡迦毗罗卫也横遭拘萨罗国波斯匿王的继位者毗琉璃屠城，释迦族尽数罹难。

入灭之前，佛陀依旧不辞劳苦地多方游化，这位根本上孤独的人一如既往。自从四十五年前那晚在菩提伽耶的菩提树下开悟以来，这位一路长途跋涉的觉者早已看透、说透、做透，但在他最后一次穿越北印的旅程中，仍然蕴含着伟大和真实。

二十年来，佛陀每逢雨季都去舍卫城附近的园林，那座园林由城中的富商居士给孤独长者供养，佛陀在其中度过了晚年岁月。此间，毗琉璃接替波斯匿王，成为拘萨罗的新国君，并对迦毗罗卫发动残酷野蛮的战争。根据资料记载，成群的释迦族人被紧紧捆在一起，赶入巨大的深坑，被大象踩踏至死。听到这个消息时，佛陀默然无语。

随后，佛陀又得知最亲近的弟子舍利弗身故的消息。舍利弗的弟弟向佛陀呈上兄长生前用过的钵和僧衣，还有平时被用作滤水袋的细布里包裹着的部分骨灰。

佛陀筹建了一座小神庙安置这些遗物。雨季结束后，他离开舍卫城，启程南行。不料，还没走远又传来消息说，另一名弟子目犍连在王舍城附近遭遇不测，很可能是死于沙门聘请的雇佣兵。

在王舍城，佛陀待在自己首次出家之后暂居的山中。就是在那片青葱的群山之间，佛陀见到了频婆娑罗，并在那里禅修和讲道；也是在那里，他被满怀妒忌的堂弟提婆达多投掷的石头砸伤。

这时，摩揭陀新任国王阿阇世派了一名婆罗门大臣来拜见佛陀。大臣禀告说，阿阇世计划攻打摩揭陀以北的跋耆，意欲征服他们的部落联盟。佛陀遂告知对方自己先前向跋耆传授了七条法则，只要跋耆人遵循此法，阿阇世就不太可能成功。

婆罗门大臣闻言后便被说服，他相信，除非阿阇世设法让跋耆各部落产生不合，否则就不可能实现征服计划。大臣走后，佛陀又为众僧开示，重申那七条法则，还增加了一些他认为有利于保障僧团长期团结稳定的新内容。

随后，佛陀继续前往恒河沿岸的一个村落，摩揭陀国的大臣正在那里建造城防要塞，筹备夺取跋耆联邦。佛陀在那里与先前会见的婆罗门大臣共进午餐，席间预言当地将会兴起一座大都市——华氏城。

渡过恒河，佛陀来到一座名为佝提伽玛（Kotigama）的村落，为出家众阐释苦集灭道的"四圣谛"。而后，他来到毗舍离附近，住在当地名妓菴婆罗的杧果园中。菴婆罗的儿子是出家比丘，她得知佛陀来到当地的消息后，就前去拜访，并邀请佛陀次日到家中受供用斋。

菴婆罗见过佛陀后，在回家路上遇到毗舍离的一众名流，他们正浩浩荡荡地前去拜佛，也打算邀请佛陀到家中受供用斋。这些人要求菴婆罗取消对佛陀的邀请，但遭到拒绝。佛陀后来告诉众人他已接受菴婆罗的邀请。她不仅在家中准备了一顿丰盛的晚餐，还将自家园林也捐赠给僧团。

佛陀在园中住了一段日子。那年的雨季来临时，他让平日常随左右的僧众四散安居，只留阿难一人在旁，方便他专心静修。不料，到毗舍离城外的竹林村住下后不久，佛陀生了一场重病，几乎致命。

略有好转后，佛陀对阿难说："我若不嘱咐弟子，不与诸比丘告别，便无法安心入灭。"阿难回应说，得知佛陀会嘱托僧团之后才入灭，让他十分宽慰。佛陀听后答复道：

> 为何众比丘会有这样的期望？如来所说的达摩之法，毫无内外之别……也从来没有私藏任何隐秘的内容。如果有人抱有"我要引导比丘众"或"比丘众需仰赖于我"的念头，这个人就得为他的比丘僧团做好安排，留下教言。但是，如来并没有这种想法，也不认同"我要引导比丘众"或"比丘众需仰赖于我"的观念。那么，如来又何必要为比丘众遗留教言呢？

停了停,佛陀又接着说:

阿难啊,我已年迈衰老,人生旅程已到尽头,年届八十,世寿将满。如来现在的肉身,就像一辆旧车,借助革纽皮带等用具勉强而行。如来唯有收敛心神,停止一切忆念,入于灭受想定,肉身才能得安稳。[1]

佛陀希望自己的教义能够引领僧团,他明确地嘱托阿难和众僧在他入灭后如何依教行事:

你们应当以自己为可仰赖之洲,自作归依,勿归依他人;应当以法为可仰赖之洲,以法为归依而住,勿归依他人……

康复后,佛陀开始在毗舍离托钵乞食。很多时候,他都在城中游化,或在各处宗庙殿堂逗留。某日,佛陀坐在一棵杧果树下,对阿难说起这个世界如何令人愉快,让人乐意久居其中,哪怕长过一个世纪都不够。

他让阿难将毗舍离城中分散在各处静修的僧众召集到竹林村。待诸比丘聚集后,佛陀劝勉众人,务必遵循他的教法,尽可能长久地维系佛法,并宣布自己将于三个月后入灭。

第二天,佛陀照旧前往毗舍离城中乞食,心知这是最后一次。那天的归途中,佛陀特意驻足回望了好一会儿。

随后途经各村时,佛陀仍继续为当地的出家信众说法。或许,他期望能够在舍卫城圆寂。行至波婆村时,佛陀住在城中铁匠纯陀家的杕果林中，纯陀依照当地风俗坚持要为佛陀供养斋饭。出于某些原因，佛陀要求只供奉给自己一人，不能供奉给其他僧侣，后来还特别指示施主将这一斋菜剩下的部分全都倒入地洞。他解释说，那份斋菜除自己之外，无人能够消化。明知如此还要受供，则是因为尊重向他慷慨供养的施主。

此后佛陀旋即患了痢疾，几乎再次致命。但他不顾已然疲惫不堪的身体，坚持前行，去往下一个村镇拘尸那罗。在途中的一棵树下休息时，佛陀想要喝水。阿难告诉他，附近的溪水因先前有许多牛车经过而变得脏污不堪，但佛陀仍让阿难前去察看，待阿难去看时，惊奇地发现水流竟然十分清澈。

佛陀在树下休息时，一个名叫福贵（Pukkusa）的男子来访，他先前师从阿罗逻迦蓝——佛陀离开迦毗罗卫后最初学道时拜访的第一位老师。福贵看见佛陀和阿难身上的僧服很脏，便让仆人取来两件金色的僧衣，供奉给佛陀和阿难。

他们继续前行到熙连禅河（Hiranyavati）岸边，佛陀最后一次入河沐浴。他担心纯陀会背负下毒害佛的骂名，于是嘱咐阿难开导铁匠，让纯陀知道自己供佛的好意已为他积累了极好的因缘，嘱咐他不要自责。佛陀后来又涉水穿过另一条河，最终抵达拘尸那罗的一片娑罗林中。他告诉阿难，自己已十分疲倦，让阿难在娑罗树间铺了一张头朝北的床。随后，佛陀右侧着身子躺下，双腿并叠，娑罗树上飘落下阵阵花朵。

佛陀知道自己不会再起身，便为阿难做了最后的开示：僧众可前往他降生、开悟、初次讲道、入灭的四个地方拜访。阿难询问后事安排，佛陀让他不必挂虑，而应以自身的解脱为先，并相信在家信众会妥善处理自己的后事。

阿难不禁悲从中来,开始哭诉,说自己还有太多东西要向佛陀学习,而如今这位对自己一向慈悯的导师要离他而去:

> 好了,阿难,不要再悲伤恸哭了!我从前不是就告诉过你吗?一切让人感觉可爱、中意的事物,必定都要生变,最后必然都要分离、变灭。既然诸法皆然——只要有一法生起,无论它是什么,都必然朽坏——那么,阿难啊,它又怎能不灭失呢?[2]

阿难请求佛陀不要在拘尸那罗入灭。他认为,这里是"篱笆围起的破落小镇,四周丛林密裹,遥远而闭塞"。依照他的想法,佛陀有必要选择一个大城市圆寂,方便大众为他治丧。

佛陀却告诉阿难,拘尸那罗也曾是繁荣富裕之都,并让阿难将自己行将入灭的消息告知拘尸那罗城中的居民。消息很快传播开去,很多悲伤难抑的人从各处赶来,聚集在佛陀所在的娑罗林中。阿难不想让嘈杂的人群打扰佛陀,便安排他们按家庭列队,缓慢向前行礼,并在经过时由阿难报上他们的姓氏。

一个名为须跋陀罗的沙门来了,他请求阿难允许他单独谒见佛陀,请教心中的疑问。阿难原先拒绝了他,但佛陀听到了须跋陀罗的请求,便让阿难引他近前。须跋陀罗想知道,当初教导过佛陀的六师沙门中,有哪一位已经证悟得道。佛陀告诉他无须挂虑,并为他开示了佛法。须跋陀罗由此成为最后一名经佛陀亲授而皈依的弟子。

佛陀再次强调,僧团日后应当跟随佛陀的教言而非任何僧人,也就是要以法为师。最后，佛陀告诉身旁的比丘，若他们之中有谁"仍对佛陀本人及其达摩之法、僧团或他所教授的正道、行法心存疑惑"，均可即刻提问，并安慰僧众说，如此一来，大家就不会后悔于当初没有当面向老师请教。

但僧侣只是默然无语，尽管佛陀再三重复了自己的话。

他随后又说，如果僧众出于极度尊崇而不想直接提问，则可由他们之中的某一位收集问题之后集中提问。

人们依旧默然无语。此时已经夜深，佛陀告诉比丘："诸行法皆是灭法，应以不放逸而成就！"这是佛陀留下的最后一句话。

当初读《大般涅槃经》，看到佛陀入灭过程时，我想到了甘地。这两位印度人的身世颇为相似。相比于日后的声名和丰功伟绩，两人出身的阶层都只是偏远地区的中等种姓阶层。他们都身处一个充满暴力的乱世，放弃了宗族的责任，终生致力于促进人类个体意识的觉醒和自主。

两人在临终之际的悲凉经历也很相似。1947年，就在印度宣告独立、圣雄遇刺之前的几个月，甘地忍受着日渐深重的徒劳和无助，继续四处奔波，所到之处有些正是当年佛陀游化过的地方。尽管甘地一生致力于消弭印度教与伊斯兰教间的世代宿仇，然而，随着印巴分治的实现，信徒的敌对状态最终爆发为诸多野蛮残忍的暴行。印度教徒和穆斯林开始彼此残杀，甚至不肯放过年幼的孩子。当时已经七十七岁的甘地，以风烛残年之躯不断奔走在孟加拉和印度比哈尔邦等冲突严重的地带。他徒步穿行于一个又一个村庄，成堆的死尸被抛在火宅深井中，弃于竹林莽丛处，任由鹰鹫啄食。

甘地找到行凶的暴徒和幸存的受害者，分别请求他们承认自己的罪过和放弃复仇，因此，他往往备遭敌视。在他必经的小路上，常有村民向他泼洒粪便等秽物；还有个穆斯林干脆将口水啐到他的脸上，而甘地只是擦去脸上的唾沫，继续前行；还有人以他的性命相要挟。他已经走到双脚流血，还要忍受高血压带来的病痛；他的内心因挫败感而备受煎熬，几乎渴望求死——实际上，他不止一次说过自己可能会被谋杀，但他始终坚持，不肯放弃。他每天清晨即起，整日不停地奔走，还经常与少数几个追随者低吟泰戈尔早年谱写的一首歌：

独行，
如果他们对你的呼唤无动于衷，那就独自前行；
如果他们路遇高墙便踟蹰畏缩，缄口噤声，
不妨敞开心扉，直抒胸臆。

无常

世界的本性就是生成变易，它执着于此，也为此所累。它所欢喜的只有变易，但有欢喜的地方，也有恐惧，而它所恐惧的是痛苦。

多年前首次游览喜马拉雅山后，我在返程中萌生了撰写一部介绍佛陀的历史小说的想法。这样的创作不仅有助于学习印度史，还可增添自身急需的古老智慧。我随后开始搜集各类资料，做笔记，还特意寻访佛教的名胜古迹，记录游历体验。

然而，当我逐渐脱离玛舒波拉的生活后，却总是耽于诸多杂务，让我无法专注写作，著书的计划也变得渺茫，就像欧洲博物馆里的老古董一样开始带有某种注定徒劳的意味。

直到 2001 年春天某个温暖的午后，我躺在伦敦一个公园里，心情迷惘，想念家乡，著书的念头又冒了出来。

当时，我刚从阿富汗和巴基斯坦返回，本想去异国他乡寻找佛教的遗迹，顺便进一步了解阿富汗的政治现状。但时机不佳，仅仅数月之前，塔利班武装摧毁了阿富汗巴米扬山谷的多座佛像，还破坏了不少珍藏在首都喀布尔博物馆中的印度-希腊式佛像。在巴基斯坦白沙瓦的大街上，憔悴的阿富汗难民在兜售毒品和枪支，清真寺里的阿訇在怒斥异教徒，但看不到4世纪曾居住于此的无著与世亲的痕迹。只有在塔克特依巴依和塔克西拉荒凉成片的古寺建筑群，我才有机会匆匆领会，当初的古希腊殖民者、佛教信众、各类寺院大学，乃至来自中国和中亚的游人如何云集在此。如今，所有这一切因佛教而起的繁华都已消失，无法挽回，印度次大陆上曾经最为知名的佛教中心彼时的盛况也已无迹可寻。

同样在这些地方，近年来逐渐形成了某种国际化的新型宗教政体。长期以来，在当地的伊斯兰学校中，塔利班成员接受有关《古兰经》的最初步的教导，新一代的年轻人准备参与"圣战"。在这样简陋的环境里，他们平静地谈论全世界受压迫的穆斯林如何联合，在阿富汗共同战斗，发誓要消灭超级大国苏联。同时，他们还将借由真主的恩典，一并报复美国和以色列，除非这些国家收敛自己迫害穆斯林的行为。

在阿富汗边境某地，我参加过一次伊斯兰教激进派的国际大会，与会成员近二十万人，大部分来自北非、中东和中亚。与会人的主旨大致相同，现场气氛颇像中古时代的沙漠集市：铺天盖地的各色帐篷杂乱无章地聚集在一起，掀起的浮尘像巨大的蘑菇云，成千上万的人在帐篷里穿梭奔忙，或疾行在比栉的小推车间，或快步于琳琅的小货摊旁，小推车上摆放着鲜榨的甘蔗汁和成堆的蔗渣，还有人兜售印刷精美的乌尔都文或阿拉伯文的《古兰经》，还有奥萨马·本·拉登的各式海报——显然，他才是这场聚会的明星。

据我观察，大会成员中不少都是上了岁数的巴基斯坦农民，后来才得知他们是被雇来的，以印度次大陆特有的方式壮大声威。此外则是年轻人居多，以二十岁左右的青年为主，是白沙瓦以南与阿富汗接壤地带的伊斯兰学校的学生。他们有的是多人挤一辆小轿车或大巴士来的，有的半路搭货运卡车，有的坐三轮车，还有的是赶马车来的。他们举着象征会议主办方的黑白条纹旗，沿着横贯数国的知名大干道，穿过周边单调乏味的平原和泥坯土筑的村落，一路兴奋热闹地来到此地。大会演讲者反复提到这些学生，称他们为塔利班的后备军，随时准备为了崇高的目标献身。

大会开幕的当天，一场凶猛的沙尘暴刮倒了不少帐篷，剩下没倒的也都摇摇欲坠，人们纷纷奔逃而出，身上白色的长袍在风中翻飞，一块块崭新的阿富汗地毯失去了原本明丽的色泽，埋没在灰蒙蒙的大地上，混同沙土。尽管如此，演讲仍在继续，而且声势激昂。演讲者一个接一个地历数漫长的屈辱史——十字军、格拉纳达、伊朗、巴勒斯坦、克什米尔等等——进而敦促穆斯林投身到抗击美国及其盟友的"圣战"中去。

我花了不少时间才想清楚如何回应他们的主张。我知道以圣战之名而行的种种腐败，有领导人利用外国和本国捐献者的慷慨中饱私囊，以少得可怜的报酬雇佣年轻人，将他们送去克什米尔和阿富汗战场，充当殉道的炮灰，这些年轻人的祖先也曾创建最辉煌的世界文明，而如今他们的政府受制于美利坚，或恐惧其钳制，他们失去所有对未来的期待，干脆成为自杀式的炸弹袭击者。

对他们而言曾经可能的另外一种未来已告消亡。在那样的未来，人人穿西装、打领带，在办公室或工厂里谋职，控制生育，养活一个核心家庭，开一辆小轿车，本分地当个纳税人。然而，现实中，连保障这些年轻人接受当代教育的世俗学校都远远不够，提供给受教育者的工作机会也少得可怜。

他们之中注定只有极少数人能够享有未来。至于其余人，恐怕只能依靠某种精心设计的手段——诸如上千种"援助"项目、国际货币基金组织和世界银行的贷款，还有关于不发达国家、经济自由化和民主等议题的高谈阔论——维持进步的幻觉。但他们的国家所营造的现代化幻想，在国际政治和经济体系的裹挟下，已经足以将他们从土生土长的村庄里连根拔起，逐出故乡。

这也正是我父亲和他无数的同辈人早年面临的命运，对他们之中绝大多数人而言，从旧社会迈向新世界的迁徙是一场跋涉经年而日益艰辛的旅程。如今，这趟旅程看起来不仅无休无止，而且正裹挟着越来越多的人。成千上万生活浑噩无力的人接受所谓平等公正的许诺，被引入一个他们全然无法理解的世界。在这个世界里，原本可供他们享用的那部分资源早已紧缺匮乏，这些新来者却还在期盼着开发利用它们，好改善自己的生活，像这世上的一小批中产者那样过上富裕的日子。

至于他们之中那些命运更加不济的人，现代化生活不啻一座高不可攀的大山。少数几人登顶之后便盘踞山巅，俯瞰着下方的攀爬者艰难地在悬崖峭壁上尺挪寸移，偶尔丢下一条半条破绳烂索，但更多时候扔出的是巨大的石块。这些占山自居者知道，世上再也没有未知的土地和人民可供征服、控制乃至剥削利用，于是他们就只能去砍伐自家的树木，污染自家的水源，设法统治和压迫自家的国民，尤其是妇女和少数族裔。

有些人失去了他们古老的道德秩序，尤其是基于该秩序的权威而产生的固有人际关系与模式，从而也就失去了这秩序的传统保护，于是他们寄希望于印度教民族主义和伊斯兰教激进主义等权威运动，想要通过参与这类运动，将自己的梦想托付给本·拉登那类煽动者，以规避社会的混乱与衰退。

从那次激进主义者的集会可以明显看出，无论是愤怒的演讲者，还是台下狂热的听众，基本不了解、也不可能深入了解美国。但他们出于恐惧和困惑，硬是武断地造出了某种概念，再将自身的苦难连同社会上所有的邪恶罪行，全部归咎到它身上。

他们带着满脑子的敌对观念，开始梦想实现西方人曾经的革命理想：通过迅猛彻底的社会变革，实现经济、法律、政治、宗教、文化等全方位的社会改造，一切从头开始，白手起家，创建一个纯净纯粹的国家和社会——只要变革，就必定能够保障人类的幸福和美德，但要实现这个"乌托邦"，必须先打倒腐败堕落的对手。这一理想伴随着极具宗教色彩的浪漫主义，那是伊斯兰教特有的浪漫。据说，伊斯兰教自古提供了安全与公正，如今更是掌握着一幅关于理想未来的蓝图。

当某些人从关系密切的小社会中连根拔起，在举家背井离乡的迁徙中试图重振身心，融入更大的集团生活；当一个民族篡改自己的历史，还非要将某种本是私人多元选择的自由信仰变为统一的政治意识；当他们将愤怒对准"美国"和"西方"等假想敌，并以革命为名到处煽动世人造反，其行为只会让人觉得他们想要寻找自身的历史定位，但却陷在无垠的虚空中挣扎求存。

然而，从巴基斯坦回到英国仅数周的那天下午，我在伦敦公园又想起佛陀时终于意识到，自己的生活同样充满徒劳无功的挣扎。此前，我在伦敦东区附近住了好几个月，一直在写关于阿富汗和巴基斯坦政治现状的系列专题。那些悠长的白昼、耀眼的阳光、拥挤的街道和公园，让伦敦没有了一贯的沉肃之气；而我满怀思乡的情绪重如沉疴，也是一种痛苦。

我当时三十多岁，算是写过几篇东西，积攒了些许海外阅历。身为普通人的我起点不高，很难不将这一切视作某种成就。回顾以往，大部分时间我都羞耻于贫寒的出身、知识上的匮乏、没有完全掌握一门外语、没有出众的天赋或才华。

之后我之所以能及时克服这些恐惧，部分原因在于我学会了身处现代社会的某些求生之道，包括习得英语，并且在它浩瀚的文学宝藏中完成自我教育。通过效仿少数社会精英，战胜自身的种种劣势，我已在"西方"找到一席暂时的安身之所。随着时间的推移，初来英国时足令我惊奇的一切——异域面孔、仪态举止、外表着装、居住条件、口音腔调——失去了曾经让我迷失他乡而倍感疏离的魔力。一年中有大部分时间我都住在伦敦，却总也禁不住感叹，能够生活于此简直就是人生奇迹，如此际遇在当年居住在玛舒波拉的我看来完全不可想象。还记得初抵伦敦那天，当我走出希思罗机场大楼，步入明媚的秋阳，触目所及的是一大片平坦沉静的绿地，一条条混凝土铺就的宽大马路贯穿其间，路上的车辆精巧如滑行的玩具。

这一神奇之旅也造就了一个怪异的我。回首来路，我可以看到形态各异的自己：那个在阿拉哈巴德求学的初生牛犊，涉世未深却一心想要干革命，还想去尼泊尔买一顶钟爱的棒球帽；那个在喜马拉雅山中遁世的青年，一边读《弥兰陀王问经》，一边雄心勃勃地计划写一本介绍佛陀生平的书；还有那个自以为是却又胆怯惊疑的杂志撰稿人，曾忙不迭地想要逃避老友海伦，过后又令人厌烦地向她打听美国佛教界的现状。从这一连串焦躁不安、只知攫取的"自我"中，我只看到自己巴不得昭告天下的种种欲望和冲动，却看不到谦卑或恻隐之心的一丝痕迹。

我一度自诩志向不群甚至独特无双，但事实是空有满腹愿望，却无甚可取之处，亦无甚重大的影响。而且，我早已尝过思想与心灵无所归属的漂泊感，一想到最终也只能剩下这种漂泊感，我就无法抑制内心的恐慌，无论我如何博学多闻或见多识广。

每当这时，我就想要重返玛舒波拉——实际上我经常这么想。从前在那里的日子，我其实和村民并不亲近，也不真正了解他们。关于那些日子的记忆非常私人，唯有漫长的夏夜、房顶的落雨、树脂的松香，才能偶尔唤醒它们，使之在迥乎不同的风景中鲜活起来。但是，在我的想象中，玛舒波拉早已是如家一般的归宿，我可以在那里找到熟悉的面孔、亲情友爱和慷慨大度——还有也许只对被连根拔起的人而言必不可少的错觉——一个永恒不变的存在、一段稳固长存且清晰连贯的过往。

如今，多年过去，我再次从德里出发，在一天的奔波之后于傍晚时分来到玛舒波拉。我提着行李在一条小路上犹豫地驻足。我当年就是在这里，第一次见到当地开阔的山景，满目群岚深谷，迎面一弯小径，引人通往那座红顶大宅。

当年，我也曾这样沿径而行，来到大宅，看见夏尔马先生的母亲坐在敞开的大窗户旁，又看着夏尔马先生缓缓走下楼梯，手上成串的钥匙叮当作响。随后，我跟着他穿过那片苹果花迎春初绽的小树林，走近那间农家小屋，进入幽暗的房间，闻到上一个冬天的气味。打开阳台门，便能看到群峰叠嶂，随日而动的山影投在山谷里,松林中随处可见的残雪正在消融,还有一头头膘肥体壮的奶牛……那种如释重负的回归感,让我悄然地欢欣鼓舞。

这次返回玛舒波拉正逢雨季。山谷中云雾缭绕,群峰隐没。待云散后,我便去山中漫步,发现村里新添了不少房屋。号称有中东海外关系的房地产商在这里大肆兴建公寓楼,高价出售给财路不明的军官;野花厅酒店的旧址上建起了一座五星级大酒店;夏尔马先生正在我住的那间小屋上加盖一层新舍,还在我住的屋子里安了一部电话;玛舒波拉也铺设了电缆,电线杆上架着紧绷的白色电线,直通到家家户户,就连最破烂的棚屋也没有漏过。

有位年轻企业家生前曾对我谈起改造玛舒波拉的诸多计划,其中之一是把这里变成一处旅游胜地。然而他突然去世,他曾在私有地上搭建色彩缤纷的帐篷,如今那里满是野草,趁着雨季窜高疯长,东边也不再传来他动情欢唱的歌声。

夏尔马先生的大宅显得空落落的,从前总能见到他的母亲坐在二楼的高窗后晒太阳,消磨午后时光,如今窗户依旧洞开,却每每令我在路过时想到人去楼空。我发现夏尔马先生的脸上渐露悲容,眼中的沉郁加深,唇边也平添了些许皱纹。

某次,他来到我的小屋,问起我计划写作的那本书,我告诉他一切正在运作,却没有告诉他,在我心里其实还有一个关于佛陀的重要问题亟待解决。

多年来,我大量地阅读和思考佛陀的生平和教义,但从未敢自诩或自视为一名佛教徒——我甚至从未尝试仿效一名真正的佛教徒,反复而严谨地自省己身。不过,我确实应用过佛教很多形而上学的内容,有效解决了初学过程中的不少难题。我已逐渐理解,佛陀提供了一整套条理清晰且逻辑严谨的思想体系,其中,那些深奥难懂的理论从来都离不开实践的基础，我早已放弃对其中大部分内容的怀疑。

也许，贪嗔痴的烦恼确实可谓一切"苦"的根源，但它们同时也是生命之源，而且还是伴随生命所生的种种乐趣之源，无论生命及其欢乐如何短暂，如果彻底将它们铲除，我们面临的也许就只有比解脱更加骇人的空虚。但无论如何，控制这三种烦恼在我看来还是非常值得我们为之努力。我可以想见，不论这种努力成功与否，它本身终将演变为一种纯粹的使命，也就是如何在本由贪嗔痴驱动的世界之中，过一种尽可能合乎道义的生活。

但我还不能确定的是，在当今难以驾驭、又足以左右大部分人命运的政治和经济的巨大冲突之中，佛陀的教义究竟处在什么位置。也许，佛教曾经确实辅助了阿育王等史上君权无限的专制君主，而我的疑惑在于，面对现代世界不同国家乃至超级大国的行为，以及不同意识形态之间爆发的激烈冲突，还有各国在世界政治与经济领域中互为依存关系的全球一体化进程中，这些古老的教义又要如何贯彻落实。

佛陀生活在社会环境相对单纯的古代，当他看到人们反抗政治压迫、抵制经济不公和社会不平等、反对环境破坏时，他需要向世人提供什么？也许，还是让我们谈谈佛陀不曾许诺的更容易些：他从未构想任何激进的大规模社会改造工程，而这正是几乎所有现代社会的意识形态都主张的道路，无论左派还是右派，无论是社会主义、伊斯兰教极端势力、印度教民族主义、自由市场经济主导的民主政治，还是倡导自由贸易的帝国主义，莫不遵循此类构想。佛陀之所以对各种野心勃勃的政治活动无动于衷，部分原因就在于，他坚信人只能借由个体形式，而非集体组织，才能达至救赎。有位老一辈的喇嘛曾说，修行人面对世上棘手的难题时，只会从修补自己的鞋子入手，而不会强求立刻将整个大地铺上地毯。但这样的世界观要如何缓解众人因当今世界的政治无能而产生的痛苦呢？

在玛舒波拉小住的一个月，雾雨天气将我困在屋内，只能专心浏览有关佛陀的历史资料。直到某天晚上，屋子里的电话突然铃声大作，一位加尔各答的友人告诉我刚刚从电视报道中看到了纽约发生的惊人一幕。

虽然知道夏尔马先生甚少在家看电视，我还是赶在暮色降临之前离开小屋，穿过果园，敲响了他家的大门。夏尔马先生打开一楼的窗户，看到是我来访还颇显惊讶。我尝试向他说明那个陌生国度发生的紧急事态，告诉他可能发生了恐怖分子劫机事件，世界上最高的两栋大楼被撞毁。但他仿佛没听明白，只回答说要去祈祷。

我收听了广播，又打电话给纽约的几位朋友了解情况。一时间，我脑海中出现各种可怕的画面，都是以往二十多年的见闻，诸如曾在印度多地发生的武装暴动，成千上万宗针对个人和团体的他杀或自杀式袭击惨案，还有它们的恶劣影响。这些事情模糊了其中隐藏着我极力想要洞悉的事实：从小到大伴我成长的那个残酷世界，在美国降临了。

直到好几天过后，我才看到电视新闻。常来我小屋楼下果园劳作的驼背老农住的铁皮棚屋中，恰好有一台黑白电视机。正是借助那小旧且布满雪花纹的屏幕，我看到了燃烧着的双子大厦逐渐崩塌的画面。

到那时，战争的机器已经启动，发动战争的领导者正以声情并茂的演讲和周密的材料——所谓科学搜集的罪证——训练他们辖下惊恐万状的民众以崭新的姿态顺应国家号召。各路现实政治家、专家、学者和媒体记者蜂拥而上，在有线电视新闻网上大谈国家的终结、政权的更替、伊斯兰激进主义、恐怖主义、法西斯主义、极权主义、民主、自由、人道，试图以此把握某种现实感，无论如何也要从毫无休止的事件流中捕获点什么，使之大白于天下。

那天之前，我还从未与老果农交谈，甚至不知道他的名字。当我发现他就站在我身后不远处，便走过去问他可否允许我到他家看电视，他显得很局促，只是点了点已经低垂的头，然后快步转身走了。

他们是一个大家庭，当时正忙着做晚饭。角落里的煤油炉上只有少得可怜的食物，满是磕痕的铝盘和铝碗胡乱摆放着，人人身上都有一股花生油味。他们显得很紧张，好像不明白那个住在大农舍里看似走运的富人为什么要跑来这间破烂的小黑屋，同他们挤作一团，目不转睛地盯着电视里他们看过便忘的东西。

电视里正在重播双子塔崩塌的过程，老农安静地说了句话："这就是神的旨意。"他的嗓音很低，几乎被节目里群情激昂的声调盖住，却有种令人胆寒的意味，流露着由衷的信念。我猛然感到一阵心悸，彻底明白了他的意思：人类宏伟非凡的杰作正被现代科技一手缔造的强大力量夷为平地，而眼前的这一幕又蓦然凸显出背后操纵它为非作歹的恶灵。

从早先的新闻广播中，我已了解美国国防部长在恐怖袭击事件死难者追悼会上的讲话。他谈到了事件的袭击者，称其为"自我神学"的信徒，迷醉于耳边的诱惑："你们便如神。"这让我想到巴基斯坦和阿富汗那些年轻的圣战士，从深陷围困时的无能为力，到目睹超级大国被哀伤与愤怒击中时的幸灾乐祸，我不知道他们能多快实现这一心情上的转换。

遥远落后之国的农民子弟也掌握了他人借以冒充神明的技术秘密，并以暴行的方式，在现代世界、在专家所说的"历史的终结"中宣告自身的登场。

看来没人能逃脱这段可谓普世的历史带来的梦魇。但这段历史的创造者及其精力充沛的记录者，并没有因世界的复杂与庞大而困扰，他们沉迷于极权主义、自由主义、宗教激进主义、帝国主义、恐怖主义等概念，没能省察当初思考这些概念时被视为理所当然的前提（诸如认为人类只有一种身份认同的信念）。

这些人因为意识形态上的认知——民主、自由、伊斯兰式的美德——产生了坚固的道德信念，并据以宣扬他们必然通过暴力手段改造世界的革命论。他们断言，既然唯有通过恐怖的方式才能回归血腥的部落社会，理所当然地，就得有人死，才能让其他人自由快乐地活着。

因为握有操纵和胁迫的巨大权力，他们很容易将世界各地活生生的个人，视为想象中的人类概念的一部分。这种巨大且盲目的力量强迫个人将自己交付出来，但在这种强制且残酷的愿景之中，似乎还缺少了什么。

那正是我那年秋天在玛舒波拉开始进一步看清的问题，也是佛陀为他那个时代遭遇战乱的无助世人指出的问题：人类的心灵是一处欲望丛生、仇恨与谬见肆虐之地，它创造了往昔的荣誉、失败和未来的希望，也创造了让人无限痛苦的可能，然而恰恰是这样的精神世界，才是我们借以完全把握自己人生的机会所在。

人的精神世界是史上一切疯狂现象的发源地，是后果难以预测的观念与行动的模糊混同。但人正是由此才发现，一切观念的构成都何等脆弱而主观，毫无实质，本性皆空。人唯有基于对自我的认识，逐步摆脱看似必要之物的束缚，才有可能实现真正的自由。

这自由不在别处，就在当下，就在此时此地，就在佛陀宣称过往是抽象而未来是虚幻的这一刻。

活在当下，始终保持高度的自觉和慈悲，将之彰显于最细微的行动和思想中——这听上去像是可供人应对自身压力的某种自救之道。然而，不断深化与日常生活相关的伦理道德观，正是佛陀大胆独创的方法之一，旨在回应他那个时代特有的思想和心灵危机，即逐渐崩溃的小型社会在丧失旧有道德秩序时面临的危机。佛陀以大量话语和行动表明，当人们被剥夺往日基于信仰和社团生活而享有的慰藉，不得不在一个充满新生诱惑和陌生危险的广阔世界中谋求生存，他们就必然遭受漂泊无依之苦。

人类的这种苦境在波德莱尔、克尔凯郭尔、尼采和陀思妥耶夫斯基的笔下同样出现过，他们都曾以知识分子特有的激情、痛苦和冷嘲热讽描述它。但佛陀不满足于生动地诉说或哀叹，他不仅剖析人类思想和心灵在遭遇环境剧变时面临的陌生困境，还尝试战胜它。在这个过程中，他颠覆了许多隐含在现代政治和经济活动背后的臆断之见。

尽管个人和社会都只顾侵夺他人，谋求自利，导致彼此冲突日甚，但佛陀指出，无论个体还是社会，皆须相互依存共生。他论证了人类自我的多重易变性，人既有可能为苦所累，也有可能主动作为，消除痛苦。同时，他还以此为据，质疑人类通常赖以产生自我认知的根基，即一个稳固而实在的身份。作为一个敏锐的心理学家，佛陀教导人要以彻底怀疑的态度，审视欲望及其升华之后的高尚表象，即基于历史和意识形态而产生的诱人概念。他还提供了一整套有益于提升道德、保护心灵的方法，引导人以截然不同的眼光，重新看待和体验世界。

回想当初在玛舒波拉满怀憧憬地想要为佛陀著书立传时，我完全不可能有如今这样的认识。那时候，佛陀对我而言还只是一个半虚构的神话人物，而我自以为可以在他的世界闲庭信步，享受几年惬意悠游的日子。

我虽然也想改变看法，但那时的我总觉得，严缜精妙、宛若神医的佛陀只属于过去，仅存在于历史之中。直到花费更长时间，储备更充足的知识，也积累更丰富的阅历之后，我才终于意识到，佛陀堪称一位与时俱进的当代人。

如今，我在自己所处的世界中遇见佛陀。就在这个充满暴力又困惑丛生的世界中，我看到了佛教的义理，乃至救赎之道可能为世人创造的未来。正是这种醒悟，让我终于可以提笔，开始书写佛陀。

致谢

写作本书历时颇久,除前后花费十年游历与阅读外,我还欠下不少"债"。对此,本篇声明连同附后尾注也只能略作罗列,聊表谢意。感谢芭芭拉·爱泼斯坦给了我无比宝贵的鼓励和支持,感谢杰森·爱泼斯坦为我严审原稿,感谢下列作者的著作让我在撰稿期间受益匪浅:乔纳森·加拉西、安德鲁·基德、萨姆·汉弗莱斯、约翰·H. 鲍尔斯、克雷格·墨菲、马格丽·萨宾、约翰·格雷、玛丽·芒特、保罗·伊利、杰里米·罗素、罗宾·戴维森。我同时也要感谢诺尔玛·鲍尔斯、J. F. 克里斯蒂,还有我的父母和姐妹,以及玛舒波拉的夏尔马先生一家人,感谢他们给予我的照顾。

注释

这些注释是为那些希望进一步探索本书中所讨论主题的普通读者准备的。为便于阅读，书中所引佛经的译文常有改动。

略语表

AN　*Numerical Discourses of the Buddha: An Anthology of Suttas from the Anguttara Nikaya,* trans. Nyanaponika Thera and Bhikkhu Bodhi, Delhi, Vistaar, 2000.

DN　*Digha Nikaya,* trans. as *The Dialogues of the Buddha,* 3 vols, by T. W. Rhys Davids, rpt. London, P.T.S., 1973.

MN　*Majjhima Nikaya,* trans. as *The Middle Length Discourses of the Buddha,* by Bhikkhu Nanamoli, Boston, Wisdom Publications, 2nd edn, 2001.

SN　*Samyutta Nikaya,* trans. as *The Connected Discourses of the Buddha,* by Bhikkhu Bodhi, Boston, Wisdom Publications, 2000.

"佛教"的发明

1. 那先比丘与弥兰陀王的对话摘自 *The Questions of King Milinda,* trans. T. W. Rhys Davids, 1890, rpt. Delhi, Motilal Banarasidass, 2 vols, 1965, pp. 43–44。
2. 蓝毗尼阿育王石柱的英文翻译，参见 Thapar Romila, *Ashoka and the*

Decline of the Mauryas, Delhi, Oxford University Press, 2nd edition, 1997, p. 261。
3. 更多关于玄奘的著作，参见 René Grousset, *In the Footsteps of the Buddha*, trans. Mariette Leion, London, Routledge and Kegan Paul, rpt. 1972; *Si-yu-ki, Buddhist Records of the Western World*, translated from the Chinese of Hiuen Tsang by Samuel Beal, 1884, Delhi, Oriental Books Reprint Corp., 2 vols, 1969; *Hui Li: The Life of Hiuen-Tsiang*, Samuel Beal, trans. 1911, rpt. Delhi, Munshiram Manoharlal, 1973。
4. 关于佛陀作为婆罗门思想体系批判者的生动论述，参见 Kancha Ilaiah, *God as Political Philosopher: Buddha's Challenge to Brahminism*, Kolkata, Samya, 2001。阿姆倍伽尔关于佛陀的部分论述收录于 Valerie Rodrigues (ed.), *The Essential Writings of B. R. Ambedkar*, Delhi, Oxford University Press, 2002。另外还可参见 Sangharakshita, *Ambedkar and Buddhism*, London, Windhorse Publications, 1986。
5. Asvaghosa, *Buddhacarita*, chs. 1–17, E. B. Cowell (trans. and ed.) in *Buddhist Mahayana Texts*, New York, Dover Publications, 1969.
6. Claude Lévi-Strauss, *Tristes Tropiques*, trans. John and Doreen Weightman, London, Jonathan Cape, 1973, p. 503.
7. Osip Mandelstam, *The Collected Critical Prose and Letters*, London, Collins Harvill, 1991.
8. Jorge Luis Borges, *The Total Library: Non-Fiction, 1922—1986*, London, Penguin, 1999, pp. 3–9.
9. 玄奘在 7 世纪到印度求学时，在克什米尔等地看到众多已遭毁坏和废弃的佛寺。关于西藏如何看待佛教在印度的衰落，想了解这一有趣视角的读者可参见 Debiprasad Chattopadhyaya (ed.), *Taranatha's History of Buddhism in India*, trans. from the Tibetan by Lama Chimpa and Alaka Chattopadhyaya, Delhi, Motilal Banarasidass, 1990。看待婆罗门教与佛教间冲突的马克思主义视角，参见 D. D. Kosambi, 'The Decline of Buddhism in India' in *Exasperating Essays: Exercises in the Dialectical Method*, Pune, R. P. Nene, 1986。
10. 了解印度与西方的早期联系，参见 W. W. Tarn, *Greeks in Bactria and India*, Munshiram Manoharlal, Delhi, 1951; George Woodcock, *The Greeks in India*, London, Faber, 1966; E. M. McCrindle, *Ancient India as Described by Megesthenes and Arrian*, London, 1877, rpt. Delhi, Oriental Books Reprint Corporation, 1979; Demetrios Vassiliades, *The Greeks*

in India: A Survey in Philosophical Understanding, Delhi, Munshiram Manoharlal, 2000; Donald F. Lach, *Asia in the Making of Europe*, vol.1, book 1, Chicago, University of Chicago Press, 1965。

11. Victor Jacquemont, *Letters from India*, 2 vols, 1834, rpt. Delhi, AES, 1993; vol. 2, p. 200.
12. Jacquemont, vol 1, p. 199.
13. 同上，p. 228.
14. 关于肯尼迪与西姆拉的起源，参见 Pamela Kanwar, *Imperial Simla: The Political Culture of the Raj*, Delhi, Oxford University Press, 1990。
15. Jacquemont, vol. 1, p. 252.
16. 了解英印学术交流概况，可参见 P. J. Marshall (ed.), *The British Discovery of Hinduism in the Eighteenth Century*, Cambridge, Cambridge University Press, 1970; John Keay, *India Discovered: The Achievement of the British Raj*, Leicester, Windward, 1981; Philip Almond, *The British Discovery of Buddhism*, Cambridge, Cambridge University Press, 1988; Charles Allen, *The Buddha and the Sahibs: The Men Who Discovered India's Lost Religion*, London, John Murray, 2002。一项针对西方和印度世界关于印度宗教的猜想的批判性分析，参见 Richard King, *Orientalism and Religion*, Delhi, Oxford University Press, 1999。
17. 佛教在中国，参见 Stanley Weinstein, *Buddhism Under the T'ang*, Cambridge, Cambridge University Press, 1987; Arthur Wright, *Buddhism in Chinese History*, 1959, rpt. Stanford, Stanford University Press, 1971; K. Ch'en, *Buddhism in China: A Historical Survey*, Princeton, Princeton University Press, 1973。关于中印交往，参见 P. C. Bagchi, *India and China: A Thousand Years of Cultural Relations*, 1950, rpt. Westport, Greenwood Press, 1971; Liu Xinru, *Ancient India and China: Trade and Religious Exchanges*, Delhi, Oxford University Press, 1988。
18. 麦考利的论调与 19 世纪很多英国人的观点一样，受到 1817 年 James Mill 的 *History of British India* 的影响。James Mill 从未到过印度，并无任何直接体验，但这并不影响他攻击印度宗教的"荒谬和愚蠢"。其子 John Stuart Mill 反对一切欧洲式的种族优越感，却也相信"东方"是落后之地。有关 James Mill 帝国主义观的精彩讨论，参见 J. S. Mehta, *Liberalism and Empire: India in British Liberal Thought*, Delhi, Oxford University Press, 1999。
19. Jacquemont, vol. 1, p. 235.

20. 关于德国浪漫派与印度，参见 W. Halbfass, *India and Europe: An Essay in Understanding*, Albany, State University of New York Press, 1988; Raymond Schwab, *The Oriental Renaissance: Europe's Rediscovery of India and the East, 1680–1880*, New York, Columbia University Press, 1984。
21. Jacquemont, vol. 2, p. 306.
22. 同上，p. 307.
23. 同上，p. 283.
24. 更多关于莫尔克罗夫特和科罗什的信息，参见 John Keay, *Explorers of the Western Himalayas, 1820–1895*, London, John Murray, 1996; Edward Fox, *The Hungarian who Walked to Heaven: Alexander Csoma de Körös, 1784–1842*, London, Short Books, 2001。

佛陀的世界

1. 关于佛陀诞生前的印度，参见 F. R. and B. Allchin, *The Birth of Indian Civilisation*, Delhi, Penguin, 1997; A. L. Basham, *The Origins and Development of Classical Hinduism*, Boston, Beacon Press, 1989; Romila Thapar, *Early India: From the Origins to AD 1300*, London, Allen Lane, 2003; Romila Thapar, *Interpreting Early India, Delhi*, Oxford, Oxford University Press, 1992; D. D. Kosambi, *An Introduction to the Study of Indian History*, 2nd edn, Bombay, Popular Prakashan, 1975。关于古代印度城市，参见 R. S. Sharma, *Material Culture and Social Formation in Ancient India*, Delhi, Macmillan, 1985; D. K. Chakrabarti, *The Archaeology of Ancient Indian Cities*, Delhi, Oxford University Press, 1992。
2. 关于古代祭祀理论，参见 Georges Bataille, *The Accursed Share: An Essay on General Economy*, trans. Robert Hurley, vol. 1, London, Zone, 1989；尤其其中关于藏传佛教的一章。另见 Roberto Calasso, *The Ruin of Kasch*, trans. William Weaver and Stephen Sartarelli, Cambridge, Mass., Harvard University Press, 1994。
3. 关于印度种姓制度起源兼具争议与启发的讨论，参见 Louis Dumont, *Homo Hierarchicus*, 1970, rpt. Delhi, Oxford, 1998。另见 B. K. Smith, *Classifying the Universe: The Ancient Indian Varna System and the Origins of Caste*, New York, Oxford University Press, 1989。

4. 关于佛陀时代印度北部的社会政治情况，参见 H. C. Raychaudhuri, *The Political History of Ancient India*, 1965, rpt. Delhi, Oxford University Press, 1996; N. N. Wagle, *Society at the Time of the Buddha*, Bombay, revised edn, Popular Prakashan, 1995; B. C. Law, *The Geography of Early Buddhism*, Delhi, Oriental Books Reprint Corporation, 1979。
5. AN, p. 55.
6. 这一佛陀故事发现于 *Buddhist Birth Stories: Jataka Tales: The Commentarial Introduction entitled Nidana-Katha*, trans. T. W. Rhys Davids, London, George Routledge and Sons, 1925, pp. 151–4。
7. 引自 A. L. Basham, *The Wonder That Was India,* 3rd revised edn, New Delhi, Rupa & Co., 1967。另一版本的《创世颂》及对其的精彩评论，参见 Wendy Doniger O'Flaherty, *The Rig Veda: An Anthology of One Hundred and Eight Hymns*, Harmondsworth, Penguin, 1981。另见 A. B. Keith, *The Religion and Philosophy of the Veda and Upanishads*, 2 vols, 1925, rpt. Delhi, Motilal Banarasidass, 1989; *The Origins and Development of Classical Hinduism*, Boston, Beacon Press, 1989。
8. In A. L. Basham, *The Wonder That Was India*, p. 250.
9. 关于毕达哥拉斯和灵魂轮回，参见 Jonathan Barnes, *Early Greek Philosophy*, London, Penguin, 2001, p. 33。
10. 关于"业"，参见 Wendy Doniger O'Flaherty (ed.), *Karma and Rebirth in Classical Indian Traditions*, Delhi, Motilal Banarasidass, 1983。
11. Patrick Olivelle, *Upanisads*, New York, Oxford University Press, 1996, p. 65.
12. Patrick Olivelle, *Upanisads*, New York, Oxford University Press, 1996, p. 142.
13. Hesiod and Theognis, *Theogony & Works and Days*; Elegies, trans. Dorothea Wender, Harmondsworth, Penguin, 1973, pp. 54–5.
14. 关于早期印度苦行主义，参见 A. L. Basham, *History and Doctrine of the Ajivikas*, London, 1952, rpt Motilal Banarasidass, Delhi, 1982; G. C. Pande, *Studies in the Origin of Buddhism*, 1957, revised edn, Delhi, Motilal Banarasidass, 1995; Deviprasad Chattopadhyaya, *Lokayata: A Study in Ancient Indian Materialism*, Delhi, People's Publishing House, 1981。
15. 关于佛陀同时代激进思想家的言论，引自 DN, vol. 1, pp. 69–70。也见 SN, pp. 991–1003。关于佛陀时代的印度的广泛论述，参见

Uma Chakravarti, *The Social Dimensions of Early Buddhism*, Delhi, Munshiram Manoharlal, 1987。

上帝已死

1. Friedrich Nietzsche, *Daybreak: Thoughts on the Prejudices of Morality*, trans. R. J. Hollingdale, Cambridge, Cambridge University Press, 1997, p. 54. 尼采的密友之一 Paul Deussen, 是他那个时代最杰出的印度学者之一。然而尼采掌握的很多关于佛教的信息，都源于其他人的著作，如 Carl Friedrich Köppen 的 *The Religion of the Buddha*，而尼采极为仰慕的叔本华、瓦格纳和法国历史学家伊波利特·丹纳也读过该书。
2. Friedrich Nietzsche, *Twilight of the Idols/The Anti-Christ*, trans. R. J. Hollingdale, Harmondsworth, 1968, p. 141.
3. 同上，P137.
4. Friedrich Nietzsche, *The Gay Science*, trans. R. J. Hollingdale, Cambridge, Cambridge University Press, 2001, p. 219.
5. 引自 Erich Heller, *The Importance of Nietzsche*, Chicago, University of Chicago Press, 1988, p. 5。
6. Nietzsche, *The Gay Science*, p. 181.
7. Karl Marx, 'The Communist Manifesto', Marx/Engels *Selected Works*, vol. 1, Moscow, Progress Publishers, 1969, pp. 98–137.
8. 关于伊斯兰现代派深入且独到的论述，参见 Fazlur Rahman, *Islam and Modernity*, Chicago, University of Chicago Press, 1982。另见 Albert Hourani, *Arabic Thought in the Liberal Age: 1798–1939*, Oxford, Oxford University Press, 1962。
9. 关于辨喜尊者，参见 Tapan Raychaudhuri, *Perceptions, Emotions, Sensibilities*, Delhi, Oxford University Press, 1999, 及其另一著作：*Europe Reconsidered*, Delhi, Oxford University Press, revised edn, 2002; Amiya P. Sen, *Swami Vivekananda*, Delhi, Oxford University Press, 2000。
10. 引自 William Radice (ed.), *Swami Vivekananda: The Modernization of Indian Tradition*, Delhi, Oxford University Press, 1998, p. 28。
11. Karl Marx, *The German Ideology*, Collected Works, Moscow, Progress Publishers, vol. 5, p. 27.

通往中道的漫长之旅

1. *Buddhist Birth Stories: Jataka Tales*, trans. T. W. Rhys Davids, London, George Routledge and Sons, 1925, pp. 163–4.
2. AN, p. 54.
3. MN, p. 340.
4. MN, p. 187.
5. *Buddhist Birth Stories*, p. 173.
6. MN, p. 335.
7. MN, p. 256.
8. Allen Ginsberg, *Indian Journals*, San Francisco, Haselwood Books/City Lights Books, 1970, pp. 202–3。关于金斯堡印度之行的另一视角，参见 Ginsberg in India see Gary Snyder, *Passage Through India*, San Francisco, Grey Fox Press, 1983。
9. *Buddhist Birth Stories*, p. 180。另见 *Sutta Nipata*, trans. as *Woven Cadences of Early Buddhists*, by E. M. Hare, Pali Text Society, London, 1945, pp. 405–24。
10. 关于佛陀出家后参访的第一批老师，参见 MN, pp. 257–9。
11. 关于禅修，参见 E. Conze, *Buddhist Meditation*, Delhi, Munshiram Manoharlal Publishers, 1997。另见 Nyanaponika Thera, *The Heart of Buddhist Meditation*, London, Rider, 1969。
12. MN, p. 259.
13. MN, p. 174.
14. MN, p. 175 and p. 239.
15. MN, p. 340.

心的科学

1. *The Dhammapada*, trans. S. Radhakrishnan, Oxford, Oxford University Press, 1950, p. 110.
2. SN, p.158.
3. William Theodore de Bary (ed.), *The Buddhist Tradition in India, China and Japan*, New York, Vintage, 1972, p. 100.
4. 对意识还原论的批判，参见 John Searle, *The Mystery of Consciousness*, New York, NYRB Books, 1997；以及该作者另一部著作 *Mind, Language*

and Society, New York, Basic Books, 1998。

5. SN, p. 595.
6. Fyodor Dostoevsky, *Notes from the Underground*, trans. Constance Garnett, New York, Dover, 1992, p. 12.
7. 同上，p. 12.
8. 如需进一步了解唯实派，参见 A. K. Warder, *Indian Buddhism, 1970*, revised edn, Delhi, Motilal Banarasidass, 2000; Lal Mani Joshi, *Studies in the Buddhistic Culture of India*, Delhi, Munshiram Manoharlal, 1977; Jay L. Garfield, *Empty Words: Buddhist Philosophy and Cross-Cultural Interpretation*, New York, Oxford University Press, 2002。
9. Werner Heisenberg, *Physics and Philosophy: The Revolution in Modern Science*, London, Penguin, 1990. 涉及佛教与现代科学关系的作品数量增长很快，相关概况，可参见 B. Alan Wallace (ed.), *Buddhism and Science: Breaking New Ground*, New York, Columbia University Press, 2003。

转动达摩之轮

1. MN, pp. 261–2.
2. MN, pp. 263–4.
3. SN, p. 1843.
4. David Hume, *Dialogues Concerning Natural Religion*, 1779, Harmondsworth, Penguin, 1990, pp. 106–7.
5. Michel de Montaigne, *The Complete Works: Essays, Travel Journal, Letters*, trans. Donald M. Frame, Stanford, Stanford University Press, 1958, p. 964.
6. 同上，p. 565.
7. 同上，p. 611.
8. MN, pp. 203–4.
9. SN, p. 1843.
10. Quoted in Nanamoli, *The Life of the Buddha: According to the Pali Canon*, Kandy, BPS, 3rd edn, 1992, p. 32.
11. SN, p. 1843.
12. Quoted in Michael Carrithers, *The Buddha,* Oxford, 1983, p. 61.
13. 此句出自对伊拉斯谟的引述，具体参见 Tzvetan Todorov, *Imperfect*

Garden: The Legacy of Humanism, Princeton, Princeton University Press, 2002, p. 237。
14. Friedrich Nietzsche, *The Gay Science*, trans. R. J. Hollingdale, Cambridge, Cambridge University Press, 2001, pp. 162–3.
15. 关于科学与冥想，参见 'The Colour of Happiness', *New Scientist*, 24 May 2003。
16. A. A. Long, and D. N. Sedley (eds), *The Hellenistic Philosophers: Vol. 1, Translations of the Principal Sources, with Philosophical Commentary*, Cambridge, Cambridge University Press, 1987, p. 155. Martha C. Nussbaum 描述的希腊哲学让人感觉与佛陀的学说十分接近，参见她的 *The Therapy of Desire: Theory and Practice in Hellenistic Ethics*, Princeton, Princeton University Press, 1996。还可参见 A. A. Long, *Hellenistic Philosophy: Stoics, Epicureans, and Sceptics*, 2nd edn, Berkeley, University of California Press, 1986。
17. 耶舍的传说收录于律藏（*Vinaya*），参见 Hajime Nakamura, *Gotama Buddha*, Tokyo, Kosei, 2000, pp. 276–85。
18. 本段引述的苏格拉底言论出自 Pierre Hadot, *What is Ancient Philosophy?*, trans. Michael Chase, Cambridge, Mass., Harvard University Press, 2002, p. 29。作者在书尾论及佛教时，说他希望读者能够理解自己书中想要传达的寓意，即"古人比我们今人更接近东方哲学"。了解作者如何试图优雅地引导西方哲学走出长期以来与世隔绝的修道院学术研究，参见他的另一部著作 *Philosophy as a Way of Life: Spiritual Exercises from Socrates to Foucault*, trans. Michael Chase, Cambridge, Mass., Harvard University Press, 2002, p. 29。
19. MN, p. 534.
20. *Ibid., p. 535.*
21. 引自 Nakamura, *Gotama Buddha*, p. 286。
22. *Ibid., p. 289.*
23. 引自 Stephen Batchelor, *The Awakening of the West: The Encounter of Buddhism and Western Culture*, Berkeley, Parallax Press, 1994, p. 38。

寻找自我

1. 关于佛陀与婆蹉的对话录，参见 SN, p. 1393。
2. René Descartes, 'Meditations on First Philosophy', in J. Cottingham,

R. Stoothoff and D. Murdoch (trans.), *The Philosophical Writings of Descartes*, vol. 2, Cambridge, Cambridge University Press, 1984, p. 19.
3. 关于佛陀对自我的理论，参见 S. Hamilton, *Identity and Experience: The Constitution of the Human Being According to Early Buddhism*, London, Luzac Oriental, 1996, 以及 S. Collins, *Selfless Persons: Imagery and Thought in Theravada Buddhism*, Cambridge, Cambridge University Press, 1982。
4. 关于五蕴的确切表述，参见 Walpole Rahula, *What the Buddha Taught*, Oxford, Oneworld, rpt. 1997。
5. David Hume, *A Treatise of Human Nature*, Harmondsworth, Penguin, 1969, p. 300.
6. *Ibid.*, p. 301.
7. Marcel Proust, *Remembrance of Things Past*, trans. C. K. Scott Moncrieff, vol. 1, London, Chatto and Windus, 1964, p. 58.
8. *Ibid.*, p. 60.
9. *Ibid.*, p.61.
10. MN, p. 927.
11. *The Voice of the Buddha: Lalitavistara Sutra*, trans. Gwendoline Bays, 2 vols, Berkeley, Dharma Publishing, 1983, pp. 175–7.
12. DN, vol. 2, pp. 53–4.
13. 引自 William S. Waldron, *The Buddhist Unconscious*, London, Routledge, 2002, p. 68。
14. Friedrich Nietzsche, *The Gay Science*, trans. R. J. Hollingdale, Cambridge, Cambridge University Press, 2001, p. 112.
15. DN, vol. 2, p. 60.
16. 对龙树哲学思想的现代解读，参见 Stephen Batchelor, *Verses from the Centre: A Buddhist Vision of the Sublime*, New York, Riverhead, 2000, 以及 J. L. Garfield, E*mpty Words: Buddhist Philosophy and Cross-Cultural Interpretation*, New York, Oxford University Press, 2002。
17. Claude Lévi-Strauss, *Tristes Tropiques*, trans. John and Doreen Weightman, London, Jonathan Cape, 1973, p. 503. 现代思想家中，海德格尔据说已发现自己的理论与禅宗之间具有极其密切的关联。米歇尔·福柯深受佛教哲学吸引，他相信未来的哲学只可能来自非西方世界，或"通过欧洲与非欧世界彼此之间的碰撞和冲突而诞生"，参见他与某位日本僧人的对话录 Jeremy R. Carrette (ed.), *Religion and Culture*, New York, Routledge, 1999。关于女性主义者如何谈论佛教，参见 Luce

Irigaray, *Between East and West: From Singularity to Community*, trans. Stephen Pluhacek, New York, Columbia University Press, 2002。

火诫

1. SN, p. 1143.
2. 有关央掘魔罗的著述，参见 Richard F. Gombrich, *How Buddhism Began: The Conditioned Genesis of the Early Teachings*, London, Athlone Press, 1996。
3. 关于婆罗门父权体系中的女性角色，参见 Uma Chakravarti, 'Beyond the Altekarian Paradigm: Towards a New Understanding of Gender Relations in Early Indian history' in Kumkum Roy (ed.), *Women in Early Indian Societies: Readings in Early Indian History*, Delhi, Manohar, 2001。
4. SN, p. 222. 全面解析佛教对待女性态度的著述，参见 Rita M. Gross, *Buddhism after Patriarchy: A Feminist History, Analysis, and Reconstruction of Buddhism*, Albany, SUNY Press, 1993。
5. MN, p. 267.

精神的政治

1. SN, p. 176.
2. DN, vol. 2, p. 80.
3. DN, vol. 3, p. 173.
4. 引自 Pierre Hadot, *Philosophy as a Way of Life: Spiritual Exercises from Socrates to Foucault*, trans. Michael Chase, Oxford, Oxford University Press, 1995, p. 84。
5. 关于介绍泰国和斯里兰卡的南传佛教，参见 S. J. Tambiah, *World Conqueror and World Renouncer: A Study of Buddhism and Polity in Thailand Against a Historical Background*, Cambridge, Cambridge University Press, 1984; Michael Carrithers, *The Forest Monks of Sri Lanka, An Anthropological and Historical Study,* Delhi, Oxford University Press, 1983; Richard F. Gombrich, *Theravada Buddhism: A Social History from Ancient Benares to Modern Colombo*, London, Routledge, 1988; H. L. Seneviratne, *The Work of Kings: The New Buddhism in Sri Lanka*, Chicago, University of Chicago Press, 2000。

6. 关于柏拉图在叙拉古遭遇的意外，参见 M. I. Finley, *Aspects of Antiquity*, London, Chatto and Windus, 1968。
7. 关于龙树致函国王的意见书，参见 *Nagarjuna's Letter*, trans. Geshe Lobsang Tharchin and Artemus B. Engle, Dharamshala, Library of Tibetan Works and Archives, 1979。
8. 关于国王与婆罗门的故事，参见 DN, vol. 1, p. 173。
9. SN, p. 177.
10. *Ibid.*, p. 278. 对于佛教伦理的综合研究，参见 D. Keown, *The Nature of Buddhist Ethics*, London, Macmillan, 1992。

帝国与民族

1. *Xenophon, Cyropaedia*, trans. W. Miller, Cambridge, Mass., Loeb Classical Library, 1989.
2. 关于亚历山大大帝和苦行修士，参见 *Plutarch's Lives*, vol. 2, trans. Dryden, revised by Arthur Hugh Clough, New York, Modern Library, 1992, p. 190。
3. 关于亚历山大大帝令人发指的残虐，参见 A. B. Bosworth, *Alexander and the East*, Oxford, Clarendon Press, 1996。还可参见他的 *Conquest and Empire: The Reign of Alexander the Great*, Cambridge, Cambridge University Press, 1988; Robin Lane Fox, *Alexander the Great*, London, Penguin, 1973, 以及 Mary Renault, *The Nature of Alexander*, London, Penguin, 1983。尼采曾贬斥亚历山大统治时期是"粗制滥造且偷工减料的希腊史"。
4. 本段引述的阿里安著作，参见 Bosworth, *Alexander*, p. 149。
5. Romila Thapar, *Ashoka and the Decline of the Mauryas*, Delhi, Oxford University Press, 2nd edn, 1997, p. 255.
6. *Ibid.*, pp. 252–3.
7. *Ibid.*, p. 339.
8. Shaku Soyen, *Sermons of a Buddhist Abbot: Addresses on Religious Subjects*, trans. D. T. Suzuki, New York, Weiser, 1971, p. 211. Also see Brian Victoria, *Zen at War*, New York, Weatherhill, 1998.
9. Friedrich Nietzsche, *The Gay Science*, trans. R. J. Hollingdale, Cambridge, Cambridge University Press, 2001, p. 242.
10. Roberto Calasso, *The Forty-Nine Steps*, trans. John Shepley, London,

Pimlico, 2002. Also see Ernst Jünger, *Storm of Steel*, trans. Michael Hoffmann, London, Allen Lane, 2003.
11. Rabindranath Tagore, *Nationalism*, London, Papermac, 1991, pp. 21–2.
12. Simone Weil, *The Need for Roots*, trans. A F. Wills, London, Routledge, Kegan and Paul, 1952, p.122.
13. Friedrich Nietzsche, *Writings from the Late Notebooks*, trans. Kate Sturge, Cambridge, Cambridge University Press, 2003, p. 238。关于现代政治运动对基督教的激进批评,参见 Reinhold Niehbuhr, *Moral Man and Immoral Society: A Study in Ethics and Politics*, 1932, rpt. Louisville, Westminster John Knox Press, 2001。关于国家概念的哲学基础,参见 Ernst Cassirer, *The Myth of the State*, New Haven, Conn., Yale University Press, 1946。
14. 关于欧洲个人主义兴起的史学名著,参见 Jacob Burckhardt, *The Civilization of the Renaissance in Italy*, trans. S. G. C. Middlemore, Harmondsworth, Penguin, 1990。对于现代人的未来前景,Burckhardt 颇感悲观,只是未到达其高徒尼采的那般程度,另见其著作 *Force and Freedom: Reflections on History*, New York, Pantheon, 1943。此外还可参见 'Burckhardt and Nietzsche' in Erich Heller, *The Disinherited Mind: Essays in Modern German Literature and Thought,* New York, Farrar, Straus and Giroux, 1957。
15. Adam Smith, *The Theory of Moral Sentiments*, Oxford, Oxford University Press, 1976. 关于哲学家阐释新人类概念的精彩分析,参见 C. B. Macpherson, *The Political Theory of Possessive Individualism, Hobbes to Locke*, Oxford, Clarendon Press, 1962。还可参见他为 *Leviathan*, Harmondsworth, Pelican, 1968 写作的序言。
16. Jean-Jacques Rousseau, *The Social Contract and Discourses*, trans. G. D. H. Cole, New York, Everyman's Library, p. 32.
17. *Ibid.*, p. 297.
18. Franz Rosenzweig, *The Star of Redemption*, trans. William W. Hallo, New York, Holt, Rinehart and Winston, 1970, p. 3.
19. Paul Valéry, 'The Crisis of the Mind' in *The Outlook for Intelligence*, trans. Denise Folliot and Jackson Mathews, Princeton, Bollingen, 1989, p. 24. 很多欧洲知识分子都不得不重新思考 19 世纪的历史进步观,瓦雷里只是他们之中的一员。另外可参见 José Ortega y Gasset, *History as System*, New York, Norton, 1962; Albert Camus, *The Rebel*, trans. Anthony

Bower, Harmondsworth, Penguin, 1968; Gottfried Benn, *Primal Vision*, E. B. Ashton (ed.), New York, New Directions, 1971; E. M. Cioran, *History and Utopia*, trans. Richard Howard, Chicago, University of Chicago Press, 1998; Robert Musil, *Precision and Soul*, Burton Pike and David Luft (eds), Chicago, University of Chicago Press, 1990; Simone Weil, *Oppression and Liberty,* trans. Arthur Wills and John Petrie, London, Routledge, 2001。
20. Sutta Nipata, trans. as *Woven Cadences of Early Buddhists*, by E. M. Hare, Pali Text Society, London, p. 118.
21. Nikolai Berdyaev, *The Fate of Man in the Modern World*, trans. D. Lowrie, London, Student Christian Movement Press, 1935.
22. Václav Havel, *Living in Truth*, London, Faber, 1987, p. 70.
23. *Ibid.*, pp. 154–5.
24. Nathuram Godse, *May It Please Your Honour*, Delhi, Surya Bharati Prakashan, 2000.

西方的佛法

1. Friedrich Nietzsche, *Twilight of the Idols/The Anti-Christ,* trans. R. J. Hollingdale, Harmondsworth, Penguin, 1968, p. 142.
2. AN, p. 65.
3. Alexis de Tocqueville, *Democracy in America*, trans. Harvey C. Mansfield and Delba Winthrop, Chicago, University of Chicago Press, 2000, p. 512.
4. 引自 Carole Tonkinson (ed.), *Big Sky Mind: Buddhism and the Beat Generation*, New York, Riverhead, 1995, p. 31。
5. Stephen Batchelor, *Buddhism Without Beliefs: A Contemporary Guide to Awakening*, New York, Riverhead, 1997. 还可参见 M. Epstein, *Thoughts Without a Thinker: Psychotheraphy from a Buddhist Perspective*, New York, Basic Books, 1995。

克服虚无主义

1. Friedrich Nietzsche, The Will to Power, trans. Walter Kauffmann and R. J. Hollingdale, New York, Viking, 1968, p. 866.
2. Nietzsche, *Anti-Christ,* p. 142.
3. 关于尼采谈论赫拉克利特，可参见他少为人知的随笔 *Philosophy in the*

Tragic Age of the Greeks, trans. Marianne Cowan, Illinois, Regnery, 1962。在线阅览可见 *http://www.geocities.com/thenietzschechannel/ptra.htm*.
4. Nietzsche, Anti-Christ, p. 142.

圆寂之旅

1. DN, vol. 2, pp. 107–8.
2. *Ibid*., p. 158.

图书在版编目（CIP）数据

苦厄的终结 /（印）潘卡吉·米什拉著；睦联译.
-- 上海：文汇出版社，2023.6
ISBN 978-7-5496-3746-1

Ⅰ.①苦… Ⅱ.①潘… ②睦… Ⅲ.①释迦牟尼
（Sakya-Muni 约前 565- 前 485）-人物研究②释迦牟尼
（Sakya-Muni 约前 565- 前 485）-思想评论 Ⅳ.
① B949.935.1

中国版本图书馆 CIP 数据核字 (2022) 第 042486 号

AN END TO SUFFERING: The Buddha in the World
Copyright © 2004 by PANKAJ MISHRA
All rights reserved

版权登记图字 09-2022-0424

苦厄的终结

作　　者／	〔印〕潘卡吉·米什拉
译　　者／	睦　联
出版统筹／	杨静武
责任编辑／	何　璟
特邀编辑／	续　娜　欧阳钰芳
营销编辑／	陈　文　沈乐璇　朱雨清
装帧设计／	韩　笑
内文制作／	王春雪
出　　版／	文汇出版社
	上海市威海路 755 号
	（邮政编码 200041）
发　　行／	新经典发行有限公司
电　　话／	010-68423599　邮　箱／editor@readinglife.com
印刷装订／	山东韵杰文化科技有限公司
版　　次／	2023 年 6 月第 1 版
印　　次／	2023 年 6 月第 1 次印刷
开　　本／	880×1230　1/32
字　　数／	280 千
印　　张／	12

ISBN 978-7-5496-3746-1
定　　价／　79.00 元

敬启读者，如发现本书有印装质量问题，请与发行方联系。